速水敏彦 編著
Toshihiko Hayamizu

仮想的有能感の心理学

他人を見下す若者を検証する

Psychology of Assumed Competence Based on Undervaluing Others

北大路書房

はじめに

　「仮想的有能感」という言葉を世に出してから5年以上が経過しようとしている。日本の心理学研究で使用される構成概念は大部分がアメリカから直輸入されたもので，独自に作成されたものはきわめて少ないし，たとえ作成されても一時的に用いるにすぎないものが多い。私自身もこの構成概念を研究上の必要性からやや苦し紛れに創作したところもあり，当初からこの概念が一定程度流布することを予感していたわけではない。

　だが，新書として出版した拙著『他人を見下す若者たち』（講談社現代新書，2006年）が予想外の反響をよび，『他人を見下す若者たち』は2006年の現代用語の基礎知識選，ユーキャン流行語大賞にノミネートされることにもなった。そのため本の中核概念である「仮想的有能感」という言葉も少しは覚えていただいたように思う。しかし，それは心理学用語としてというよりもその頃の世相を反映する言葉として一般の人々に少しだけ認知されたということだ。一方で，当時，心理学という学問分野で「仮想的有能感」という用語が市民権を得ていたわけではない。それは当然のこととはいえ，その頃の仮想的有能感に関する研究はまだ微々たるもので，仮想的有能感を測定する尺度構成を作成し，その妥当性等を検討していたにすぎない。その意味では新書の内容は心理学的実証研究に基づく構成というよりも，仮想的有能感が世の中に氾濫することへの警鐘をならそうという啓蒙的な要素が先行していたともいえる。だが，いうまでもなく心理学的実証研究の蓄積なくしては「仮想的有能感」を確固たる心理学的構成概念として位置づけることはできない。

　この研究自体を始めたのはもう10年も前のことであるが，私の大学院の指導生を中心にして幸いにも多くの人たちがこの研究に関心をもってくれた。そして特に2007～2009年度は科学研究費補助金を受け基盤研究(B)「若者の仮想的有能感に関する総合的研究」を多くの共同研究者とともに実施することができた。本書は，これらの研究成果をまとめたものである。新書で私がたんに予想したことがこれらの研究で明確に証明された部分もあるし，やや異なる結果にいたったものもある。しかし，検証研究をするなかで「仮想的有能感」という概念の奥深さが徐々にみえだしたことは事実である。

　本書は，新書の実証研究の少なさに不満を感じられた心理学徒の方々にはぜひ読んでいただきたい。また，新書の内容からの発展的な見解としてもとらえて，現代

はじめに

　人の心の裏側に巣くう仮想的有能感の存在に関心を抱いておられる一般の方々にもぜひ御一読いただきたいと思っている。特に，若者の教育に携わっておられる先生方には，教育的な示唆も本書に含めたつもりであり，若者に接する際の参考にしていただきたい。そのため，本書は心理学を専門としない方にも十分ご理解いただけるように容易な表現に心がけた。たとえば，調査や実験結果をまとめる際の統計的検定の有意水準などについては原則的に省略していて，「差がある」というような表現は5％水準以下で有意であったことを意味している。

　本書は5章から構成されている。「1章　仮想的有能感とは何か」では仮想的有能感の概念と測定について述べている。特にこれまで仮想的有能感の隣接概念について考察が手薄であったが，今回は潜在的自尊感情，自尊感情の不安定性，随伴的自尊感情といった最新の構成概念との関連についても言及している。「2章　仮想的有能感をもつ人の個人的特徴」では比較的恒常的なパーソナリティ変数との関連のみならず，感情経験，社会的スキル，他者認知，動機づけや学習行動，時間的展望や就職イメージとの個人的特徴との関連についても考察した。「3章　仮想的有能感形成の背景要因」ではまず，エリクソンの心理社会的発達理論に基づく仮想的有能感概念の位置づけの説明に始まり，親の養育態度，家族関係の影響，さらには教師の生徒への働きかけの影響などがデータに基づいて語られる。加えて共感性や社会観も形成要因として扱った。また，科研で特に力を入れた国際比較研究も6節で他に比べて多くの紙面を割いて報告されている。仮想的有能感をもつのはわが国の若者だけではないようであるが，その意味は文化的な相違から考察されねばならない。「4章　仮想的有能感と問題行動」は特に3つの問題行動，いじめ，非行，職業選択上の問題行動をとりあげ，仮想的有能感がどのようにかかわっているかを実証したものである。そして最後の「5章　ほんとうの有能感を求めて」では，まずデータにもとづき研究を始めた頃からこれまでの仮想的有能感の推移を示したうえで，若者の仮想的有能感を抑制し，ほんとうの有能感を形成するためにはどのような手立てが必要なのかを提案した。

　これらの研究を通して仮想的有能感研究の問題点もいくつか浮かび上がってきた。10年ほどしか蓄積がない研究は，とても完成といえるものではなく道半ばであることはまちがいない。本書を一つの道標として，この概念に関心をもつ人たちとともにさらなる追究を続けていけることを切に願っている。

　平成23年師走

速水敏彦

目 次

1章 仮想的有能感とは何か ● 1

1節 「仮想的有能感」概念の誕生 …………………………………… 1
1. 時代背景と若者・子ども論　1
2. 感情の変異と概念の誕生　2
3. 同じような時代感覚　5
4. 概念の定義　6

2節 仮想的有能感を測る …………………………………………… 7
1. 初めての尺度　7
2. ACS-2 の検討　8
3. 有能感タイプ　10
4. 仮想的有能感は現代の若者に特有か　12

3節 隣接概念（自己愛，自尊感情）との類似点と相違点 ………… 15
1. 自尊感情　15
   (1)自尊感情とは／(2)自尊感情の測定／(3)自尊感情と仮想的有能感
2. 自己愛傾向　17
   (1)自己愛傾向とは／(2)自己愛傾向の測定／(3)自己愛傾向と仮想的有能感
3. 潜在的自尊感情　21
   (1)潜在的自尊感情とは／(2)潜在的自尊感情の測定／(3)潜在的自尊感情と仮想的有能感
4. 自尊感情の不安定性　25
   (1)自尊感情の不安定性とは／(2)自尊感情の不安定性の測定／(3)自尊感情の不安定性と仮想的有能感
5. 随伴的自尊感情　28
   (1)随伴的自尊感情とは／(2)随伴的自尊感情の測定／(3)随伴的自尊感情と仮想的有能感
6. その他の隣接概念　31
   (1)ポジティブ幻想と自己高揚動機／(2)自己確証動機／(3)自己不明確性／(4)自己意識的感情
7. 自尊感情研究からみた仮想的有能感　33
   (1)仮想的有能感の占める場所／(2)今後の研究に向けて

2章 仮想的有能感をもつ人の個人的特徴 ● 35

1節 仮想的有能感と他のパーソナリティ変数との関連 …………… 35
1. 仮想的有能感とパーソナリティ　35
2. 標準化されたパーソナリティ検査との関連　36
3. その他のパーソナリティ特性との関連　38
4. 仮想的有能感の安定性　39
5. 仮想的有能感をもつ人のパーソナリティ　41

2節　感情経験　42
1. 仮想的有能感と感情経験　42
2. 怒りの生起およびその対処　43
3. 特定事象に対する感情経験　44
   (1)個人事象と社会事象に対する感情の比較／(2)事象の性質による感情反応と認知傾向
4. 日常生活での感情経験　47
   (1)経験標本抽出法による検討／(2)日誌法による検討
5. 仮想的有能感の高い者の感情経験の特徴　50

3節　社会的スキル　52
1. 社会的スキルと仮想的有能感の関係性　52
   (1)社会的スキルと仮想的有能感の関係についての問題意識／(2)菊池(1988)のKiSS-18との関係／(3)堀毛(1994)によるENDE2との関係／(4)聴くスキルとの関連
2. 仮想的有能感と社会的スキルの間―自他のイメージ―　55
   (1)社会的スキルと仮想的有能感をつなぐ友人のイメージの可能性／(2)自己および周りの友人のイメージと仮想的有能感の関連／(3)自己および友人イメージと社会的スキルの関連／(4)社会的スキル，自己および友人イメージ，仮想的有能感の位置関係
3. 社会的スキル，仮想的有能感の形成と仲間体験の認知　59
   (1)社会的スキル，仮想的有能感の形成と仲間体験の認知に関する調査の概要／(2)高校時代の遊びから学んだことと社会的スキルの関連／(3)高校時代の遊びから学んだことと仮想的有能感の関連／(4)仮想的有能感，社会的スキル，感情を交流できる場

4節　他者認知　62
1. ACS-2で「軽視される他者」とは誰か　62
2. 身近な他者の具体的な能力認知　64
3. 対人関係における他者認知　66
   (1)認知的処理・対人感情の特徴／(2)他者不信感との関係
4. 今後の課題　69
   (1)概念と尺度の精査／(2)適応的側面

5節　動機づけと学習行動　71
1. 学習への動機づけとの関連　71
2. 学業に関する会話と学業的援助要請・援助授与　73
   (1)学業に関する会話／(2)学業的援助要請・援助授与
3. 学業成績の予測　76
4. 学習領域における今後の課題　78
   (1)学習への動機づけとその質について／(2)学習を通しての他者との関係／(3)今後の課題

6節　時間的展望と就職に対するイメージ　80
1. 仮想型の時間的展望　80
   (1)時間的展望の概念／(2)データからみる仮想型の時間的展望
2. 仮想型の就職イメージ　83
   (1)就職イメージ／(2)データからみる仮想型の就職イメージ
3. 発達理論から探る仮想型のネガティブ認知　87
   (1)漸成発達理論の観点から／(2)内的作業モデルの観点から／(3)防衛手段としての仮想型のネガティブ認知

3章　仮想的有能感形成の背景要因 ●91

1節　発達との関連 ……………………………………………… 91
1. 心理社会的発達からみたコンピテンス　91
2. 勤勉性・自我同一性と仮想的有能感との関連　93
3. 劣等感と劣等コンプレックス―アドラーの視点から―　95
4. 劣等／優越コンプレックスと仮想的有能感―対人関係と共同体感覚の視点から―　97
5. 有能感タイプと競争の関係―発達的視点からのまとめ―　99

2節　親への愛着および親の養育態度の影響 ……………………… 101
1. 親への愛着との関連　101
　(1)愛着とは／(2)愛着と対人関係パターン／(3)仮想的有能感と親への愛着
2. 親の養育行動および家族関係との関連　106
　(1)これまでの研究：自尊感情の形成要因としての親の養育行動と家族関係／(2)仮想的有能感および自尊感情得点と家族関係・養育行動との関連／(3)有能感タイプごとの家族関係・養育行動の比較

3節　教師との関係 ……………………………………………… 112
1. 教師の行動が子どもに与える影響　112
2. 対人関係と仮想的有能感の関連　114
　(1)生徒を対象とした調査／(2)望ましい教師の態度や行動／(3)教師との面接から
3. 相互理解をはかる工夫　119
　(1)相互理解を形成するための提案／(2)相互理解を形成するまでの事例

4節　社会観との関係 …………………………………………… 122
1. 仮想的有能感の背景としての現代社会　122
2. 世相に関するイメージ―社会に対する感情的な態度として―　123
3. 現代社会を表すキーワード―社会に対する認知的な態度として―　126
4. 先行研究との対応関係　129
5. 今後の課題―社会観と仮想的有能感の相互影響モデル―　130

5節　共感関係を促進する ………………………………………… 131
1. 共感性という概念　131
2. 仮想的有能感と共感性の関係　134
3. 仮想的有能感を低減させる要因を探る　136

6節　文化の影響 ………………………………………………… 139
1. 個人主義的傾向との関連　139
　(1)個人主義・集団主義／(2)日本における個人主義的傾向の浸透／(3)日本の大学生と他国の大学生データにもとづく検討／(4)比較文化研究の問題点
2. コミュニケーション頻度との関連　155
　(1)現代日本青年への注目／(2)青年と他の年齢集団の有能感の比較／(3)コミュニケーション頻度との関連
3. 競争的な教育環境との関連　159
　(1)シンガポールの中学生データへの注目／(2)シンガポールの教育システム／(3)ストリーミング・システムと仮想的有能感

4章　仮想的有能感と問題行動　● 165

1節　いじめ……………………………………………………………… 165
1. 現代社会といじめ　165
2. 仮想的有能感といじめ　167
3. 仮想的有能感からいじめを読み解く　173

2節　おもに共感性との関連からみた非行少年の仮想的有能感……… 176
1. 非行少年と仮想的有能感　176
2. 今なぜ共感性なのか　176
3. 共感性との関連から非行少年の仮想的有能感をみる　178
   (1)非行少年は仮想的有能感が高いのか／(2)有能感タイプ別からみる非行少年の特徴／(3)非行少年の仮想的有能感の強さが共感性に及ぼす影響
4. 仮想的有能感と非行―検討する意義と研究遂行上の留意点―　184

3節　就職活動・労働意欲……………………………………………… 185
1. 若年者の就労問題とミスマッチ　185
2. 仮想的有能感と働くこととのかかわり　187
   (1)就職活動との関連／(2)労働意欲に対する影響
3. 仮想的有能感と労働　192

5章　ほんとうの有能感を求めて　● 195

1節　仮想的有能感の現状と評価……………………………………… 195
1. 若者の仮想的有能感は変化しているか　195
2. 仮想的有能感は肯定されるか　198
3. それでも「仮想的有能感」は抑制すべきもの　199

2節　ほんとうの有能感に近づくために……………………………… 201
1. 経験の違いとしての2つの有能感　201
2. 直接・間接の成功－失敗経験　201
3. プラスマイナスゼロの経験と他者に貢献すること　203
4. 社会化と個性化　205
5. コミュニケーションを促進し親密化をはかる　206

引用文献　211
索　引　227

1章 仮想的有能感とは何か

1節 「仮想的有能感」概念の誕生

1. 時代背景と若者・子ども論

　世の中の若者について何らかの違和感を感じ，大人たちがあれこれ言いつらうのは今に始まったことではない。いつの時代にも若者は批判に晒されてきた。それは世の中の動きや文化の変動をいち早く吸収して適応しようとする若者と，その流れに乗り遅れた大人の感覚のズレなのかもしれない。

　1980年代には従来とは異なった感性や価値観をもつ若者に対して新人類という言葉が使われた。それは日本が産業社会から高度消費社会に突入した時代でもある。そして，80年代後半には日本の経済力は頂点に達し，やがて90年代初めのバブル崩壊を迎えることになる。波頭（2003）がいうようにバブル時代にはコツコツ真面目に働くという勤労の価値観は潮が引くように世間から忘れ去られ，適当に働いても「何とかなるさ」という空気が蔓延していたが，バブル崩壊後は「真面目に働いても何ともならないさ」という感覚に支配されるようになった。そして，経済状況の悪化に伴い90年代にはまず，固定した職業をもたないフリーターが出現する。そして21世紀に入ってからは学校にもいかない，就職もしない人も現れ，ニートという言葉が使われ始めた。このように社会経済的状況の悪化が若者たちの生き方

に望ましい影響を与えないことは容易に予想できる。社会経済的状況が悪くなれば競争が激化したり，人々のくらしに格差が生じるのは必然である。また，社会の荒れは子どもや若者たちの日常生活の規律のみだれや道徳心のほころびにも反映されるものであろう。今から10年ほど前，私は電車の改札口に向かう階段に，若者たちがべったり腰を降ろし，そこが人々が行きかう重要なスペースであることをまったく無視したかのように，物を食べたり，話に夢中になっている様子を毎日のように目のあたりにした。さらに，その頃，個人的には仕事上，中学生や高校生と接したり，学校で間近にみたりする機会が多かったが，校則を無視しても何ら悪びれる様子もなく，むしろ教師と全面的に対立するような生徒が増えてきたのを感じていた。

　その頃，私が最も共感した書物の一つに袰岩（2001）の『感じない子ども　こころを扱えない大人』がある。著者はこのなかで最近の子どもも大人も「感情」をうまく扱えなくなったと指摘している。特にネガティブな感情である，怒りや不安に対峙することができない。そしてそのことが学級崩壊や少年少女たちの衝撃的な事件を引き起こしているという。特に現代は仕事第一，効率第一の大人の社会なので，感情を交えないクールな対応が求められ，私的な気持ちは等閑視される傾向があるという。この感覚は，私がその頃みていた若者の特徴をそのまま表現していた。

　もう一冊，関心をもったのは正高（2003）の『ケータイを持ったサル─「人間らしさ」の崩壊─』である。この頃になると携帯電話が当たり前のように使われだし，特に若者の間では生活必需品のようになった。それは若者の心を大きく変化させてしまうような不気味な存在に思われた。正高は「『ひきこもり』など周囲とのコミュニケーションがうまくとれてない若者と『ケータイ』でいつも他人とつながりたがる若者，両者は正反対に見えるが，じつは成熟した大人になることを拒否する点で共通している」という。そしてそれは「子ども中心主義」の家庭で育った結果である，としている。もちろん携帯電話だけではない。パソコンによるメールやインターネットなど，いわゆるITメディアの発展は著しく，それらが独自の若者の心性をつくり上げているように思われた。

2. 感情の変異と概念の誕生

　ミレニアムの頃，私はある市の教育委員や，大学の附属中・高等学校の校長を歴任し，若者を比較的身近でみていたが，その当時，特に感じたのは彼らの感情のも

ち方についての違和感のようなものだった。発達的にみてもむずかしい時期なので，若者というのはいつの時代もさまざまな心理的悩みをもっているはずであろうが，その頃の若者たちの感情は，何か乾いた感じがした。それはハードボイルドというほど冷酷，非情なものではないが，若者たちの間では相手にまったく配慮することなく，「ムカつく」とか「キレる」という言葉が頻繁に露出されだした。これまでの典型的な日本の若者は，多くの場合，悩みが内向し，多湿な感があったように思われるが，生じる不満を内に宿すことなく，即座に外に向かって爆発させるような傾向が感じられた。ちょうどその頃，よく読んだ作家，五木寛之の随筆にしばしば「今，人間は感情が涸れていると思う」といった意味の指摘があり，私もその意を強くした。

その感情の特徴はもう少し具体的にいえば「怒り」の感情が優先され，「悲しみ」の感情が抑制されたり，後退していることのように思われた。そして，そのような感情のもち方の変化を生じさせているのには何らかの心性が存在すると考えた。そのとき，最初に頭に浮かんだのは「自己愛」という概念であった。自己愛の強い人はネガティブな結果の原因を自分でなく他者に帰しやすいために，他者を攻撃するような「怒り」の感情が生じやすいのではないかと考えた。一方，もう1つの心性の変化として自己責任感というものが弱くなっているように思われた。「自己責任感」を強くもてば，ネガティブな事象の原因も自分に帰しやすいので，怒りよりは悲しみを生じやすいはずである。しかし，その頃の若者たちは自己責任感が弱く，自分の身の周りの負の事象を他人のせいにするために怒りが生じやすいのではないかと考えた。さらに，「怒り」というのは通常は他人に向けて発せられるものだが，自分に対する怒りというものも別に存在するように思われた。それは罪悪感や自罰心といったものに近いかもしれないが，自分の行為に対して強い後悔を伴うものである。この自分に対する怒りの強さは先の予想のように自己愛に規定されるのではなく，むしろ，自己責任感の高さにより生じると考えられた。

そこで，これらのことを調査的に確かめようとした。具体的方法としてまず，「悲しみ」と「怒り」の両方を感じ得る不快事象の仮想場面を作成した。「大切な科目の単位を落としてしまったとき」などの6つの達成場面と「友人たちがコンパに誘ってくれないとき」など8つの対人場面である。自己愛については小塩（1998）による自己愛人格目録（NPI）の下位尺度である「優越感・有能感」の18項目を用いて，また自己責任感は前述の14の場面ごとに「自分の責任ではない（1点）」〜「自分の責任である（7点）」までの7件法で評定を求めた。研究協力者は短大

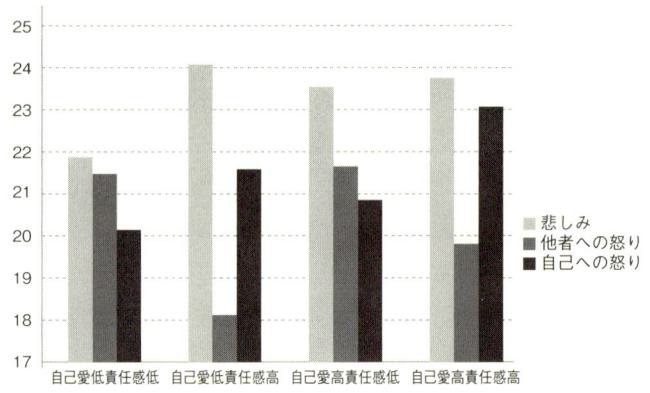

図1-1 自己愛的有能感および自己責任感と感情の関連

生200名であった。その結果は図1-1のように自己愛的有能感、自己責任感の高低で組み合わせた4群をつくり、それぞれの群の達成や親和場面での失敗に対する悲しみ、他者への怒り、自分への怒りの平均を求めることで示された（Hayamizu, 2002）。

図1-1にみるように、他者への怒りは自己愛的有能感が高く自己責任感が低い場合に一番高く、逆に悲しみは自己愛的有能感が低く、自己責任感が高いときに一番高いというような傾向は認められたが、統計的に有意なものではなかった。また、自己への怒りは自己愛的有能感も自己責任感も高いときに相対的に高い傾向があった。おおまかには予想された結果ではあったが、もっとこの感情の抱き方の違いを説明する概念があるはずだと考えるようになった。そして、若者の日頃の行動を頭のなかで反芻しながら自己愛的有能感の項目を眺めていたときに、自分に甘いということで有能さを感じるというよりむしろ、それはもっと強い認知の歪み、すなわち他人を見下したり、他人を軽視することで感じる有能感のほうがより適切に説明できるのではないかと考え始めた。それは自分がこれまでみてきた若者たちのふるまいを説明するのによりふさわしいものに思われた。これが「仮想的有能感」という概念の誕生である。有能感は通常、自分の経験を通して形成され感じるものであるが、筆者のいう有能感は、一方的に他者を軽視して生じるものなので、仮想的という言葉を冠することにした。じつは、この概念は公には2002年の論文の考察に初めて登場する（速水・丹羽, 2002）。この論文自体は小・中学校教師を対象にして、子どもたちの感情のもち方や表現の時代的変化に関して面接をしてまとめたも

のである。その研究のなかで仮想的有能感が用いられたわけではなく，怒りの感情と悲しみの感情の増減を説明する概念として，今後，適用するのがよいだろうという示唆として論文の考察部分で用いた。具体的にその論文では次のように書いている。「現在進行中の別の研究で，筆者らは現代の若者の多くが『仮想的有能感』とでもいえる根拠のない優越感のようなものを有していることを指摘しようとしている。このような『仮想的有能感』をもつことで自分に降り掛かった不幸な出来事について，有能な自分が原因でなく，他者が原因なのだという認識を強く抱くことで他者への怒りが生じやすいように思われる。一方，悲しみの感情はまず，自分の不幸にしっかり向き合うことが必要条件で，自分では制御できないものが原因と考えられる場合に深まるものと思われる」。

3. 同じような時代感覚

　先に述べたように 2002 年に自分の感覚だけで「仮想的有能感」と命名はしてみたものの，正直なところ，これはひとりよがりの感覚ではないかという懸念もないわけではなかった。しかし，その後，2003 年 7 月 9 日の朝日新聞夕刊にノンフィクション作家吉岡忍の「『自分以外はバカ』の時代」という小論を読んで意を強くした。吉岡は若者に焦点をあてるのでなく，日本人全体を対象にしていたが，これによれば，数年来この国から経済大国の両輪だった地域社会と企業社会が消滅し，人々がばらばらに暮らすようになったという。そして今，そこで暮らす人々の声に耳を傾けてみれば，お互いがののしりあって「自分以外はみんなバカ」と言っている声が聞こえてくるような状況を迎えているとしている。ここでの「自分以外はバカ」というのはまさに私が想定した他者を軽視することによる仮想的有能感と重なる感覚だと思われた。

　さらに 2005 年には諏訪哲二著『オレ様化する子どもたち』が出版された。そこには，1980 年代半ばの「新しい生徒たち」はすでに完成した人格を有しているかのようにふるまい，四十代半ばの中年教師である自分を慌てさせた，という話がある。そして，それは「学ほうとしなくなり」「自分を変えようとしなくなった」，「修行をして一人前の大人になろうとしなくなった」生徒を意味しているようだ。これはやはり，平然と根拠なく自己肯定しようとする子どもたちということで私のいう仮想的有能感につながる心性とみることができ，それが自分だけのひとりよがりの感覚でないことを確信した。

4. 概念の定義

　仮想的有能感の定義らしきものをしたのは2003年の日本教育心理学会の第45回総会における自主シンポジウム「『仮想的有能感』をめぐって」であった。そこでの定義とは「自己の直接的なポジティブ経験にもとづくことなく，他者を批判的に評価したり，軽視する認知的傾向に呼応して感じられる比較的持続的な有能さの感覚」とした。そして，通常の「有能感」との相違点として，第1に「有能感」というのはおおよそ個人的な成功経験に呼応しているが，「仮想的有能感」はそのような基盤をもたないこと，第2に「有能感」は自分自身についての直接の感覚であるが，「仮想的有能感」は一般的他者をどのように見ているかに反映されるもので，自分自身についての間接の感覚である，とした。

　その1年後の論文（速水ら，2004）では，現代青年が抱く有能感には3種類あるとした。第1が自信を獲得できるような成功経験を通して比較的妥当に自己を評価したり，他者に評価されることで得られるもの，第2が現実にはそれほど成功経験をせずに自己評価が甘いことで得られるもの，そして第3が自分の実績とは関係なく他者を低く評価することで得ようとする有能さの感覚で，これが仮想的有能感であるとした。いうまでもなく，第1は通常の有能感，第2は自己愛的な有能感を意味している。そして第3の仮想的有能感の定義は先の2つとは少しだけ異なり「自己の直接的なポジティブ経験に関係なく，他者の能力を批判的に評価・軽視する傾

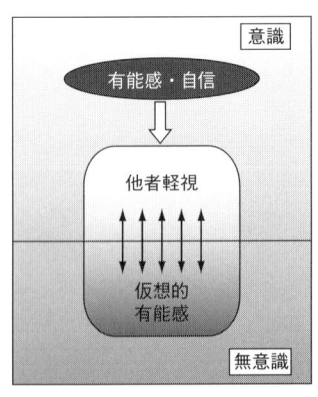

図1-2　他者軽視と仮想的有能感の関係（速水，2006）

向に付随して習慣的に生じる有能さの感覚」として，特に「他者軽視にもとづく仮想的有能感」としており「他者軽視」という言葉が強調された。さらに「習慣的」という言葉を用いているのは仮想的有能感が，無意識的に生じることを暗示している。他者軽視そのものは意識されるが，仮想的有能感はどちらかといえば無意識的な場合が多いと考えている。これを表したのが図1-2である。このように考えると実は他者軽視そのものは自己のポジティブ経験に関係がない場合だけでなく，関係がある場合も生じることが予想され，そのことを図中にも示している。この混乱は次節に示すような有能感タイプを構成することで解決できる。

2節　仮想的有能感を測る

1. 初めての尺度

　仮想的有能感の個人差を測定するための初めての尺度を実際には2002年に作成した。先に述べたように仮想的有能感そのものは無意識的なもので直接はとらえ難いために「他者軽視」傾向を測り，その裏側には他者軽視の強さに対応する仮想的有能感が存在すると考えた。この尺度は初版仮想的有能感尺度，英語ではACS (Assumed Competence Scale) と命名している。それは11項目からなり，それぞれの項目に7段階で評定を求めるものであった（速水ら，2004）。

　ACSの検討が400名弱の大学生を調査協力者にして実施された。まず，尺度の一次元性の検討として主成分分析がなされ，第1成分で34.19％が説明可能であった。また，4週間間隔で実施した再検査で，.77の相関が見いだされ，再検査信頼性も確認された。妥当性に関しては，経験的根拠のない有能感・自信である仮想的有能感に対比する概念として，経験的根拠をもつ自信を表すものとして自尊感情(self-esteem) にも着目して，妥当性指標としてのポジティブ経験，ネガティブ経験との関連を検討した（速水ら，2005）。

　自尊感情は自分の成功経験の蓄積により形成されるのであるから，ポジティブ経験とは正の関係があり，ネガティブ経験とは負の関係がある。一方，仮想的有能感は自分の経験が反映されないのでポジティブ経験，ネガティブ経験ともに関係がないと予想された。結果は自尊感情はおおかた予想が支持された。他方，仮想的有能

感に関しても達成場面でのポジティブ経験，ネガティブ経験とはほぼ無相関で予想どおりであった。しかしながら，対人関係に関しては，ネガティブ経験（たとえば，友だちに無視されたこと）とむしろ正の関係にあった。つまり，仮想的有能感の高い人ほど，対人関係でネガティブ経験が多かったことを意味している。

2. ACS-2 の検討

じつは前述の尺度は比較的短期間しか使用されなかった。項目内容の意味はそれほど変えず，中学生までもが回答できるような比較的やさしい表現にして，さらに，評定段階も日本では最も典型的な5段階評定に修正した尺度が ACS-2（Version2）であり，その項目内容は図1-3に示すとおりである。項目の内容は誰もが日常的に遭遇するような事象での信念や考えから成っている。そして，前にもふれたように，たとえば「自分の周りには気のきかない人が多い」と他者を軽視をする見方の裏側には「他人に比べて自分はよく気がきく」という自分に対する肯定的評価（仮想的有能感）があると考えている。また，ここでの他者は自分の身の周りの比較的近くにいる人（項目の1や2など）と不特定多数の人（項目10や11など）の両方

	項目	自己評定
(1)	自分の周りには気のきかない人が多い	1 2 3 4 5
(2)	他の人の仕事を見ていると，手際が悪いと感じる	1 2 3 4 5
(3)	話し合いの場で無意味な発言をする人が多い	1 2 3 4 5
(4)	知識や教養がないのに偉そうにしている人が多い	1 2 3 4 5
(5)	他の人に対して，なぜこんな簡単なことがわからないのだろうと感じる	1 2 3 4 5
(6)	自分の代わりに大切な役目をまかせられるような有能な人は，私の周りに少ない	1 2 3 4 5
(7)	他の人を見ていて「ダメな人だ」と思うことが多い	1 2 3 4 5
(8)	私の意見が聞き入れてもらえなかった時，相手の理解力が足りないと感じる	1 2 3 4 5
(9)	今の日本を動かしている人の多くは，たいした人間ではない	1 2 3 4 5
(10)	世の中には，努力しなくても偉くなる人が少なくない	1 2 3 4 5
(11)	世の中には，常識のない人が多すぎる	1 2 3 4 5

1：全く思わない，2：あまり思わない，3：どちらともいえない
4：ときどき思う，5：よく思う

図1-3 仮想的有能感尺度（ACS-2）の項目（速水，2006）

を含んでいる。

　まず，この尺度の信頼性に関してであるが，項目の等質性について，脇田ら（2006）は項目間相関行列の固有値を計算し，その減衰状況により一次元性の確認をした。つまり，大学生を対象にしたデータからは，第1固有値から順に3.628, 1.273, 0.882, 0.797となり一次元性がほぼ確認された。尺度の内部一致性を示す$α$係数についてもこれまでに多くの検討がなされているが.8以上になる場合が多いことがわかっている。だが，尺度に関する批判的な指摘もみられ，項目反応モデルを適用して検討したところ，ACS-2の項目9と項目10は特に中・高・大学生にとってはややなじみがないのか，他の項目と異質で，除いて扱うほうがよいと指摘されている。

　さらに再検査による信頼性に関してであるが，高校生を対象に2006年4月，2007年1月，2007年11月の3回にわたり実施した結果によると，1回目と2回目の相関が.67　2回目と3回目が.63，そして，1回目と3回目の相関が.55であった（山本，未発表データ）。また，大学生を対象とした植村（2010）の研究では3か月間隔で.71の相関が示された[*1]。このようにある程度の恒常性が保たれているものの，時間経過とともに環境要因等による変動も生じていることが示されている。

　この尺度を使って最初に出された論文はハヤミズら（Hayamizu et al., 2004）のものである。ここでも，自尊感情を対置し，ポジティブ経験・ネガティブ経験との関係を調べたが，ほぼ速水ら（2005）と同様の結果を得た（図1-4）。すなわち，「スポーツで活躍した」「みんなに承認されたり表彰されたりした」といった達成事象でのポジティブ経験，「かっこいい，もしくはかわいいと言われた」「多くの友人に好かれた」といった人間関係事象でのポジティブ経験などは自尊感情とは正の相関を示したが，仮想的有能感とは明確な正の相関はほとんどみられなかった。一方，「勉強しても思うように成績があげられなかった」「スポーツで活躍できなかった」などの達成事象でのネガティブ経験，「友だちに無視された」「周りの期待に応えられなかった」などの人間関係事象でのネガティブ経験についても，自尊感情の場合は大部分負の相関がみられた。そして，仮想的有能感に関しては達成事象のネガティブ経験とは無関係であったが，意外なことに「友だちに無視された」「先生に叱られた」「周りの期待に応えられなかった」などの人間関係事象のネガティブ経験とは正の相関が認められた。

＊1　ただしこの数値は論文のなかには出ていない。受講群48名について算出したもの。

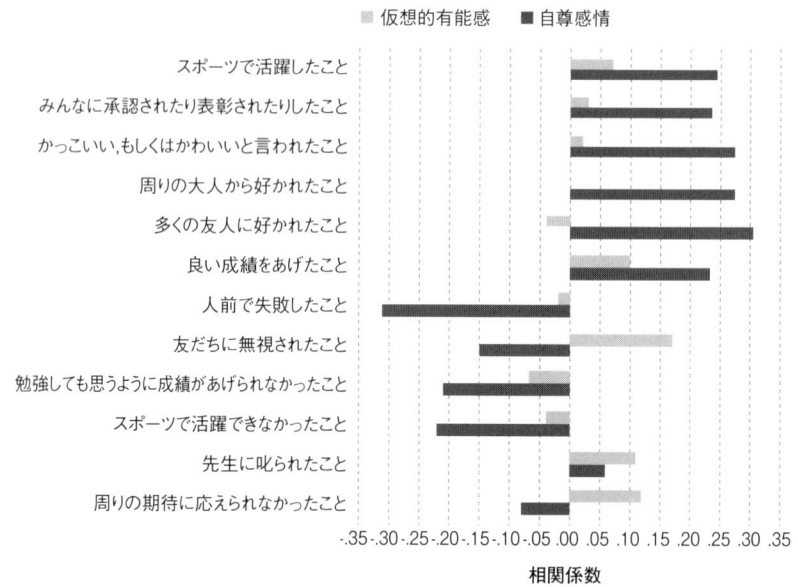

図 1−4 ポジティブ経験・ネガティブ経験と仮想的有能感および自尊感情との関係

　他の妥当性について高校生2クラス，76名を対象にして検討した。担任と副担任の教師にクラス全員について日頃の観察から，仮想的有能感の程度を「低い」「普通」「高い」の3群に1：2：1の割合で分類するよう依頼した。その結果，ACS-2の得点の平均値は，教師評定の「低い」群で27.71，「普通」群で31.34，「高い」群で34.92となった。一元配置分散分析の結果，群間で差が認められた（高木ら，2004）。

　ところで，仮想的有能感の測定については現在のところこのような質問紙法しかつくられていないが，本来無意識的なものであることを考えると投影法的な方法を考えることも有効なのかもしれない。

3. 有能感タイプ

　先に他者軽視が，ほんとうに自信があることでそうする場合と，根拠なくそうする場合が想定されると述べた。仮想的有能感の概念規定は前節で示したとおりであるが，実際のACS-2による測定は，「自己の直接的なポジティブ経験にもとづくこ

となく」の部分が無視されてきた。この部分を，ポジティブ経験が多い人たちを排除することで，明確にすることが考えられる。ポジティブ経験にもとづいて比較的持続的な有能さの感覚をもつ人として，自尊感情が高い人がそれに当たるのではないかと考えた。この自尊感情の概念に関しては，本書のなかでも重要な概念であるばかりでなく，さまざまな下位概念や考え方があるのでそれについてはまた，次節で詳しく解説することにする。ここでは，根拠のない自己肯定感である仮想的有能感と対比的な意味で根拠のある自己肯定感である自尊感情の2つの概念を組み合わせることで有能感タイプというものを定めたことにふれておきたい。

　具体的にはこの2つの概念については測定可能であることから，それぞれを平均値をもとにして高低群に分け，その組み合わせから4つのタイプがつくられた（図1-5）。最も注目すべきは仮想的有能感高，自尊感情低というタイプであり，これを仮想型と命名した。このタイプは自尊感情が高くないために，本来の仮想的有能感の定義「自己の直接的なポジティブ経験にもとづくことなく……」に最も近似したものになると考えられる。他方，仮想的有能感高，自尊感情高群はむしろほんとうに自信があるから他者軽視をする人たちであると想定されるので全能型とした。ただ，両者の因果関係は実は不明なので他者軽視の高さが自尊感情を高めているのかもしれない。さらに，仮想的有能感が低い場合も2つの群が成立する。1つは仮想的有能感低，自尊感情高群で，自信があっても（あるからこそ）他者軽視しない人たちと考えられる，社会的に見て望ましい自尊型である。もう1つは両方が低い，外から見れば自信がなく目立たない人たちで萎縮型と命名された。ただし，この分類をする際の高低は，そのときの標本の自尊感情および仮想的有能感の平均値を用

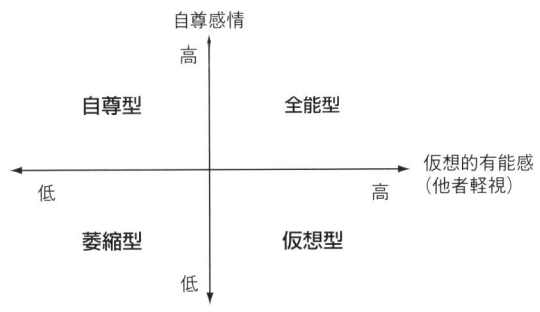

図1-5　有能感の4タイプ

4. 仮想的有能感は現代の若者に特有か

　速水（2006）は仮想的有能感の概念を現代の若者の心性として位置づけたが，はたしてそのこと自体が妥当であろうか。そこでさまざまな年齢層の人を対象に仮想的有能感および自尊感情をみたデータ（Hayamizu et al., 2007）をもとに検討する。さらに追加的に男女別にして再分析し，性差についても考えてみる。調査参加者の人数は各年齢層で186名～654名と幅があり，それぞれの年齢層で男女比も必ずしも均等になっているわけではない。仮想的有能感に関して全体では，予想されたように中・高校生の得点が高いことが指摘できる（図1-6）。しかし，若者でも大学生になると仮想的有能感はかなり低くなっており，他の一般の大人の年齢層と変わらない。だが，大学生と同じ年齢層にはすでに働いている者やフリーターあるいはニートなども同程度の人数存在することも事実で，大学生の群がその年齢層を代表しているわけではない。一方。予想外であったのは，このグラフのなかでは最も高齢である55～64歳でかなり高い仮想的有能感を示したことである。

　次に，男女別にみてみると中学生は男女とも同じような高さを示しているが，高校生では男性はむしろ中学生より高くなっているのに対して女性は低くなっている。つまり，高校生では男性の仮想的有能感が女性のそれに比べて有意に高い。この性差は他にも大学生，25～34歳，35～44歳の3つの年齢層でも認められた。45～54歳，55～64歳では性差は消滅するが男性のほうがいくぶん高いことには変わりがない。このように仮想的有能感は概して男性のほうが女性に比べて高い傾向を示している。

　自尊感情についても同様に男女別に整理して平均値をプロットした（図1-7）。まず，年齢層という視点からみると，男女とも高校生でいったん低下する傾向がみられるが，その後はほぼ徐々に自尊感情は高まることが示されている。この年齢とともに自尊感情が高まる傾向は林ら（1991）でも指摘されている。一方，性差に関しては，中学生，高校生，そして55～64歳の年齢層に差がみられ，いずれも男性のほうが高くなっている。

　さて，これらの結果から指摘できるのは，自信がないため，すなわち自尊感情が低くて仮想的有能感が高いのは，確かに中学生，高校生に多く，筆者が目にしてい

2節　仮想的有能感を測る

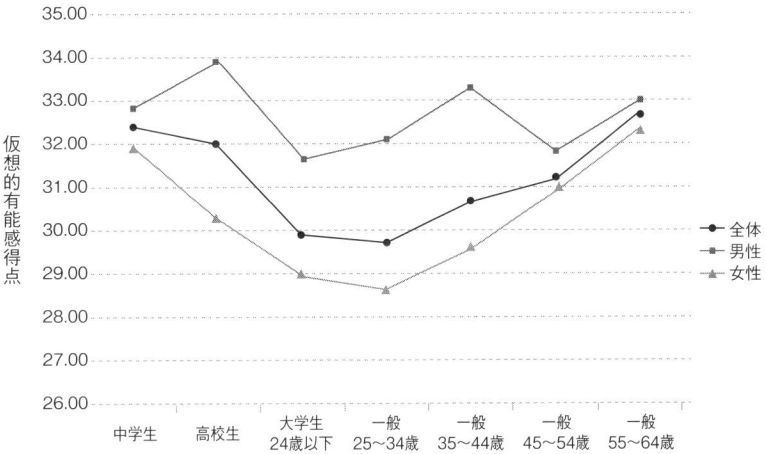

図1-6　年齢別にみた仮想的有能感

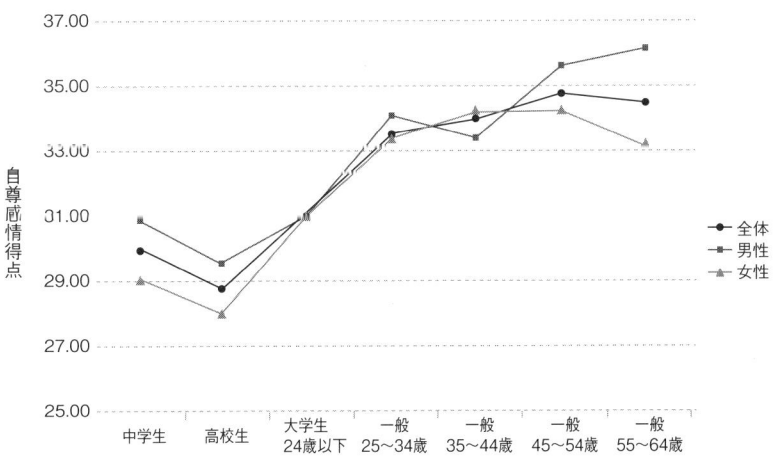

図1-7　年齢別にみた自尊感情

たように，他者軽視をして自分の有能さを保持しようとする傾向が若者に認められることである。ただ，55〜64歳といった相対的に高齢な人の仮想的有能感の高さはどのように解釈すればよいのであろうか。これらの人は若者と違って自尊感情も高いところに特徴がある。前にも述べたように，他者軽視はほんとうの意味での自信がある（自尊感情が高い）ことでも生じると考えられその影響が大きいと思われる。

そこで，前項で提案した有能感タイプで年齢層を比較してみると図1-8のようになる。なお，この場合の分類基準となる仮想的有能感の平均値は31.23，自尊感情の平均値は32.35が用いられた。この結果は，根拠もなく自分についての自信がなくて他者軽視をする仮想型の占める割合が中・高校生で最も高いのに対して，55〜64歳では自信があるために他者軽視をする全能型が一番多くを占めていることが示している。このことは先に述べたことを裏づけている。他に目立つ傾向としては特に働き盛りの成人（25〜54歳）では自信があっても他者軽視をしないといった社会的にみて望ましいタイプである自尊型の人たちが多いことである。一方，大学生は自信もないが他者軽視もしないといった萎縮型が多いことが示された。この有能感タイプは，中学生・高校生においても仮想型に次いで多くみられる。最近の若者について「内向き」というような指摘があるが，そのことを意味している可能性もある。

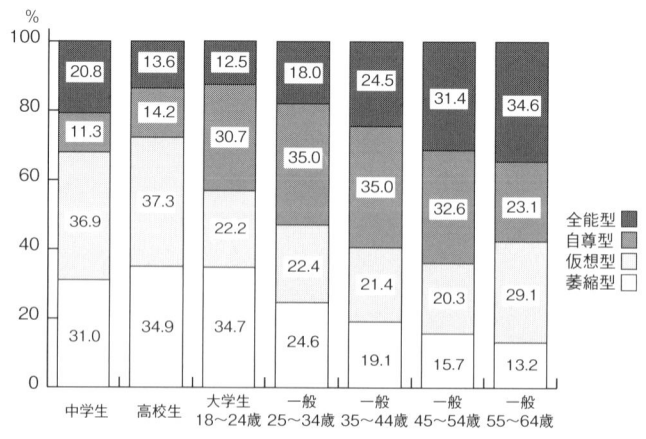

図1-8 年齢段階別の有能感タイプの出現率

ところでこの調査結果で最も注意しなければならないことは、この仮想的有能感や自尊感情の得点はこの時代の文化の影響だけでなく、成長・発達に伴う歴年齢の影響も受けていることである。現代の若者に仮想的有能感をもつ者が特に多くなったことを証明するためには、本来なら何年か前の若者に実施した同じ調査内容の結果と比較せねばならない。現時点だけのものでは、いつの時代にも若者は仮想的有能感が高いかもしれず、人の成長・発達に伴うものという見方も否定できない。また、縦断的研究をするなどして追跡しないかぎり、現代の文化的影響だという断定的なことはいえない。

3節　隣接概念（自己愛，自尊感情）との類似点と相違点

1．自尊感情

(1) 自尊感情とは

　自尊感情は、"self-esteem"の訳語としてよく用いられる言葉である。ローゼンバーグ（Rosenberg, 1965）は自尊感情を、「自己に対する肯定的または否定的な態度」と定義した。そして、そのなかには自己を受け入れるような認識に近い「十分に良い（good enough）」感覚と、他者や物事と比較することから生じる自信や優越感に近い「とても良い（very good）」感覚、このやや異なる2つの概念を含むとした。彼は自尊感情の尺度構成を行うにあたり、自らが作成した尺度で測定されるものは「とても良い」ではなく「十分に良い」という概念のほうであると述べている。そして現在でも、自尊感情の意味として、「十分に良い」感覚であるという定義がよく用いられる。

　なお「自尊感情」という訳語は、自己を評価する際に生じる感情的な側面を強調する表現であるといえる。他にも、"self-esteem"の訳語として用いられるものには「自尊心」「自己評価」などがあるが、本節ではこれまでの仮想的有能感研究にならい、自尊感情という表現を用いる。

　自尊感情は基本的に、心理的に健康な程度を表す個人差特性である。そして自己に対する肯定的な感覚という、非常に基礎的かつ普遍的な構成概念を表現していることから、きわめて多くの研究で扱われてきている。また自尊感情を高め、維持し

ようとする基本的な動機が人間に備わっていると仮定する自己高揚動機（たとえばBaumeister, 1998）などのように，自尊感情を基礎としたり，利用したりする周辺概念も数多い。

（2）自尊感情の測定

自尊感情の測定用具にはいくつかのものがある（Bracken, 1995）が，これまでに世界中の心理学研究で最もよく用いられてきたものは，ローゼンバーグ（1965）の自尊感情尺度（Self-Esteem Scale）である。この尺度は10項目で構成され，全体で自尊感情の高さを測定する。このように，簡便で手軽に使用できる尺度であることから多くの研究者が用いてきた。

この尺度をいち早く日本に紹介したのは星野（1970）であり，この翻訳版は1970年代から80年代にかけてよく用いられた。ただし，星野（1970）は尺度の日本語訳を示したのみであり，また発表も研究雑誌ではなく一般向けの雑誌であったことから，1980年代以降，しだいに用いられなくなっていく。その一方で1980年代に入り，山本ら（1982）がローゼンバーグの自尊感情尺度を独自に翻訳して自己評価の測定尺度として用いた。山本ら（1982）の研究が学会誌に掲載されたこともあり，1980年代以降の多くの研究でこの翻訳版が用いられるようになっていった。ただし山本ら（1982）の翻訳版は，1つの項目（「8. もっと自分自身を尊敬できるようになりたい」）が内的整合性を押し下げるため，この項目のみ分析から除外されることが多い。また，山本ら（1982）の論文中でこの翻訳版の妥当性が検討されているわけではないという点にも注意が必要である。

これらに対し，桜井（1997, 2000）は星野（1970）にもとづき日本語をこなれた表現にした修正翻訳版を発表している。桜井（1997, 2000）は因子分析によって1因子性を確認し，内的整合性（$\alpha = .84$）や4か月間隔の再検査信頼性（$r = .77, p < .01, n = 79$），さらに他の尺度との関連から妥当性の検討も行うなど，信頼性と妥当性に関する詳細な情報を提示している。ただし，仮想的有能感に関する研究では，山本ら（1982）の翻訳を用いていることが多い。

（3）自尊感情と仮想的有能感

速水（2006）は，自尊感情と仮想的有能感は概念的に独立なものであることを想定している。そこで，これまでに公刊されている査読付き論文のなかから仮想的有能感と自尊感情との関連を検討している9研究（$n = 6367$）を収集し，メタ分析を

表 1-1 仮想的有能感と自尊感情との相関係数についてのメタ分析

研究	対象者	n	相関係数
速水ら（2005），研究1	大学生	393	.03
Hayamizu et al.（2007）	中学生〜成人	2393	-.03
Hayamizu et al.（2004）	高校生	581	.08
速水・小平（2006）	高校生	395	.07
小平ら（2008）	高校生	271	.08
小平ら（2007）	大学生	998	.07
松本ら（2010）	高校生	1062	.06
小塩ら（2009），研究1	大学生	119	.03
小塩ら（2009），研究2	大学生	155	-.10
対象者数合計		6367	
母相関係数			.03 (SD = .04)

（注）メタ分析は，ハンターとシュミット（Hunter & Schmidt, 2004）の方法をもとに行った。

用いて両者の母相関係数を算出した。その結果，両者の母相関係数 ρ = .03（SD = .04）であった（表1-1）。実際のデータも，自尊感情と仮想的有能感が独立であるという理論的な想定に一致しており，母集団レベルにおいて自尊感情と仮想的有能感はほぼ無相関であるといえる。

2. 自己愛傾向

(1) 自己愛傾向とは

ナルシストという言葉を聞くと，極端に自信過剰な人や，自分に陶酔しているような人を思い浮かべるかもしれない。このナルシストという言葉のもとになっている自己愛（narcissism）はもともと，臨床場面においてみられる人格面での偏りや歪みをとらえる概念であった。アメリカ精神医学会（American Psychiatric Association, 1980）の診断基準であるDSM-IIIでは，パーソナリティ障害の1つに自己愛性パーソナリティ障害を含めており，自己に対する誇大な感覚や他者からの賞賛に対する強い欲求，自己の権利の主張，自己顕示性などを主たる診断基準としている。しかし，これらの特徴は一般の人々にもみられるものであり，障害の解釈だけでなく，パーソナリティ特性の一側面としても有意義な視点となり得るものである。実際，パーソナリティ心理学の領域では，一般の青年や成人の自己愛をとら

えようとする研究が盛んに行われている（小塩・川崎，2011）。また，パーソナリティ障害としての自己愛と区別するために，パーソナリティ特性としての自己愛を特に自己愛傾向と称することがある。

　自己愛傾向の定義についてはかなり錯綜した議論があり，いまだに決着をみていない面もある。1つの見方として，自己愛傾向の高い者が示すさまざまな特徴の中核に，自尊感情に対する欲求を想定する考え方がある。自己愛傾向の高い者が示す特徴としては，自己顕示性や誇大性，特権意識，搾取性など多様なものがあるが，その多くは自尊感情を高めたり，維持しようとしたりするものである。上地（2004）は，臨床群の自己愛と一般の自己愛傾向とを連続的にとらえながら，「おおざっぱな定義ではあるが，自己を価値あるものとして体験しようとする心の働きを自己愛と呼ぶことにする」と述べている。また，大渕（2003）は，自己愛傾向の高い者が示す自己中心性や自己関心などの特徴は，自尊感情を満たしたいという欲求から派生しているとしている。したがって，自己愛傾向は，自尊感情に対する強い欲求をもち，それを自己の権利の主張や自己顕示性などの独特な方法で表出しやすいパーソナリティ特性として考えることができるだろう。

　自分の価値を高く認知しているという点で，自己愛傾向の高い個人と自尊感情の高い個人とは共通している。中山（2008）は，肯定的な自己評価の高さという点から自己愛傾向と自尊感情とを弁別している。つまり，自己愛傾向も自尊感情も自己に対する肯定的な評価の高さを示しているものの，自尊感情はおもに現実に根ざしたありのままの自己評価を伴っているのに対し，自己愛傾向は非現実的に高揚された自己評価をもっているのである。岡田（2009）は，自己愛傾向と自尊感情との関連を調べた74研究（$n = 38275$）を収集してメタ分析を行い，自己愛傾向と自尊感情との母相関係数が $\rho = .37$（$SD = .05$）であることを明らかにしている。これらの研究からは，全般的に自己愛傾向の高い者は，高い自尊感情をもっているといえるだろう。ただし，概念的な類似性から期待するほどには，両者の相関は高くないともいえる。

(2) 自己愛傾向の測定

　自己愛傾向を測定する尺度として最も多く用いられているものは，ラスキンとホール（Raskin & Hall, 1979）によって開発された Narcissistic Personality Inventory（NPI）である。NPI は，DSM-III の診断基準をもとに作成されたものであり，臨床群と健常群との連続性を仮定したうえで，パーソナリティ特性として

の自己愛傾向を測定する尺度である。NPIに対しては，因子分析によってその因子構造を明らかにしようとする研究が行われてきた。たとえば，ラスキンとテリー（Raskin & Terry, 1988）は，権威，自己顕示，優越感，権利の主張，搾取性，自己満足，虚栄心の7因子を見いだしている。エモンズ（Emmons, 1987）は，搾取性／権利の主張，リーダーシップ／権威，優越感／尊大さ，自己没頭／自己賞賛の4因子を抽出している。日本では，小塩（1998）がNPI日本語版を作成している。原版では自己愛的な文章と非自己愛的な文章の対から二者択一で選択させる回答方式であったものを，日本語版では自己愛的な文章のみを5件法のリッカート形式で回答する尺度に改変されている。なお，因子構造については，自己に対する強い肯定的な感覚や他者よりも優っているという感覚を意味する「優越感・有能感」，他者からの注目や賞賛を求める傾向を表す「注目・賞賛欲求」，自分自身の意見を強く他者に主張する傾向を意味する「自己主張性」の3因子が見いだされている。

先に示したように，NPIには複数の下位因子が見いだされているものの，多くの実証研究ではNPI総得点というかたちで合計得点を用いることが多い。自己愛傾向として想定されている行動面や感情面での特徴は，個人内で併存しやすいものであるため，自己愛傾向を1次元的なパーソナリティ特性としてとらえることは理にかなっている。

NPIを用いて，自己愛傾向の発達的変化や世代差が明らかにされている。フォスターら（Foster et al., 2003）は，インターネットを用いた調査で，世界中の8歳から88歳の3,445名の対象者にNPIを実施している。年齢段階ごとにNPI得点を比

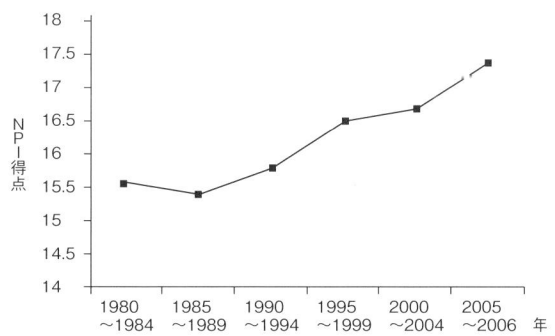

図1-9　大学生におけるNPI得点の経年変化
（Twenge et al., 2008をもとに作成）

較したところ，年齢が若いほど自己愛傾向が高く，年齢が高まるとともに自己愛傾向が低下していくことが示された。また，トゥエンジら（Twenge et al., 2008）は，1979 年から 2006 年に報告された NPI の得点（大学生を対象）を用いて，世代による自己愛傾向の変化を調べている。その結果，過去から現代に向かって世代を追うごとに自己愛傾向は高まっており（図 1 - 9），2006 年には 1980 年の初頭に比して約 30％の NPI 得点の上昇がみられた。

（3）自己愛傾向と仮想的有能感

自己愛傾向と仮想的有能感は概念的に類似する部分が多い。速水（2006）は，仮想的有能感と自己愛は，「甘い自己評価」をもつ点で共通していると述べている。仮想的有能感の高い者は，自分のやってきたことや実際の能力は考えずに，他者を軽視することで無条件に自己評価を高めようとする。自己愛傾向の高い者も，自分の能力や地位を過度に高く認知しており（Paulhus, 1998；Robins & Beer, 2001），現実にもとづかずに甘く自己を評価している。いずれも自己認知が歪んでおり，都合のいいように自己評価を行おうとしている点で共通している。また，このような自己認知の歪みは，自尊感情を高めようとする努力から生じているという点でも類似している。

しかし，両者の視点の方向性を考えるとき，重要な相違点もある。自己愛傾向の高い者は，自己を現実以上に重要で有能なものとしてとらえるところに重要な特徴がある。他者からの賞賛を求めたり，特権意識をもっていたりするのも，自己の重要性を認知しているがゆえのものであると考えられる。一方で，仮想的有能感の高い者が行う他者軽視は，自己ではなく他者に視点が向いている。他者を自分の下に置く下方比較によって自尊感情を高めようとするところに特徴があり，むしろ自己にはほとんど注意が向いていない。このように，自尊感情を高めるための方略として，自己に視点が向いているか他者に視点が向いているかという点で，自己愛傾向と仮想的有能感は異なる心性をとらえる概念であるといえるだろう。

過去に提唱されてきたさまざまな自己愛の概念をふりかえってみると，仮想的有能感とかなり類似する特徴をもつ概念もある。たとえば，バーステン（Bursten, 1973）は，自己愛人格の型を 4 つに分類している。1 つ目は渇望型（craving）である。渇望型には依存的人格や受動的攻撃人格が含まれ，他者にしがみつき，要求し，不機嫌で文句ばかりを言う傾向をもつ。2 つ目は偏執型（paranoid）である。偏執型は誇大な自己が強く，主義や主張，宗教などに自分を同一化し，それにも

とづいて行動することで誇大な自己を実現していくタイプである。3つ目は操縦型（manipulative）である。操縦型は，自己中心的でみずからの自己愛を満足させる手段としてのみ他者と付き合い，他者を思いどおりに操ろうとする。4つ目は男根自己愛型（phallic narcissistic）である。男根自己愛型は，男性性を誇示する男のなかの男のようなタイプであり，過剰に男らしさを示そうとする。この4つの類型のなかで，1つ目の渇望型は，受動的な攻撃性や他者に対する不満の表明など，仮想的有能感の高い者と共通する部分が多い。

また，ギャバード（Gabbard, 1989）は，臨床的な観察から自己愛に異なるタイプが存在することを指摘し，尊大で自己顕示的な誇大型の自己愛と過敏で傷つきやすい過敏型の自己愛の2つのタイプを提唱している。前者の誇大型の自己愛は，NPI などに示されるような従来から考えられていた自己愛にほぼ相当するものである。中山と中谷（2006）によると，誇大型の自己愛傾向は，他者によらず肯定的な自己価値や自己評価を維持する機能をもっており，過敏型の自己愛傾向は，他者によって低められるような証拠がないことを確認することで自己評価を維持する機能をもっているとしている。過敏型の自己愛傾向の高い者は，他者からの評価を常に気にし，自己評価が貶められないかどうかに意識が向いている。他者に注意が向いているという点で，評価過敏型の自己愛傾向と仮想的有能感とは類似する部分をもつ。いずれも自尊感情のあり方が他者の存在に依存しているのである。ただし，評価過敏型の自己愛傾向の高い者は，内奥に高い自尊感情を有しているからこそ，他者からの評価に注意が向いているのであり，この点は仮想的有能感が高い者と異なる部分であるといえる。

自己愛のとらえ方は非常に多様であり，研究文脈のなかでも十分に整理されていない面もある。仮想的有能感と自己愛との異同については，実証的な研究を蓄積することで，さらに検討していくことが必要であろう。

3. 潜在的自尊感情

（1）潜在的自尊感情とは

自尊感情と自己愛傾向は互いに正の相関関係にあり，ともに自分自身に対する肯定的な認識という点で共通した要素をもつ概念である。しかし，自尊感情が精神的に健康な概念とされるのに対し，自己愛傾向は必ずしも健康を意味するわけではない。また，自尊感情が高い者は低い者よりも攻撃的なふるまいをする（Baumeister et al., 1996) など, 自尊感情が高いことが絶対的に良好な適応状態を意味するわけではないという指摘もなされている。

　近年，人間の態度や行動には意識的な部分（顕在的態度）と非意識的な部分（潜在的態度）の双方が影響するということが指摘されるようになっており，潜在的な態度が人の考えや行動に果たす役割に注目が集まっている（小塩ら，2009）。グリーンワルドとバナジ（Greenwald & Banaji, 1995）によると，潜在的態度とは「社会的対象に対する好意的（非好意的）感情・思考・行為を媒介する，内省的に確認できない（あるいは不正確に確認される）過去の経験の痕跡」であるという。そして，このような潜在的態度のうち自己を対象としたものを潜在的自尊感情（implicit self-esteem）と呼ぶ。潜在的自尊感情とは，「自己に関連した対象への反応を導く非意識的な自己に対する評価」（Greenwald & Banaji, 1995；原島・小口，2007）と定義される。

　潜在的自尊感情は，質問紙によって測定された自尊感情（顕在的自尊感情と呼ばれる）と対比するかたちで用いられる。すなわち，前者が非意識的な過程を含むものであり，後者が意識的な過程を反映したものであるといった対比である。

　また，潜在的自尊感情と顕在的自尊感情の組み合わせの効果も注目されている。たとえば顕在的自尊感情が高く潜在的自尊感情が低い者は自己防衛的で自己高揚的な傾向を示すこと（Bosson et al., 2003）や，顕在的自尊感情が低く潜在的自尊感情が高い者は自己に関連する出来事に敏感であること（Jordan et al., 2007）などが指摘されている。なお，顕在的自尊感情が高く潜在的自尊感情が低いことを「防衛的高自尊感情」，顕在的自尊感情が高く潜在的自尊感情も高いことを「安定した高自尊感情」と呼ぶこともある。

(2) 潜在的自尊感情の測定

　潜在的自尊感情の測定方法にはいくつかのものがある（伊藤，2004）。たとえば，ネームレター効果（Kitayama & Karasawa, 1997; Koole et al., 2001）は，参加者にアルファベット（ひらがな）の好みや美しさの程度を評価するように求める課題によって測定される。そして，自分の氏名に使用されているアルファベット（ひらがな）と，使用されていないアルファベットの評定の差を潜在的自尊感情の指標とする。また，誕生日数字効果（Kitayama & Karasawa, 1997）は，同様の課題を出生年月日の数字について行うものである。他の手法として，たとえば，スパルディングとハーディン（Spalding & Hardin, 1999）はプライミング効果を応用した潜在的

自尊感情の測定を試みている。これは，自己関連語と非自己関連語を閾下で提示し，その後に肯定語と否定語の判断をさせる課題によって潜在的自尊感情を測定するものである。

　現在，最もよく用いられる潜在的自尊感情の指標は，潜在連合検査（Implicit Association Test: IAT, Greenwald et al., 1998）を利用した測定方法である。IATは連続的に提示されるターゲットを2つのカテゴリに分類する試行を繰り返し，各試行で判断に要した時間を測定することによって，潜在的な態度を測定する。IATはコンピュータ画面に刺激語を提示し，反応時間を測定することで潜在的な態度を測定するが，より簡便な紙筆版も開発されている。

　潜在的自尊感情の程度は，たとえば図1-10に示すように，「自分」と肯定語（あかるい，うつくしい，など），「他者」と否定語（くらい，つめたい，など）の

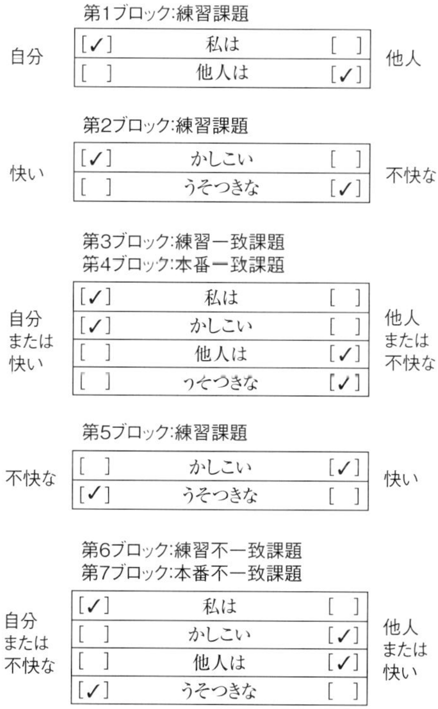

図1-10　紙筆版IATの手順（小塩ら，2009を改変）

連合が，その逆の組み合わせの連合に比べてどの程度強いかを測定することによって把握される。図 1 - 10 は紙筆版の例であるが，コンピュータを用いる場合には「自分」「他者」「肯定語」「否定語」が表示されたときのキーを押す時間が測定され，「自分 - 肯定語」および「他者 - 否定語」の連合と「自分 - 否定語」および「他者 - 肯定語」の連合の強さが求められる。

(3) 潜在的自尊感情と仮想的有能感

小塩ら（2009）は，紙筆版 IAT とコンピュータによる IAT によって潜在的自尊感情を測定し，ローゼンバーグの自尊感情尺度および仮想的有能感との関連を検討している。仮想的有能感と紙筆版 IAT による潜在的自尊感情との間には $r = .21$，コンピュータ IAT による潜在的自尊感情との間には $r = .22$ という有意な正の相関が見いだされた。これらは低い相関係数ではあるが，両者は異なる調査参加者を対象とし，かつ紙筆版 IAT とコンピュータによる IAT という異なる手法を用いているにもかかわらず，同程度の相関係数が再現されたことになる。

さらに，図 1 - 11 に示すように，顕在的自尊感情と潜在的自尊感情を組み合わせた場合には，顕在的自尊感情が低く潜在的自尊感情が高いときに，最も仮想的有能感得点が高くなる傾向にあった。この結果について小塩ら（2009）は次のように考察している。すなわち，顕在的自尊感情と潜在的自尊感情を比較すると，日常生活のなかでの失敗やストレスフルな出来事によって，潜在的自尊感情よりも顕在的自尊感情のほうが影響を受け，低下する可能性が高い。そのような顕在的自尊感情が低下する一方で潜在的自尊感情は高い状況においては，他者を軽視することが両者の差を埋める防衛的な役割をもつため，他者軽視を伴う仮想的有能感が生起しや

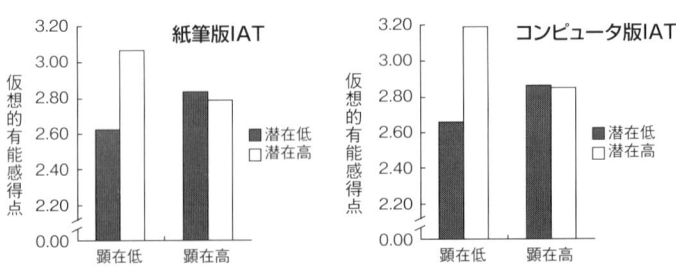

図 1 - 11 顕在的自尊感情と潜在的自尊感情の組み合わせ別の仮想的有能感得点
（小塩ら，2009 にもとづき作成）

すいと考えられるのである。

4. 自尊感情の不安定性

(1) 自尊感情の不安定性とは

　従来，自尊感情は，比較的安定した自己に対する評価としてみなすのが一般的であった。多くの研究では，個人のパーソナリティ特性の1つとして自尊感情をとらえ，「自尊感情の高い（低い）人は……」というように，自尊感情の高低からさまざまな行動や感情の違いを説明することが試みられてきた。また，自尊感情をウェルビーイングや精神的健康の指標として扱う研究も存在するが，そこでも少なくとも日常的なレベルで変動するようなものとしては考えられていなかった。

　しかし，自尊感情についての研究が進むにつれて，自尊感情を特性的なものとしてだけでなく，状態的なものとして扱おうとする立場もみられるようになってきた。リアリィとマクドナルド（Leary & MacDonald, 2005）は，特性的自尊感情（trait self-esteem）と状態的自尊感情（state self-esteem）とを弁別している。特性的自尊感情は，人が一般的に自分自身に対してどのように感じているかを示す側面であり，状態的自尊感情は，人がある特定の瞬間に自分自身に対してどのように感じているかを示す側面である。基本的には自分を肯定的にとらえており自信に満ちあふれている人でも，何か大きな失敗をしてしまった場合には，一時的に自分はだめだと感じて自尊感情が低下してしまうこともある。自尊感情には，ある個人の全般的な自己評価の高さを示す部分と，個々の状況に応じて変動する部分とが存在するのである。

　自尊感情が状況によって変動することを考えると，自尊感情の変動のしやすさに個人差があることが推測できる。状況や日によって自尊感情が変化しやすい人もいれば，あまり自尊感情が変化しない人もいるだろう。このような自尊感情の変動しやすさをとらえるために，自尊感情の不安定性（self-esteem instability）という概念が提唱された。自尊感情の変動しやすさに個人差があることは，古くから指摘されていた。たとえば，ローゼンバーグ（1986）は，個人のベースラインが変化する長期的な自尊感情の揺らぎと，文脈に応じて変化する短期的な自尊感情の揺らぎがあるとしている。その後，カーニスらの研究チームでは，自尊感情の不安定性の測定方法の開発を含めて，精力的に研究を進めている（Kernis & Goldman, 2005）。カーニスら（Kernis et al., 1989）は，ある瞬間や文脈にもとづく自尊感情の揺らぎ

の程度として自尊感情の不安定性を定義している。この自尊感情の不安定性にはパターンがあり，ベースラインから肯定的な方向あるいは否定的な方向のどちらかに自尊感情が揺らぎやすい一方向的なパターンと，ベースラインから肯定的な方向にも否定的な方向にも変化しやすい双方向的なパターンがある（Kernis & Goldman, 2005）。

　自尊感情の不安定性が生じるメカニズムについては，あまり研究がなされていない。しかし，そのなかで1つの要因として考えられているのが，日常の出来事を過度に自尊感情と関連づけて考える特徴である。この特徴は，一般的には自我関与といわれるものである。グリーナーら（Greenier et al., 1999）は，①自尊感情に関連する要因に注意を向けやすい，②曖昧な出来事を自尊感情に関連づけて考えるバイアスをもちやすい，③全般的な自尊感情を特定の領域での出来事と関連づける一般化を行いやすい，という特徴により自尊感情の不安定性が生じるとしている。

　実際の研究では，自尊感情のレベルと不安定性の組み合わせの効果が検討されている。カーニスら（1989）は，自尊感情のレベルが高い場合に不安定性が怒りや攻撃性を高めることを明らかにしている。他にも，自尊感情が高くて不安定な場合に，抑うつが高いことや（Kernis et al., 1998），否定的なフィードバックに対して強い心臓血管反応を示すこと（Seery et al., 2004），否定的な出来事が生じた際に他者を非難しやすいこと（Kernis et al., 1997）などが知られている。

(2) 自尊感情の不安定性の測定

　自尊感情の不安定性を測定する方法はおもに2つのものがある。1つは，ローゼンバーグ（1965）が開発したStability of Self Scaleを用いて，自尊感情の不安定さを自己報告によって直接的に測定しようとする方法である。この尺度では，「自分に対して肯定的な見方をしている日もあれば，否定的な見方をしている日もある」などの項目によって，自尊感情の不安定性に対する認知を測定することになる。もう1つの方法は，カーニスら（1989）が開発した方法で，一定期間内に複数回にわたって自尊感情測定を実施することでその不安定性を測定しようするものである。これまでの研究では，後者の方法が用いられることが多い。

　カーニスら（1989）は，大学生を対象に経験標本抽出法によって自尊感情の不安定性を測定している。参加者は，ある時間になるとアラームがなる装置を配られ，毎日午後8時以降のどこかの時間にアラームが鳴った時点で，ローゼンバーグ（1965）の自尊感情尺度に回答するように求められる。その際，状態的な自尊感

情を測定できるように，アラームが鳴った時点の心理状態を回答するように教示が加えられる。同様の手続きを1週間続ける。すると，個人が自尊感情の得点を7つもつことになるが，この7つの得点の個人内標準偏差を算出し，その値を自尊感情の不安定性とする。日によって自尊感情の得点がばらつくほど，つまり自尊感情の揺らぎが大きいほど標準偏差の値は大きくなるため，その値を自尊感情の不安定性の程度を示すものと考えるのである。また，1日2回の測定を4日間繰り返す方法（Kernis et al., 1993）や，ウェブ上での回答を3週間行う方法（Webster et al., 2007）など，いくつかのバリエーションはあるが，状態的な自尊感情を複数回測定することで自尊感情の不安定性をとらえようとする点は共通している。日本では，小塩（2001）が，火曜から日曜まで1日1回の評定値を用いて自尊感情の不安定性の測定を行っている。

　自尊感情のレベルと不安定性の関連についても注目されている。岡田（Okada, 2010）は，自尊感情の不安定性に関する24研究（$n = 2829$）を収集し，自尊感情のレベルと不安定性との母相関係数を推定した。その結果，両者の母相関係数は $\rho = -.31$（$SD = .01$）であった。自尊感情のレベルが高い個人は，日常的には自尊感情が揺らぎにくいという関連は若干あるが，その関連の程度は必ずしも強くないといえる。

（3）自尊感情の不安定性と仮想的有能感

　自尊感情の不安定性は，仮想的有能感の高い個人がもつ自尊感情のあり方を考えるうえで有意義な視点を提供するものである。仮想的有能感の高い者が行う他者軽視は，自尊感情を高めようとする一種の方略として考えることができる。しかし，先に示したように，仮想的有能感と自尊感情のレベルとの間の関連はほぼ無相関であり，仮想的有能感の高い者のなかには自尊感情を高く保っている者もいるし，自尊感情が低い状態の者もいる。このことを考えると，必ずしも自尊感情の低さや高さが他者軽視を行う直接的な動機となっているわけではないと考えられる。ここで1つのアイデアとして，他者軽視が自尊感情の不安定さからきていると考えることができる。仮想的有能感の高い者は，さまざまな出来事に対して自尊感情が揺らぎやすいために，他者軽視を行うことで自尊感情を高め，維持しようとしているのである。仮想的有能感の高い者が不安定な自尊感情をもっていると仮定することで，他者軽視を行うメカニズムをよりよく理解できるかもしれない。

5. 随伴的自尊感情

(1) 随伴的自尊感情とは

　人から賞賛されたり，うまく仕事をやり遂げたりしたときに自尊感情が高まるというのは，多かれ少なかれ誰もが経験することである。また，学業やスポーツなど，特に自分が自信をもっている領域での成功や失敗は，自尊感情に強く影響する。たとえば，高校野球に全力を注いでいる高校球児は，試合で三振したときには大きく自尊感情が低下するだろうが，数学のテストで悪い点をとったとしてもあまり自尊感情は低下しないかもしれない。このような成功・失敗や地位と自尊感情との結びつきに注目するのが随伴的自尊感情である。随伴的自尊感情（contingent self-esteem）とは，達成や地位など特定の結果によって規定される自尊感情である。「甲子園に出場した経験があること」や「大会社の社長であること」によって高められる自尊感情が随伴的自尊感情である。研究者によっては，自己価値の随伴性（contingencies of self-worth）という用語を用いる場合もあるが，自己の価値が外的な基準に随伴しているという点で同義である。

　潜在的自尊感情や自尊感情の不安定性と同様に，随伴的自尊感情が提起された背景には，自尊感情とさまざまな行動や感情との関連に一貫性がないという現状があった。クロッカーとウォルフ（Crocker & Wolf, 2001）は，自尊感情が必ずしも心理的適応に結びつかず，むしろ自尊感情を追求することが不適応的な結果をもたらすことに注目し，個人が自尊感情をどの程度随伴させているかに目を向けることの必要性を指摘した。また，ライアンとブラウン（Ryan & Brown, 2006）は，外的な基準に自己価値が随伴している随伴的自尊感情と，外的基準を必要とせず自分らしさによって生じる真の自尊感情（true self-esteem）を弁別し，前者の随伴的自尊感情が自己の統合を阻害すると論じている。後者の真の自尊感情は，本来感（authenticity）の重要な一側面とされている。本来感は，一般に「自分らしさ」や「本当の自分」などといわれる自己の側面であり，より充実したかたちで生活している人間のあり方として位置づけられている（Sheldon et al., 1997）。また，臨床場面では，自己と経験の一致として述べられる状態でもある。伊藤と小玉（2005）によると，本来感がもつ適応的性質は，不安を低減し，経験に対して開かれた感覚や自己決定している感覚，他者との温かい関係を築いている感覚を促進することであるとしている。

　随伴的自尊感情のとらえ方には，全般的な随伴性を想定する立場と随伴する領域

を弁別する立場の2つがある。いずれの立場でも，随伴的自尊感情の不適応性が示されている。パトリックら（Patrick et al., 2004）は，女子大学生を対象とした調査で，全般的な随伴的自尊感情が高い人ほど他者との比較，特に自分より外見が魅力的な人と比べる上方比較を行いやすく，そのことによって否定的な気分が高まることを明らかにしている。自尊感情を求める人ほど，他者より劣っている部分に目が向きやすくなり，気分が悪化しやすいのである。領域ごとの随伴的自尊感情について，クロッカーとルタネン（Crocker & Luhtanen, 2003）は，学業に対する随伴性の高さは学業面での問題に影響し，外見に対する随伴性の高さは金銭面での問題に影響することを明らかにしている。学業に自尊感情が随伴しているものは，学業面での活動によって自尊感情を高めようとするため，結果的に学業面での問題を生じやすくなる。成績を気にするあまりに，かえって学習がはかどらずに成績が伸びず，勉強が面白くなくなることがあり得る。また，外見の魅力によって自尊感情を保っているものは，それを維持しようとして化粧品やエステなどにお金をかけすぎてしまい，金銭面での問題を抱えることになるのである。

その一方で，ある領域で自尊感情を求めることが，他の領域での不適応的な結果につながることもある。パークとクロッカー（Park & Crocker, 2005）は，学業面での随伴的自尊感情が対人関係に及ぼす影響を実験場面で調べている。学業面での随伴的自尊感情が高い者は，学業に関する自我脅威にさらされた場合，会話をした相手から支持的ではなく，好ましくないと評定されていた。学業に自分の高い自尊感情を随伴させている学生は，自分の学業面での能力が低いことを知ったことで，他者の話を聞くような余裕をもてず，友好的にふるまえなかったのであろう。学業面での自尊感情に執心しすぎることは，学業面での失敗に際して対人面でコストを生じる可能性がある。

(2) 随伴的自尊感情の測定

随伴的自尊感情のとらえ方には，全般的な随伴性を想定する立場と随伴する領域を弁別する立場の2つがある。それぞれの立場に応じて，随伴的自尊感情を測定する尺度が開発されている。

全般的な随伴性を想定する立場では，個人の自尊感情が外的な達成や期待に随伴している程度を1次元的なものとして測定しようとする。Contingent Self-Esteem Scale（Kernis, 2003）では，良い成績や他者の承認を得ることが，どの程度自尊感情に影響するかを測定する。項目例としては，「自分の価値を決める重要な指標は，

どれだけ完璧にものごとを成し遂げたかだ」や「自分に対する全般的な感情は，自分がどのようにみられているかに強く影響される」といったものである。この尺度は，理論に合致するかたちで1因子性が確認されている。日本においては，伊藤と小玉（2005）が Contingent Self-Esteem Scale を翻訳し，1因子性を確認している。

自尊感情が随伴する領域を弁別する立場では，複数の領域を想定し，各領域の成功や失敗によってどの程度自尊感情が影響を受けるか尋ねる方法をとっている。クロッカーら（Crocker et al., 2003）は，他者からの承認（例：「私の自尊感情は，他者が私のことをどのように思っているかにかかっている」），外見（例：「私の自尊感情は，自分の顔がどれぐらい魅力的だと思えるかに影響される」），競争（例：「他者に勝つことで自分を尊敬できる」），学業（例：「学業成績が優れないと気分が悪くなる」），家族からのサポート（例：「家族が自分のことを誇りに思ってくれると私の自尊感情は高まる」），美徳（例：「自分が倫理に反することをしてしまうと自尊感情は下がる」），神の愛（例：「神が私のことを愛してくれていると感じられれば私の自尊感情は高まる」）の7つを設定し，7下位尺度からなる尺度を作成している。また，日本においては，内田（2008）が大学生を対象として，競争性，外見的魅力，関係性調和，他者評価，学業能力，倫理，家族・友人サポートからなる尺度を作成し，大谷と中谷（2010）が中学生を対象として，芸術能力，学業能力，運動能力，友人関係の4下位尺度からなる尺度を作成している。

(3) 随伴的自尊感情と仮想的有能感

随伴的自尊感情と仮想的有能感は，何かしら外的な基準にもとづいて自尊感情を高めようとしている点において類似している。ライアンとブラウン（Ryan & Brown, 2006）は，外的な基準に依存しない自分らしさから生じる自尊感情を真の自尊感情と呼んだが，他者を軽視することによって自尊感情を得ようとしている仮想的有能感の高い者は，このような真の自尊感情をもっているとはいえない。外的な基準を自尊感情の源としているところは，随伴的自尊感情の高い個人と仮想的有能感の高い個人とに共通する特徴である。

その一方で，比較の方向性を考えると相違点がみえてくる。先に紹介したパトリックら（2004）の調査では，随伴的自尊感情が高い者ほど，自分より魅力的な他者と比べる上方比較を行いやすかった。しかし，仮想的有能感の高い者が行う他者軽視は，他者を自分より下に置くものであるため，明らかに下方比較の特徴をもっている。ただ，下方比較はある程度自分の能力を把握していることが前提になるが，

他者軽視の場合は自分の能力を正確に認知しないまま無条件に他者を下に置いてしまうことも大きな特徴であろう。随伴的自尊感情と仮想的有能感は，社会的比較に注意が向いているという点では類似しているものの，その方向性と自身の能力の認知という点で大きな相違があると考えられる。

6. その他の隣接概念

(1) ポジティブ幻想と自己高揚動機

　自己を肯定的にとらえることをポジティブ幻想（positive illusion）という（Taylor & Brown, 1988）。ポジティブ幻想には，①自分を非現実的なまでに肯定的にとらえること，②統制に対する幻想，③非現実的な楽観主義，の3つが含まれる。このようなポジティブ幻想が生じるのは，人が自己を肯定的で価値のある存在であると思いたいという自己高揚動機（self-enhancement motive）をもつためである。自己高揚的な行動や認知はさまざまなかたちで表れることが知られており，自己と関連する人物や場所を高く評価したり，自分より成功している人物から距離を置いたり，自分より劣っている他者と自己を比較したりすることは，すべて自己高揚動機によるものとして考えることができる（Leary, 2008）。仮想的有能感の高い者が行う他者軽視も，同様に自己高揚的な行動あるいは認知として考えることができる。ただし，仮想的有能感の高い者が自己を肯定的にとらえたり，自身の将来を楽観的にとらえることができているかどうかには不明確な部分もある。

(2) 自己確証動機

　自己確証理論（self verification theory, Swann et al., 2003）では，人が現在の自己概念を確認し，維持したいという自己確証動機をもっていることを想定している。自己確証動機のために，自己概念に一致する情報は積極的に取り入れ，逆に自己概念に反する情報は否定することになる。このような自己確証的な行動は，情報が肯定的なものであるかどうかにかかわらず生じ，否定的な自己概念をもつ者はそれに反する肯定的なフィードバックよりも，むしろ自己概念に一致する否定的なフィードバックを好むことが示されている。仮想的有能感の高い者が，自己を他者よりも有能な存在であると認知しているのであれば，他者軽視を行うことは自己確証動機にもとづくものであるといえるかもしれない。しかし，自己高揚動機のところで論じたように，仮想的有能感の高い者は直接的な成功や達成の経験をもっていないた

め，他者を低く見ていたとしても，自己を肯定的にとらえているかどうかは定かではない。その場合，他者軽視は必ずしも自己概念を確証したいという動機にもとづくものではないとも考えられる。

(3) 自己不明確性

自己概念や自己に関する知識の明確さにかかわる概念として自己不明確性（self-uncertainty）がある（Sedikides et al., 2010）。自己不明確性の高い状態は，人生の意味や目的を感じることを困難にするため，嫌悪的なものとして経験される。また，自己不明確な状態にあると，さまざまな意思決定が困難になり，実質的な不利益を生じることもある。このようなデメリットのために，自己不明確な状態は，社会的比較や診断性の高い課題への従事をうながすことで，それを低減するように人を動機づける（Sedikides et al., 2010）。仮想的有能感の高い者は，現実的な経験にもとづく判断を行っていないという点で，その自己認知は不明確なものであると考えられる。しかし，仮想的有能感の高さが，現実的な能力や自己の状態を明確にするような行動を動機づけることはないと思われる。むしろ，仮想的有能感の高い者が行う他者軽視は，自己認知を不明確なままに保留しておくことによって，自尊感情の傷つきを避ける方略として理解することができる。

(4) 自己意識的感情

自己と感情との関連については，古くから議論がなされてきた。さまざまな感情のなかで，誇りや恥，共感など，自己意識をそのプロセスに含む感情は自己意識的感情（self-conscious emotions）と呼ばれる。トレイシーとロビンズ（Tracy & Robins, 2007）は，自尊感情を誇りと恥のバランスとしてとらえている。自尊感情の高さは誇りの感情を経験しやすい傾向であり，逆に自尊感情の低さは恥を経験しやすい傾向である。また，自己愛傾向の高い者が示す利己的帰属や他者への攻撃性は，過剰な誇り（hubristic pride）を経験し，恥を避けようとする試みとして理解することができる。誇りや恥といった自己意識的感情が，自己愛的な行動を動機づけているのである。仮想的有能感の高い者が行う他者軽視が，自尊感情を高めようとする一種の方略であるとすれば，その背景として誇りや恥が動機づけ機能をもっているのかもしれない。他者を軽視することによって，ある種の誇りを維持することができ，恥を感じなくてすむという面があるものと考えられる。

7. 自尊感情研究からみた仮想的有能感

(1) 仮想的有能感の占める場所

　本節では，仮想的有能感に類似すると考えられる諸概念を概観し，仮想的有能感との関連を検討した。第1に，他者軽視傾向によって測定された仮想的有能感と自尊感情は，明らかに無関連であると考えられる。第2に，自己愛傾向と仮想的有能感は，速水（2006）が述べるように部分的に重なる概念であると考えられるが，やはり基本的な部分で異なっていると考えられる。第3に，仮想的有能感はIATによって測定された潜在的自尊感情に関連する。特に，顕在的自尊感情が低く，潜在的自尊感情が高い組み合わせにおいて，最も仮想的有能感が高まる傾向がみられる。第4に，自尊感情の不安定性は仮想的有能感を生じさせるプロセスにかかわる可能性がある。第5に，随伴的自尊感情と仮想的有能感は，社会的比較を志向するという点で共通点が予想されるものの，その内容には大きな違いがあることが予想される。

(2) 今後の研究に向けて

　最後に，本節でとりあげた周辺概念と仮想的有能感との間で，今後検討されるべき課題について述べる。

　仮想的有能感と自己愛傾向は表面的な類似点も多いため，その異同や概念的な重なりは常に問題になる。しかし，実証的に両者の関連を調べた研究はまだ存在しない。今後，実際のデータにもとづいて，仮想的有能感と自己愛傾向との概念上の弁別性を明確にしていくことが重要な課題となる。

　仮想的有能感と潜在的自尊感情については，小塩ら（2009）によって関連が示されている。しかしながら，相関係数は低く，完全に一致するとはいいがたい。仮想的有能感も潜在的自尊感情も，顕在的自尊感情とは無相関となる。さらに，両概念ともに顕在的自尊感情と組み合わせることで現象を説明しようと試みられている。この3者の関係については，さらに他の指標との関連のもとでより詳細に検討される必要があるだろう。

　これまでに仮想的有能感と自尊感情の不安定性との関連を調べた研究は存在しない。仮想的有能感の高い者が，状態的な自尊感情をどの程度変動させているのかは，興味深い研究テーマの1つであると思われる。その一方で，他者軽視が潜在的なレベルで行われるものであることにも注意しなければならない。自尊感情の不安定性

に関する研究では，顕在的なレベルで個人に認知されている自尊感情を扱っている。しかし，仮想的有能感と自尊感情との関連を考える際には，潜在的なレベルでの自尊感情に注目することが不可欠である。仮想的有能感と関連するのは，潜在的なレベルでの不安定性であることも考えられる。潜在的なレベルでどのようにして自尊感情の不安定性を測定するかも含めて，仮想的有能感との関連を探っていくことが必要であろう。

　随伴的自尊感情の考え方は，仮想的有能感の高い個人が他者軽視を行いやすい領域を考えるうえで有意義な視点を提供するかもしれない。これまで，他者軽視による仮想的有能感がどのような領域で生じるのかということは，あまり注目されてこなかった。学業面で他者軽視を行う個人がいる一方で，外見に関して他者軽視を行う者がいるというように，領域ごとの弁別があるのかもしれないし，あるいは仮想的有能感の高い者は領域を問わず全般的に他者軽視を行いやすいのかもしれない。また，ある領域での自尊感情に対する脅威を，他の領域での他者軽視によって補償しようとするようなこともありうる。仮想的有能感の高い者が行う他者軽視について，領域という観点を組み込むことも必要であろう。

2章 仮想的有能感をもつ人の個人的特徴

1節　仮想的有能感と他のパーソナリティ変数との関連

1. 仮想的有能感とパーソナリティ

　前章までで述べられたように，仮想的有能感は勝手に他者を軽視することで得られるいわば「偽りの有能感」ともいえるものである。速水（2006a）によれば，仮想的有能感そのものは日常的にはほとんど自覚されず，さらに自分が仮想的有能感をもっているということは社会的に望ましくないので，本人には意識されにくい。また，確固とした自信や高い自己評価に裏づけられているものではない。このように仮想的有能感は非自覚的であるため，他者軽視傾向を測定することによる間接的な測定を行っている。つまり仮想的有能感そのものを直接測定することができないため，顕在的になっている他者軽視傾向を測定することで仮想的有能感を明らかにしようとする考えである。よって他のさまざまなパーソナリティ変数とACSの関連性をみることで，当初予想された仮想的有能感が高い人の人物像と一致するかどうかという点が，ACSの妥当性を検討するという意味でも重要なポイントとなろう。

2. 標準化されたパーソナリティ検査との関連

　仮想的有能感と他のパーソナリティ関連の変数は多くの研究によって検討されている。たとえば速水ら（2004）は，仮想的有能感と統制の位置（locus of control）や自己意識および共感性などとの関連をみている。統制の位置はロッター（Rotter, 1966）らが提唱した性格特性の1つであるが，行動に対する結果が自分の力でコントロールされているのか，それとも外的な力によってコントロールされているのかというとらえ方を指す。また，自意識は公的自己意識と私的自己意識に分けられ，前者は外見など他者が観察できる自己の側面に注意を向ける傾向で，後者は感情や気分など自己の内面に注意を向ける程度である。この研究では仮想的有能感と自己意識のなかでも特に私的自己意識と有意な正の相関，および共感性との有意な負の相関が見いだされたが，統制の位置とは有意な相関がみられなかった。一方，自尊感情は統制の位置と有意な正の相関があり，自己意識や共感性とは有意な相関がみられなかった。これは仮想的有能感をもつ人は共感性が低く，自己の内面に注目が向きやすいことをうかがわせる。自尊感情が高い者については自分の行動の結果が自分の内的な力によって獲得されたものだと認識しているということになり，過去のポジティブ経験によって自分の能力を安定して評価しているということになる。

　標準化され，臨床場面などでも広く用いられる性格検査との関連も検討されている。山田と速水（2004）はACSによる仮想的有能感，自尊感情と16PFとの関連を検討した。16PF（Sixteen Personality Factor Questionnaire）はキャッテルら（Cattell et al., 1970）によって開発された質問紙による性格検査で，187の質問項目で構成されており，16の性格特性の因子と，その因子から算出された二次因子4つについてそれぞれ10段階のプロフィールを作成することで，個人のパーソナリティを全体的に記述することができる（表2-1）。

　この調査では仮想的有能感は因子L（疑い深い，猜疑的）と正の相関，因子C（情緒安定性，高自我）および因子M（空想的，現実に無頓着）と負の相関がみられた。また，二次因子のQⅡ（高不安）とは正の相関がみられた。このことから，仮想的有能感が高い者は，情緒不安定で動揺しやすく，猜疑心が強く現実的であるといったパーソナリティの特徴をもっていることが想定できる。また，二次因子のQⅡと正の相関がみられたことから，不安感を強くもっていることが予想される。この結果は速水（2006a）によって想定されている仮想的有能感が高い若者像と一致するものであろう。一方，自尊感情についてみると仮想的有能感とは無相関であ

1節 仮想的有能感と他のパーソナリティ変数との関連

表2-1 16PFの各因子と概略

因子	低得点	高得点
A	打ち解けない，分裂的	打ち解ける，情緒的
B	知的に低い，低知能	知的に高い，高知能
C	情緒不安定，低自我	情緒安定，高自我
E	謙虚，服従的，温厚	独断，支配的，攻撃的
F	慎重，用心深い，無口	軽率，衝動的
G	責任感が弱い，低超自我	責任感が強い，高超自我
H	物おじする，控え目	物おじしない，大胆
I	精神的に強い	精神的に弱い，防衛的な情緒過敏
L	信じやすい，協調的	疑い深い，猜疑的
M	現実的，用意周到	空想的，現実に無頓着
N	率直，飾らない	狡猾，打算的
O	自信がある	自信がない，自責的
Q 1	保守的	革新的
Q 2	集団的，集団志向	個人的，自己決断的
Q 3	低統合，衝動的	自律的，意思的
Q 4	くつろぐ，低緊張	固くなる，高緊張
Q Ⅰ	内向性	外向性
Q Ⅱ	低不安	高不安
Q Ⅲ	心情的	行動的
Q Ⅳ	依存性	独立性

※ Q Ⅰ～Q Ⅳは二次因子（主要16因子得点から一定の計算法により算出される）

り，かつ因子Cと正の相関，Q4（高緊張）および二次因子のQ Ⅱと負の相関がみられた。つまり自尊感情が高い人は強い自我をもち，緊張感が低くくつろいでおり，不安感が低いといえる。これは一般的に自尊感情を高くもつ人物のイメージと一致しており，仮想的有能感が高い人とは対照的なパーソナリティが予想される結果である。また，16PFではQ Ⅱは意識下レベル，つまり潜在的な不安を表しているとし，Q Ⅱと同時に因子Cも低い場合は特に臨床的な注意が必要であるとされる（伊沢，1985）。つまり仮想的有能感が高い人は漠然とした不安感が高く，社会生活において精神的健康を損ないやすい可能性が高いと考えられる。

その他の性格検査との関連では，高木（2006）が矢田部・ギルフォード性格検査（Y-G性格検査）と仮想的有能感の関連を検討している。Y-G性格検査はギルフォード（Guilford, J. P.）の理論にもとづき矢田部達郎によって作成された質問紙法の

性格検査である。12の性格特性を測る120の質問から構成されており，臨床場面だけでなく，学校や産業場面などで幅広く用いられているものである。この調査では仮想的有能感とCo（非協調性），Ag（攻撃性）およびN（神経質傾向）の間に正の相関が示された。つまり仮想的有能感が高い者は攻撃性が高く，過敏で神経質傾向であり，協調性が低いことになる。Coが高い者の性格特徴としては不満が多く，対人関係に不信感を抱いていることが指摘されている。加えて攻撃性の高さも関連することから，仮想的有能感が高いと社会的な関係において問題を起こしやすいことが推察されるだろう。

　これらの研究は標準化された信頼性の高い性格検査と仮想的有能感との関連を見ているが，明らかになった関連性の高いパーソナリティ側面はやや異なるものの，いずれも仮想的有能感が高い者が社会的に適応しにくい性格特徴をもつという指摘は共通している。

3. その他のパーソナリティ特性との関連

　近年パーソナリティの特性理論においては性格の5因子（Big Five）モデルが提唱され多くの支持を得ているが，5因子モデルと仮想的有能感との関連についても検討されている。5因子モデルとはコスタとマクレア（Costa & Mc Crae, 1985）によって提唱された理論であり，日本でもいくつかの質問紙が開発され，多くの研究で用いられている（下仲ら，1999；藤島ら，2005など）。5因子の尺度構成の背景や尺度名の記述にはやや幅があるが，神経症傾向（Neuroticism），外向性（Extroversion），開放性（Openness），調和性（Agreeableness），誠実性（Conscientiousness）[*1]の5つが基本的な性格の特性要素であると仮定され，おおまかなコンセンサスが得られている。鈴木（2010）はこの5因子モデルを用いて仮想的有能感との関連を検討し，調和性とは負の，開放性とは正の相関を見いだしている。調和性は他者への温厚なふるまいや協調的・共感的態度，信頼・尊重を意味しているので，他者軽視を基本とする仮想的有能感と負の関係があるのは理解しやすいだろう。開放性はさまざまな経験に対して開かれている程度を意味しており，空想，審美性，感情，行為，アイデア，価値を要素特性として含んでいる（下仲ら，1999）。開放性が高い場合には，伝統や習慣にとらわれず，権威には従わず，新し

[*1] ここでの因子名は，日本語版 Revised NEO Personality Inventory : NEO-PI-R（下仲ら，1999）に準拠している。

い考えややり方を好む傾向があり，創造力，大胆さ，アイデアの豊富さなどの特性に関連する傾向を示すとされる（若林，2009）。つまり仮想的有能感が高いと空想的で自由な考え方を好むことが示唆されたといえるが，たとえば5因子性格検査短縮版（藤島ら，2005）における開放性を測定する項目内容をみると「イメージがあふれ出てくる」「変わった人だとよくいわれる」などが含まれており，風変わりで人とは違う要素をもっているという自己認識をとらえていると考えられる。現代社会は価値観が多様化し，選択の自由や幅が広がっているため誰もが「オンリーワン」の気分をもちやすいということを速水（2006）は指摘しているが，仮想的有能感が高い人は，人とは違う何か（それが何かはよくわからないかもしれないが）を自分はもっているという自己評価をしがちなのかもしれない。この点について，オシオら（Oshio et al., 2009）が興味深い知見を示している。この研究では性格についての自己評定だけでなく他者からの評定についても検討しており，自己評定の場合は仮想的有能感と開放性の間に正の相関がみられたが，他者評定の場合は開放性とは有意な相関がみられていない。つまり仮想的有能感が高い人は開放性が高いという自己評価をしているが，他者からは開放性が高いという評価は得られていないのである。つまり仮想的有能感の持ち主は「自分は人とは違う特別な存在だ」と考える傾向があるが，他人からみるとそうでもない，という認識のズレが起こっていると考えられるのである。また，他者評価において仮想的有能感と調和性および誠実性との間に負の関連が示されたことも報告している。誠実性は，几帳面，執着，責任感，自己統制，計画の6項目を要素特性としており，高い場合には目的意識が強く断固としており，低いと快楽主義的で信頼性に欠ける傾向を示すとされている（若林，2009）。これは仮想的有能感の高い人は他者から見ると協調性がなく，くじけやすく，信頼感に欠ける人とみられていることになる。

　こうした協調性の低さも，社会生活上で困難を感じやすい要因となると考えられる。また，パーソナリティの自己評定と他者評定にズレがあることは，自己認識の甘さやそれにもとづく対人関係上のトラブルを引き起こしやすくなると予測される。

4. 仮想的有能感の安定性

　これまで仮想的有能感と関連するパーソナリティの特徴についてみてきたが，われわれはパーソナリティをアイゼンク（Eysenck, 1952）による定義のように，「多かれ少なかれ安定した個人の特徴（性格，気質，知性，体質など）の持続的な体制

で，個人に独自の環境への適応の仕方を決定するものである」と考える場合が多いだろう。一方，パーソナリティ心理学において場の理論（field theory）と呼ばれるものがある。これはレヴィン（Lewin, 1951）によって提唱されたもので，個人は環境から離れて単独で存在するのではなく，常に環境との関係において理解されるべきものだと考えるものである。また，ミッシェル（Mischel, 1968）らによって展開された人－状況論争（person-situation controversy）でも，パーソナリティと呼ばれる比較的安定した個人差は，人の内的要因と状況要因の相互作用によって形成されるという主張がなされた（パーソナリティの相互作用論）。パーソナリティの形成や表出に状況が影響を及ぼすことは多くの人が認めるところであろう。仮想的有能感は日常的なものではあるものの，その時々で他者や世界を軽視し，相手を低くみることで相対的に自分を有能に感じる瞬時の感覚であるとされる。仮想的有能感自体は一時的なものではなく傾性的なものを想定しており，ACS の再検査信頼性も確認されているが（速水ら，2005），過去の経験に裏づけられた確固とした有能感ではなく，他者を見下した結果の相対的な自己評価であるということから，自尊感情と比較して周囲の状況や人間関係によって変化しやすく，状況依存的であるという可能性が指摘できるだろう。

こうした観点から，自尊感情や価値観に変化を与えるような経験をきっかけに仮想的有能感のあり方が変化すると考えて縦断的な調査を行った研究もある。たとえばキャリア教育科目を受講することで勤労観が変化して，その結果，仮想的有能感が変化するのではないかという予想のもとで行われた研究（植村，2010）や，社会福祉士の実習経験によって自己評価が変化し，仮想的有能感も変化するのではないかと仮定して行われた研究（高木，2010）などがあげられる。しかしいずれにおいても，講義や実習の前後で仮想的有能感の変化はみられなかった。これは講義の受け止め方や実習における経験の質に差があり，その影響にも個人差があるためだと考えられる。高木（2010）では自尊感情が高いと実習のふりかえりにおいて充実感を強く感じ「うまくできた」と認識しやすいが，仮想的有能感とはそのような関連がみられなかったことが指摘されている。今後も自尊感情や価値観に影響を与える出来事やライフイベントなど，仮想的有能感に変化をもたらす要因についてさらなる検討が必要だと考えられる。

5. 仮想的有能感をもつ人のパーソナリティ

　これまで仮想的有能感とその他パーソナリティに関する研究を概観してきた。これらの結果から仮想的有能感が高い人物のパーソナリティ的特徴を記述すると，第1の特徴として周囲への信頼感が低く，協調性が低いことがあげられる。自分は特別であるとか，「自分以外はバカ」というような考え方を日常的に行うと，当然周囲の人を頼ることはできないし，他者を信頼することもできなくなる。よって対人関係における誠実な対応は失われ，周囲からも不誠実な人物だという評価を受けやすくなるだろう。第2に攻撃性の高さが推察できる。仮想的有能感が高いと特性的な怒りの感情が強いことも指摘されているが（速水ら，2005），周囲への不信感から他者を軽視し攻撃することで，自己を安定させるという防衛的な方法を取っているのではないだろうか。そして第3に，不安の高さ，不安定さがあげられる。これは仮想的有能感が過去の経験によらない，その時々で感じる偽りの有能感であるということに起因していると考えられる。他者軽視によって自己を高められているときはよいが，周囲の他者や状況によりその時々で変動する可能性があるため，結果として不安が高く，不安定になってしまうのだと考えられる。これらのことから，仮想的有能感の概念は，さまざまなパーソナリティ特性との関連から，尊大である一方，傷つきやすさを合わせもった現代の若者像を適切に表現できているといえるだろう。またこれらの特徴は自尊感情が高い者と対極に位置づけることができる。自尊感情が高い者は確固とした経験に裏付けられた有能感をもっているため，安定してゆらぎがなく社会的適応性が高いパーソナリティを形成しているものと考えられる。

　最後に本節の問題点と今後の検討課題について述べておきたい。現在，仮想的有能感の研究では，自尊感情とACS-2の2つの尺度を用い有能感を4タイプに分けて検討する方法が主流になっている。この4タイプとパーソナリティ変数との関連もいくつか検討されているが，いまだ知見が少なく安定した結果が得られていないため，本節では仮想的有能感の高低のみに着目して論じた。今後，4つのタイプごとのパーソナリティの特徴を詳細に検討していく必要があるだろう。

　また，これまでの研究ではパーソナリティの測定を質問紙法に依っているが，パーソナリティの測定においては投影法を用いた研究も重要だと考えられる。仮想的有能感は防衛的で無自覚的なものだとされているため，質問紙法による自己報告ではとらえられないパーソナリティの側面を投影法によって明らかにすることができ

れば，仮想的有能感の構成概念妥当性をより明確に記述できると考えられる。

　さらに，仮想的有能感の形成要因について，インターネットや携帯電話の普及をはじめとした現代の文化・社会的要因をおもに考えられているが（速水，2006a），近年はパーソナリティ心理学における行動遺伝的なアプローチも盛んになっており（若林，2009），先にあげた5因子モデルも背景に脳機能や遺伝子の個人差があることが想定されている（大平，2006）。また，仮想的有能感は怒り・悲しみといった感情の生起との関連も検討されているが，デビッドソン（Davidson, R. J.）が提唱した感情スタイル（affective style），つまり個人の感情的反応や感情の制御をもたらす脳機能からのアプローチも可能かもしれない。仮想的有能感が比較的安定したパーソナリティ特性なのか，状況や場，ライフイベントに伴い変動するものなのか，もしくは発達的に変化するものなのか，青年期特有の特性なのかという点も含め，今後さまざまな方面からパーソナリティとしての仮想的有能感について検討が行われることが期待される。

2節　感情経験

1．仮想的有能感と感情経験

　1章で述べられたとおり，仮想的有能感研究の出発点の1つは「同じ出来事に対して，怒りを感じる人と悲しみを感じる人がいるのはなぜか？」という疑問であった。速水らはこの疑問に対して自他の能力評価から説明を試み，自己評価の低さを他者軽視により補償している場合，つまり仮想的有能感が高い場合に怒りを経験しやすいと考えた（速水，2006a など）。そのため初期の研究では，仮想的有能感と怒りにかかわる特性や対処との関係（速水ら，2004；速水ら，2005 など）や，仮想場面や現実のニュースなどの特定の事象に対する怒りと悲しみの生起との関係に注目したもの（Hayamizu et al., 2004; Hayamizu et al., 2007 など）が多い。また，その後も仮想的有能感の感情的側面については概してネガティブな感情との関連に注目した検討がなされている。

　仮想的有能感はまた，成功経験に裏づけられた自己の能力評価である自尊感情との弁別のため，尺度の妥当性検討においてもネガティブな感情経験との関係が示さ

れている。たとえば仮想的有能感が高い者はふだんの生活で，人間関係におけるネガティブな感情経験を多く報告している（速水ら，2004）。特定の出来事に対して生起する感情ではなく，こうした日常的な感情のありかた，すなわち日常生活で経験している感情の頻度や変動性などに着目して仮想的有能感の特徴を示そうとした研究も行われている（速水，2006b；小平ら，2007 など）。

以上から本節では仮想的有能感の高い者の感情経験について，これまで示されてきた知見を①怒りの生起およびその対処の特徴，②特定事象に対する感情経験の特徴，③日常生活での感情経験の特徴，という3つの観点から紹介する。

2. 怒りの生起およびその対処

速水ら（2005）は，スピルバーガー（Spielberger, 1988）による状態-特性怒り表出目録（State-Trait Anger Expression Inventory: STAXI）の日本語版（鈴木・春木，1994）をもとに，怒りの生起とその対処から仮想的有能感が高い者の特徴を示そうとした。具体的には，STAXIのうち，パーソナリティ特性としての怒りやすさである「特性怒り」，怒りを他者や物理的要因など自分以外に向ける傾向である「怒りの表出」，怒りの表出は抑制し，心のなかで怒りを抱く傾向である「怒りの沈澱」，そして怒りの表出を抑制するだけでなく認知的に制御しようとする傾向である「怒りの抑制」の得点について，仮想的有能感および自尊感情の高低群間で比較した。

それぞれの怒りの側面について，有能感タイプごとの得点を図2-1に示す[*2]。仮

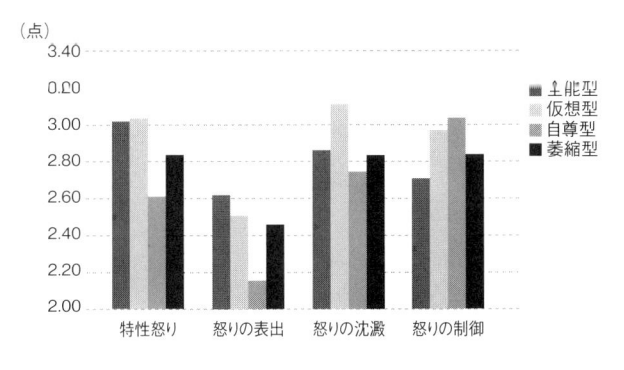

図2-1 怒りおよび怒りへの対処の有能感タイプ間比較
（速水ら，2005 より作成）

想的有能感の高低×自尊感情の高低の群間比較の結果，仮想的有能感得点が高い有能感タイプである仮想型と全能型で，パーソナリティとしての怒りやすさ（特性怒り）と，怒りを内に溜めやすい傾向（怒りの沈澱）が高いことが示された。また，怒りの表出されやすさ（怒りの表出）は仮想的有能感と自尊感情の組み合わせにより異なる様相が示され，仮想的有能感が高い仮想型と全能型では自尊感情が高い全能型のほうが怒りを表出しやすいが，仮想的有能感が低い自尊型と萎縮型では自尊感情が低い萎縮型のほうが怒りを表出しやすいことが示された。さらに，怒りを認知的にコントロールする傾向（怒りの制御）は，仮想的有能感と自尊感情がともに高い全能型に比べて自尊感情のみが高い自尊型で高く示された。

以上により，仮想的有能感はおもに怒りやすさや怒りの沈澱と関係しているが，自尊感情との組み合わせによって感情表出や制御のありかたが異なることがうかがえる。また，特に自尊型の者は相対的に怒りにくく，怒りに対して認知的処理による適切な対処をする能力をもつ適応的なタイプであることもまた，示されたといえる。

3. 特定事象に対する感情経験

（1）個人事象と社会事象に対する感情の比較

ハヤミズら（2004）は，高校生を対象に個人事象，すなわち個人の経験する不快な出来事を仮想場面として示し，その状況で感じると予想される感情を「怒り」「悲しみ」「特に何も感じない（無感情）」から選択するよう求めた。そして感情反応間での仮想的有能感得点を比較した（図2-2）。結果，一部の状況で感情反応による仮想的有能感の差が示され，いずれも悲しみを感じると回答する者よりも怒りを感じると回答する者で仮想的有能感得点が高い傾向があった。

さらに，社会事象として当時話題になっていた事件についても個人事象と同様に「怒り」「悲しみ」「特に何も感じない（無感情）」を選択した者の間で仮想的有能感得点を比較したところ，社会事象については全体的に，無感情を選択する者の仮想的有能感得点が高い傾向が示された（図2-3）。

以上から，仮想的有能感の高い者は，自分が当事者である不快な出来事には怒り

---

*2 速水ら（2005）では有能感タイプの呼称は使用していないが，平均値をもとに仮想的有能感の高群・低群×自尊感情の高群・低群に分割して分散分析を実施している。ここではほかの研究知見との比較のしやすさを考慮して有能感タイプ名を用いて述べる。

2節 感情経験

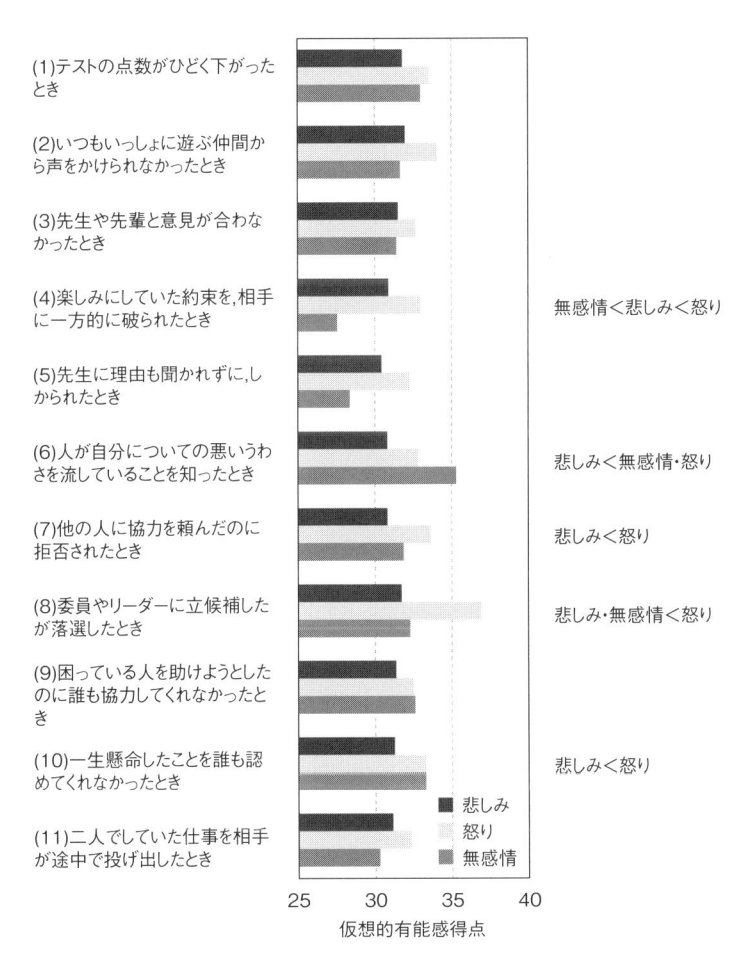

図2-2 個人事象に対する感情反応群間での仮想的有能感得点比較
(Hayamizu et al., 2004 より作成)

を感じるが、自分が直接関与しない社会での出来事に対しては何も感じないという特徴があるといえる。さまざまな年齢層のなかでの横断的検討からも、概して全能型と仮想型の者は個人事象に怒りを感じやすく悲しみを感じにくい傾向があることと、社会事象に「特に何も感じない（無感情）」と反応する傾向があることが示されている (Hayamizu et al., 2007)。このように、他者の不快経験に対し無感情であることと関連する仮想的有能感の高さは、他者への無関心や共感性の低さとの関連からも考察されている。

2章 仮想的有能感をもつ人の個人的特徴

凡例：
■ 悲しみ
□ 怒り
■ 無感情

(1) ニューヨークの世界貿易センタービルでのテロについて　　悲しみ・怒り＜無感情

(2) 池田小学校の児童殺傷事件について　　悲しみ・怒り＜無感情

(3) 北朝鮮の拉致問題について

(4) 青少年によるホームレス暴行死事件について　　悲しみ＜怒り＜無感情

(5) 近年多発する幼児虐待事件について　　悲しみ＜怒り・無感情

(6) アフガニスタンのタリバン政権による女性の人権侵害について　　悲しみ・怒り＜無感情

仮想的有能感得点

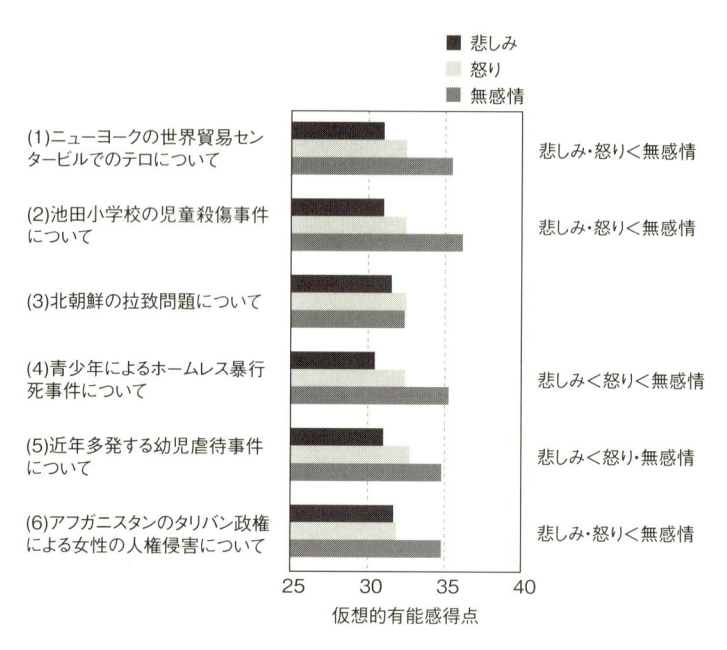

図2-3 社会事象に対する感情反応群間での仮想的有能感得点比較
(Hayamizu et al., 2004 より作成)

　なお社会事象に限らず，親しい友人の経験であっても自身が関与しない状況では感情と仮想的有能感との関連がみられないことが明らかとなっている。高木(2003)では，親しい友人が不快状況にあるという仮想場面に対しては，怒りや悲しみは喚起されるが仮想的有能感との関係はみられず，自身が同様の不快状況にあるという仮想場面に対しては，仮想的有能感は怒りと正の，悲しみとは負の関係を示すことが報告されている[3]。仮想的有能感とネガティブな感情との関連は，自身が当事者である場合に限り，特徴的な様相を示すようである。

(2) 事象の性質による感情反応と認知傾向

　このような特定事象に対する感情反応と仮想的有能感の関係は，調査者側が設定した仮想場面や社会での事件への反応において示されたものである。これらの提示された場面や事象の性質から感情反応の特徴をさらに詳細に示すことも可能であろう。

---

[3] 仮想的有能感尺度は ACS を使用。

たとえば木野（2007）は，社会事象として2005年4月に起きたJR福知山線脱線事故と，2004年10月に起きた新潟県中越地震をとりあげ，喚起される感情反応として「恐怖・悲しみ」「複雑な気持ち」「怒り」について仮想的有能感との関係を検討した。その結果，脱線事故についてのみ，仮想的有能感が高い者ほど怒りを感じていることを示唆する弱い関係が示された。この結果は仮想的有能感が高い者が，自然災害である地震よりも人災である脱線事故で責任を問う傾向が強いと見ることができる。

　感情反応には状況の帰属や解釈が必ず伴う。したがって，仮想的有能感とかかわる感情反応の特徴は，場面の特性やそれによる帰属などの認知的処理の特徴でもあると考えられる。仮想的有能感が高い者は自我関与の高い事柄（自分にとって重要な事柄）における他者の能力を低く評価する傾向が顕著であることが示されている（高木，2007）。すなわち，仮想的有能感は，自己評価が脅かされる状況に遭遇した際に発揮される，防衛的な認知傾向とかかわりがあるといえる。そのため，失敗経験などの不快な出来事の原因を他者のせいにしやすい傾向と関連することが予想できる。たとえば，仮想的有能感の高い者は，対人関係における不快な出来事の原因を相手の特性へ帰属する傾向が強いことや，相手の意図が明確でない不快状況（たとえば，挨拶をしたのに無視された）の原因を相手のパーソナリティなどの安定的要因へ帰属しやすいことが指摘されている（丹羽ら，2008）。仮想的有能感の高い者が，特性的にも怒りを生起しやすく，また自身が当事者となる不快な仮想場面に怒りを喚起されやすいという上記の結果は，仮想的有能感とこうした認知的特徴の関連によるものと考えることもできよう。

4. 日常生活での感情経験

　先の社会事象・個人事象への感情的反応は，いずれも質問紙上で呈示された仮想の場面でどう感じるかを回答するように求めたものである。では，仮想的有能感が高い人々は日常生活でどのような感情を経験しているのだろうか。ここでは，経験標本抽出法（Experience Sampling Method: ESM）を用いた研究と，日記式質問紙を用いた研究の結果を紹介したい。

(1) 経験標本抽出法による検討

　速水（2006b），木野ら（2005），高木ら（2005）では，仮想的有能感と日常生活

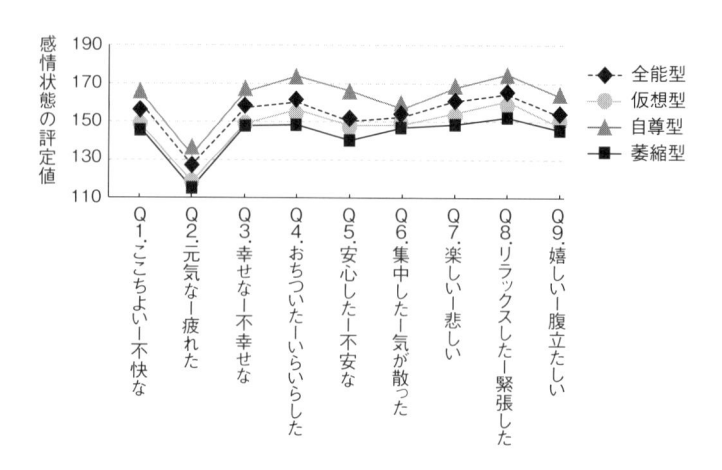

2章　仮想的有能感をもつ人の個人的特徴

図2-4　各有能感タイプで1週間に経験された感情の程度
（速水, 2006b より作成）

縦軸：感情状態の評定値
凡例：全能型、仮想型、自尊型、萎縮型
横軸項目：Q1. ここちよい－不快な、Q2. 元気な－疲れた、Q3. 幸せな－不幸せな、Q4. おちついた－いらいらした、Q5. 安心した－不安な、Q6. 集中した－気が散った、Q7. 楽しい－悲しい、Q8. リラックスした－緊張した、Q9. 嬉しい－腹立たしい

での感情経験との関連を探るため，経験標本抽出法を用いた検討が行われている。まず大学生に対して仮想的有能感尺度および自尊感情尺度に評定を求めた。その後，経験標本抽出法調査の概要を説明して調査対象者を募集し，1週間の継続調査が実施された。

経験標本抽出法とは，チクセントミハイとラーソン（Csikszentmihalyi & Larson, 1987）が考案した，日常生活での経験をリアルタイムに近いかたちで測定する方法である。対象者の携帯するアラームや電話がランダムな時間に鳴り，対象者はその瞬間の様子を質問紙に記入するという方法をとる。速水らの一連の研究では，1日に5回，ランダムな時刻にシグナルメールが送信され，対象者はメールの受信後に，できる限り早く質問紙へ回答するよう求められた。評定項目は9つの感情状態に関するものあった（図2-4）。また，1日の最後のシグナルメールには，1日のまとめとして，a）良かったこと，b）悪かったことをそれぞれあげるように求め，さらに総合評価として，「とても良い日」から「とても悪い日」までの7件法で評定を求めた。

対象者を有能感タイプに群分けし，感情状態の評定値を比較したものが図2-4である。縦軸の数値は，7日間の計35回の評定値の合計を表している。有能感タイプ間で比較したところ，Q6の「集中した－気が散った」で差がみられなかったことを除いて，すべての項目で自尊型が他のタイプよりも肯定的な感情を感じていることが示された（図2-4）。1日の総合評価についても同様の傾向が確認されて

いる。また，良い出来事，悪い出来事の平均記述数には有能感タイプで違いがみられていない（高木ら，2005）。

以上の経験標本抽出法による検討からは，いずれの結果も仮想型の特徴を見いだすことはできなかったが，自尊感情が高く仮想的有能感の低い自尊型が，日常生活で肯定的な感情を経験しやすく，1日をポジティブにふりかえる傾向にあることは示された。これらの研究は日常生活における感情経験を扱った点で意義のある検討であったが，日常生活での出来事や活動を区別なく抽出し，その時点のさまざまな感情状態を評定するように求めている点で，他の有能感タイプの特徴を十分に描き出せなかった可能性も否めない。そこで小平ら（2007）では，日常生活のなかでも対人関係の出来事に焦点を絞り，また感情経験に関しても敵意感情と抑うつ感情に限り調査を行っている。

(2) 日誌法による検討

小平ら（2007）は，日常生活での感情経験について，日誌法によるアプローチにより検討を試みている。対象者となった大学生たちは，7日分が記入できる日記式質問紙が配布され，毎晩記入するように求められた。記入する内容はa）1日のう

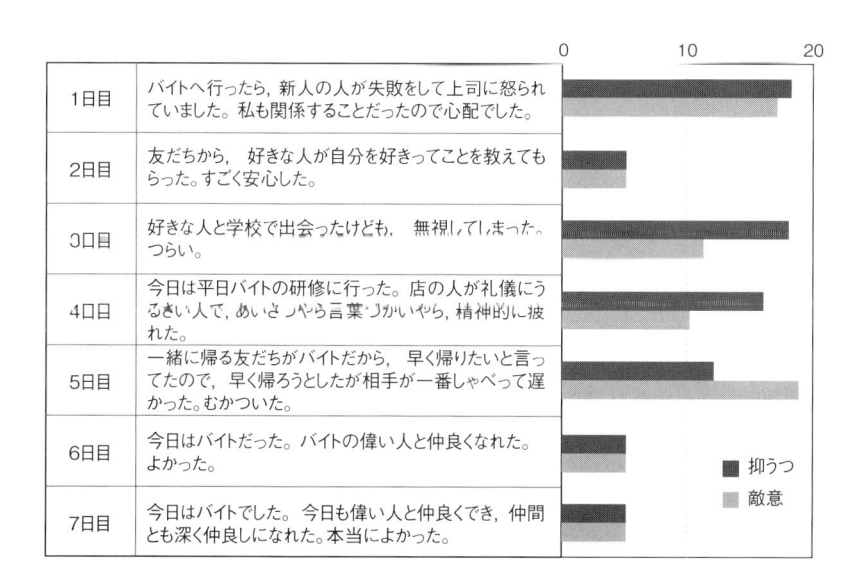

		0　　10　　20
1日目	バイトへ行ったら，新人の人が失敗をして上司に怒られていました。私も関係することだったので心配でした。	
2日目	友だちから，好きな人が自分を好きってことを教えてもらった。すごく安心した。	
3日目	好きな人と学校で出会ったけども，無視してしまった。つらい。	
4日目	今日は平日バイトの研修に行った。店の人が礼儀にうるさい人で，あいさつやら言葉づかいやら，精神的に疲れた。	
5日目	一緒に帰る友だちがバイトだから，早く帰りたいと言ってたので，早く帰ろうとしたが相手が一番しゃべって遅かった。むかついた。	
6日目	今日はバイトだった。バイトの偉い人と仲良くなれた。よかった。	■抑うつ ■敵意
7日目	今日はバイトでした。今日も偉い人と仲良くでき，仲間とも深く仲良しになれた。本当によかった。	

図2-5　仮想型の反応の一例（小平ら，2007より作成）

ちで最も印象に残っている対人関係上の出来事，b) その出来事の良さの評定（「悪い」と「良い」を両極とした6段階），c) その出来事は自分自身にどの程度影響を及ぼすか，d) 出来事が起きたときの感情状態の評定（抑うつおよび敵意感情）であった。

事前に測定されていた仮想的有能感尺度と，7日間の感情状態の評定平均との相関係数からは，抑うつ感情，敵意感情ともに弱い正の関連がみられた。また，7日間の感情の揺れ動きを検討したところ，仮想的有能感が高いほど敵意感情の変動が大きいことも確認されている。

有能感タイプで，出来事の良さ，感情状態の評定，7日間での感情状態の評定値の変動性を比較したところ，出来事の良さの評定では，自尊型と全能型が仮想型よりも良い出来事であったと評定する傾向がみられた。また，仮想型が他のタイプよりも抑うつ，敵意感情を強く感じ，同時に変動性についても高い傾向にあることが示された。特にこの傾向が自尊型との比較で顕著にみられている。図2-5は仮想型に分類される対象者の書いた日記の一例である。アルバイトでの出来事が中心に記録されるなかで，さまざまな対人関係によって抑うつ・敵意感情が著しく変化する様子をみてとることができる。

5. 仮想的有能感の高い者の感情経験の特徴

以上，これまでの仮想的有能感と感情経験に関する研究を，①怒りの生起およびその対処，②特定事象に対する感情経験，③日常生活での感情経験の3点から概観したが，最後に仮想的有能感に特徴的な感情経験について整理をしたい。

第1に怒りの生起とその対処の特徴に関して，他者軽視にもとづく仮想的有能感は，やはり怒りや敵意の感情経験と深い関係がある。すなわち，仮想的有能感が高いほど，不快な経験の原因を他者へと帰属する傾向にあり，特性的な怒りも高い傾向にあることが明らかとなっている。この点は，「他の人の仕事を見ていると，手際が悪いと感じる」「他の人を見ていて『ダメな人だ』と思うことが多い」などの項目に代表されるように，仮想的有能感が他者に対する不満やそれにもとづく要求を含んでいることから当然の結果であろう。一方で速水ら（2005）の研究で示されたように，仮想的有能感が高い場合には，怒りを内に溜め込む傾向もあり，怒りの感情が適切に対処されていない様子もうかがえた。怒りの鎮静化のためには，怒りの対象である他者に感情を表出することをはじめとして，直接，相手とコミュニケ

ーションをとることが重要であるとされているが（湯川，2008），そのようなコミュニケーションを仮想的有能感が阻害している可能性も考えられよう。仮想的有能感の精神的な不健康さはいくつかの研究で示されているが，感情経験の観点からも，同様な傾向が指摘できるようである。

　第2に，仮想的有能感と怒りの生起は，あらゆる事象に関してみられるわけではないという点にも注目すべきである。興味深いことに，仮想的有能感の傾向が高い個人が怒りを感じるのは，自分自身にかかわる出来事（個人事象）に限られており，社会事象については無関心の傾向にさえあることも示されている。また，社会事象のなかでも人災によるネガティブな出来事に限ってみると，怒りが喚起されやすい傾向にもある。さらに原因帰属の観点からは，特に曖昧な状況下で，ネガティブな事態を周りの人や相手のせいであるとする傾向が強いことも示されている。これらの結果から，関心事が自己に関係する事象に限定され，特に他者と自分とのかかわりのなかで，他者に対する怒りを中心としたネガティブな感情を生起させている様子がうかがえる。仮想的有能感の傾向が，自己を脅かす出来事に対して敏感に怒りや敵意で反応するという自己防衛的な傾向であることを表しているといえよう。本章の最初で論じたように，自尊感情の低さ，すなわち自己に関する低い評価が，悲しみではなく怒りとして表出されたものが仮想的有能感であるとの指摘とも対応する。

　第3に仮想的有能感は，特性的な感情経験や特定の場面における感情生起に限らず，日常生活で経験されるネガティブな感情ともかかわりが深い。仮想的有能感が高く自尊感情が低い仮想型では，対人関係の場面で抑うつや敵意感情を経験しやすく，またその変動も激しい傾向にある。これは仮想的有能感の高い個人が日々，精神的に不安定な日常生活を送っていることを示している。仮想型の日記の例（図2-5）にはそのような不安定さと同時に，自己に関係する事象に関心が向いている様子や，他者と自分とのかかわりのなかでネガティブな感情を感じている様子もよく表れている。一方で，有能感タイプにおいて仮想型と対照的な自尊型では，日々の生活でポジティブな感情を経験しやすいことも明らかとなっている。先の怒りの感情に関しても，このタイプが最も望ましい制御を行っている様子が示されている。自尊型は感情経験の観点からも理想的なタイプだといえよう。

　以上のように，仮想的有能感とネガティブな感情経験との関連は明らかにされてきたが，これらの感情の生起メカニズムやその生起過程について明らかになったわけではない。今後は，欲求不満，衝動性，認知的評価，感情表出に対する正当性の

評価など，感情経験や感情表出に関するさまざまな先行要因に関して検討していく必要があろう。この点については原因帰属に関するいくつかの研究（たとえば，丹羽ら，2008など）がその手がかりになるのかもしれない。怒りや敵意の感情経験は，他者軽視にもとづく仮想的有能感と密接に結びついているものであり，なぜ他者を軽視するに至るかという，仮想的有能感の生起メカニズムの問題にも通じていると考えられる。

さらに，これまでネガティブな感情との関係に焦点があてられてきた一方で，ポジティブな感情に関して扱われた研究が少ないのが現状である。1章でみたように小塩ら（2009）は潜在的な自尊感情と仮想的有能感が正の相関関係にあることを報告しており，他者を軽視することで得られる，何らかの肯定的な状態についても研究を進めていく必要があるだろう。今後，より詳細な検討を通して，仮想的有能感と感情経験の統合的なモデルを探っていくことが期待される。

3節　社会的スキル

1. 社会的スキルと仮想的有能感の関係性

(1) 社会的スキルと仮想的有能感の関係についての問題意識

仮想的有能感と上手な人づきあいにかかわる社会的スキルはどのような関係をもつのであろうか。まず，『他人を見下す若者たち』（速水，2006a）における社会的スキルについての示唆をふりかえってみよう。そこでは，最近の若者の謝らない傾向と社会的スキルの未熟さに関連がある可能性や，社会的スキルが足りないために直接の対人関係を恐れ，メールでの接触を好む傾向などが示唆されている。これらの示唆より，仮想的有能感が高い者は社会的スキルが低いという関係が想定されているといえよう。

また，集団主義から個人主義への変化，希薄化する人間関係などの近年の他者とのかかわりの変化が，仮想的有能感の形成に影響があることについても示唆されている。こうした要因は，友人関係の形態やその関係のなかで行われる相互作用のあり方に変化を与え，社会的スキルの形成にも大きくかかわると考えられる。

上にあげた示唆は時代・環境などを含めたマクロな視点によるものであるが，現

代の大学生を対象とした調査データにおいて明らかになっていることはどのようなものがあるだろうか。

(2) 菊池（1988）の KiSS-18 との関係

まず社会的スキルと仮想的有能感の直接的な関連を検討する。そのため，日本において社会的スキルを測定するときに最も多く使用されている社会的スキル尺度である菊池（1988）の KiSS-18 と，ACS-2 との関連をみてみる。久木山（2007）による大学生 196 名（男性 138 名，女性 58 名）を対象とした調査のデータを用いた再分析の結果では，相関係数は -.01 であり，2 つの尺度には有意な相関がないことが確認できる。これは，良好な人間関係の構築や維持に重要とされるさまざまな行動の全般的実行頻度と，仮想的有能感の高低には関係がないことを示しているといえよう。

この結果についてまず考えられるのは，社会的スキルに属する行動にはさまざまな行動が存在するため，仮想的有能感と関連を示さない行動もあれば，示す行動もあるのではないかという疑問であろう。そこで 18 の行動からなる KiSS-18 の合計得点ではなく，各項目得点と仮想的有能感の相関係数についても検討した。その結果，項目 2「他人にやってもらいたいことを，うまく指示することができる」との間に，弱い正の相関がみられた以外は（$r=.16, p<.05$），全体得点と同様に有意な相関はみられなかった。相関がみられた項目 2 に関しては，指示する側 - 指示される側という上下関係の想定も可能である。そのため，仮想的有能感の高さのために他人を見下し自分を他者より上位の存在だと思うことで，他者に指示をする価値があると思いやすいために関連がみられるとも考えられる。

(3) 堀毛（1994）による ENDE2 との関係

次に，社会的スキル尺度のもう 1 つの代表例として，堀毛（1994）による ENDE2 をとりあげて関係を検討する。ENDE2 は，社会的にスキルフルであるとされる行動の実行にかかわる記号化，他者の感情や思いなどの理解にかかわる読解，自身の感情などのコントロールや抑制にかかわる統制の 3 つの下位尺度から成り立つ社会的スキル尺度である。この尺度についても，久木山（2007）と同一のデータを用いて再分析した。その結果，解読スキル，記号化スキルとは有意な相関がみられず，統制のみに弱いものではあるが正の相関がみられた（$r=.16, p<.05$）。

統制スキルは，具体的な測定項目をあげると，「自分の気持ちや感情をコントロ

ールしながらつきあう」「自分を抑えて相手にあわせる」「気持ちを隠そうとしても表にあらわれる（逆転）」「言わないつもりでいることをつい口にだす（逆転）」「相手の言うことが気に入らなくてもそれを態度に出さない」という項目から成り立っている。これらの項目は，一般的に社会的スキルという言葉でイメージされる良好な対人関係を打ち立てるための行動に関するスキルではなく，集団のなかでうまくやっていくためにネガティブな情動をコントロールするなどの，自分を抑えてトラブルを避けるための行動があがっている。そうしたものにのみ仮想的有能感が弱いながらも正の関係を示していることは興味深いといえよう。

（4）聴くスキルとの関連

　久木山（2006）は，これまでの社会的スキル尺度は主張や記号化などの他者との主体的かつ積極的な関与に関する行動の検討に偏っていることを指摘し，対人コミュニケーションの聴く側面に注目した尺度を作成した。現在，その尺度は相手の話を受けいれながら聴く「受容的態度」，自身の意見も言うことで相手の発言を促進する「自己意見言及」，関心をもって聴く「関心」，相手の話に適切に応答しながら聴く「応答性」，自他の表情に気をつけながら聴く「表情」，中立的な態度で聴く「中立的姿勢」，相手の目をみながら聴く「目をみる」，相手に同調しながら聴く「同調」の8つの下位尺度より成り立っている。

　これらの下位尺度得点と仮想的有能感得点との相関係数を求めると，関心，応答性，中立的姿勢との間に弱い負の相関がみられ，自己意見言及との間に弱い正の相関がみられた（関心：$r=-.19$，応答性：$r=-.14$，中立的姿勢：$r=-.13$，自己意見言及：$r=.13$）。それ以外は有意な相関はみられなかった。

　これらの結果より，仮想的有能感が高い者は相手の意見に関心を示すことが困難で，相手の話の内容などを理解したうえで適切な反応を返したり，相手の話の内容を自然な姿勢で中立的に聴いたりすることに困難を覚える可能性があることが示されたといえよう。確かに，自分以外の他人をバカと思っている場合，他者の話していることをバカにして関心をもたなくなることもあるだろう。また，他人の話をバカにしていると，その話に反応を示すこともしなくなるであろう。そして，「他のヤツが話すことなんて意味ないや」というネガティブな姿勢をもたずにはいられず，話を自然体で聴くことができない人物像も想像しやすいのではないだろうか。

　また，仮想的有能感が高い人は，人の話を聴く際に自分の意見を言うことが多い可能性が示唆されている。人の話を聴くときに，相手の発話を促進する意味で聴き

手の意見を言うことが有効に働くことも多い。しかし，仮想的有能感が高く相手をバカにした気持ちがあるために，相手の話を否定して遮るかのように自分の意見を表明している可能性も考えられる。

2. 仮想的有能感と社会的スキルの間―自他のイメージ―

(1) 社会的スキルと仮想的有能感をつなぐ友人のイメージの可能性

　社会的スキルの内容は所属する集団や文化ごとで決まり，異なった文化，集団，年齢や地域などによって社会的にスキルフルであるとされる行動の内容は変化する。たとえば，敬語を上手に使いこなすことは，日本の成人においては社会的スキルとして重要なものであろう。しかし，他国や，日本においても児童などにとってはそれほど有効な社会的スキルとはならないだろう。

　集団と社会的スキルの関係は，上記のようなその人物が客観的にどのような性質の集団に所属しているかという要因以外にも，所属している人物が自身の所属している集団をどのような集団であるとイメージしているかによっても異なる可能性が考えられる。先の仮想的有能感と ENDE2 の統制スキルの関係などと合わせると，以下のような仮説が考えられないであろうか。

　その仮説とはすなわち，仮想的有能感が高い者は，自身の周りの友人の集団に対して，ネガティブなイメージを有しており，そのため自身を抑圧したり，そうした対象とうまくやっていくために興味のない他者への関心を働かせたり，相手に無理に誠実に反応しなくてはならないとの認識が高まるため，先述のような統制スキル，関心，応答性などと関連があるのではないかという仮説である。つまり，基本的には直接的な関連を示さない社会的スキルと仮想的有能感の間を，ネガティブな友人イメージが媒介する間接的な関連を仮定するモデルである。また，周りの友人を明るいとイメージすることより，相対的に自身のイメージが暗いものになるなど，友人のイメージと自分自身のイメージには何らかの関係があることも考えられる。そのため，他者のイメージの理解には自分自身に対するイメージと同時に検討することが有効であろう。こうした関心のもとに行われた研究について，自他のイメージと仮想的有能感の関連についての研究と，自他のイメージと社会的スキルの関連について検討した研究について順にみていこう。

(2) 自己および周りの友人のイメージと仮想的有能感の関連

久木山（2010a）は大学生 365 名（男性 226 名，女性 139 名）を対象に質問紙による調査を実施した。質問紙で測定された変数および測定方法は以下のとおりである。

① 自己および周りの友人イメージの測定：自己および周りの友人のイメージを測定するために，対人イメージに関する形容詞対を提示し，自己および周りの友人を表現するのに適した形容詞を強制選択方式で選択させた。

② ACS-2

仮想的有能感得点を従属変数，自己イメージ 2 群（肯定的・否定的）× 友人イメージ 2 群（肯定的・否定的）を独立変数とする分散分析を行った結果をもとに，自他のイメージと仮想的有能感の高さの関連についてみていこう。

まず，自己のイメージについての主効果についてみていくと，「高圧的－腰が低い」および「プライドが高い－プライドが低い」という選択肢より，それぞれ高圧的およびプライドが高いイメージがあると自身を評価した者において，そうでない者に比べて仮想的有能感得点が高いことが示された。他者に対して高圧的であることや，自己のプライドを守るために仮想的有能感を高めることは，仮想的有能感をもつ者の特徴としてあげられることも多い。これらのことより，仮想的有能感の高い者は，ある程度自身の仮想的有能感の高さを自覚していることが考えられる。

次に，友人のイメージについての主効果についてみていく。「不親切な－友好的」「自己中心的－配慮的」「プライドが高い－プライドが低い」「いいかげん－まじめ」「騒がしい－物静か」「反発的－協調的」「衝動的な－冷静な」「疑わしい－信頼できる」「拒否的－受容的」の選択肢において，友人のイメージとして前者を選んだ者の仮想的有能感得点は，そうでない者に比べて高いことが示された。このことより，周りの友人を，不親切な，自己中心的，プライドが高い，いいかげん，騒がしい，反発的，衝動的な，疑わしい，拒否的とイメージする者は，仮想的有能感が高いことがわかった。こうしたネガティブなイメージを友人に対してもつことと仮想的有能感の高さの間には，比較的強い関係があることが指摘できよう。

最後に，交互作用についてみると，「自己中心的－配慮的」「プライドが高い－プライドが低い」「私を好き－私を嫌い」において交互作用がみられている。「自己中心的－配慮的」に関しては，自身を配慮的とイメージし友人を自己中心的とイメージしている者の仮想的有能感得点が最も高く，自他ともに配慮的であるとイメージしている者の仮想的有能感得点が最も低い結果を示している。「プライドが高い－プライドが低い」もほぼ同様の傾向を示しているが，自他ともにプライドが低いと

いうイメージを有する者において特に仮想的有能感得点が低いことが示されている。

これらのことより，仮想的有能感の高さは，おもに友人に対するネガティブな見方と結びつくことが多く，また，交互作用の結果にみられたように，「自分が配慮をしたりプライドを抑えているのに，他者は自己中心的であったりプライドが高い」などといったイメージと関連があると思われる。「俺がわざわざ我慢してやっているのに，周りの人間は好き勝手してお高くとまりやがって！」といったような，統制スキルとの相関で仮定された友人を前にした何かしらの抑圧的統制への嫌悪，および自身の無理を他者がかぶらないことへの反発のようなものが存在しているとも考えられる。

(3) 自己および友人イメージと社会的スキルの関係

久木山（2010b）では，上記のデータを用いて自己および周りの友人イメージと

表2-2 自己および友人イメージの選択群での聴くスキル得点の相違のまとめ

| 自己イメージ |||||||| ←聴くスキル各下位尺度→ 各形容詞対 || 周りの友人イメージ ||||||||
受容的態度	自己意見言及	関心	応答性	表情	中立的姿勢	目をみる	同調			受容的態度	自己意見言及	関心	応答性	表情	中立的姿勢	目をみる	同調
>			>		>			友好的	1	不親切な			<					
								私を好き	2	私を嫌い			>	>				
<		<						自己中心的	3	配慮的								
						<		攻撃的	4	従順的								
<			<					罰を与える	5	許す								
<	>				<	<	<	高圧的	6	腰の低い								
	>		>					プライドが高い	7	プライドが低い								
								センスのある	8	抜けている								
	>							いいかげん	9	まじめ								
	<							物静か	10	騒がしい								
<	<					<		反発的	11	協調的	>							
>	>			>	>			思いやりのある	12	冷たい								
		>						冷静な	13	衝動的な								
>								信頼できる	14	疑わしい								
>	>	>		>				受容的	15	拒否的								

社会的スキルのうちの聴くスキルの関連についても検討している。その結果を再分析してまとめたものが表2-2になる。表中の不等号は，形容詞対の選択群それぞれで聴くスキルの各尺度得点が有意に異なる場合に，その高低を反映した向きで記されている。一番左上の不等号を説明すると，自己イメージとして友好的を選択した群は，不親切なというものを選択した群よりも受容的態度の得点が高いことを示している。

表2-2をまとめると，基本的にはポジティブな自己イメージを有している者はネガティブな自己イメージを有している者に比べて聴くスキル得点が高いことが示されたといえよう。ただし，自己意見言及においては，高圧的，プライドが高い，いいかげん，騒がしいなどの自己イメージを有する群において高く，他の聴くスキルとは異なった様相を示していた。

周りの友人イメージと聴くスキルとの間には，周りの友人が私を好きであるとイメージした群において関心スキルや応答性スキルが高いなどの結果がみられた。しかしその数は非常に少なく，周りの友人イメージと社会的スキルの間の関係について積極的に支持できる結果ではなかったといえる。

(4) 社会的スキル，自己および友人イメージ，仮想的有能感の位置関係

社会的スキル，自己および友人イメージ，仮想的有能感の研究結果をまとめてみる。仮想的有能感は，ネガティブな友人イメージと関係を示すことが多く，両者の間の関係は強いと指摘できるだろう。また，社会的スキルはポジティブな自己イメ

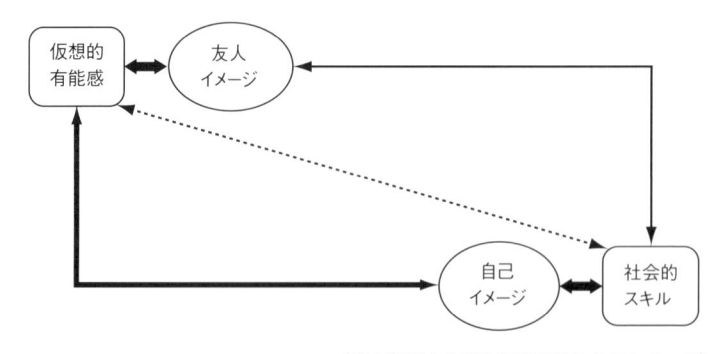

（線の明瞭さは概念間の関係性を示している）

図2-6 社会的スキル，自己および友人イメージ，仮想的有能感の関連の模式図

ージとの関連が多くみられ，この両者の関係も強いと考えられる。

仮想的有能感と高圧的，プライドが高いという自己イメージの関係，そしてそれらの自己イメージと自己意見言及スキルとの関係などにより，仮想的有能感と自己意見言及スキルとの相関係数が説明できるなどの可能性も存在した。しかし，そうした関係はごく一部にとどまった。その理由としては，特に社会的スキルと友人イメージにおいて両者の関係性がみられることが乏しく，そのため友人イメージを媒介した社会的スキルと仮想的有能感の関係を見いだすことが困難であったことがあげられる。

これらのことより，当初の友人イメージが仮想的有能感と社会的スキルを媒介するという仮説は否定されたが，友人および自己イメージがそれぞれ特徴的に仮想的有能感と社会的スキルに結びつき，どちらもイメージを用いた検討が有効であることは示されたといえよう。

3. 社会的スキル，仮想的有能感の形成と仲間体験の認知

(1) 社会的スキル，仮想的有能感の形成と仲間体験の認知に関する調査の概要

先に，仮想的有能感と友人イメージには強い関係があることが示された。友人イメージを形成するのは友人などの仲間との相互作用経験であることに異論はないだろうし，仲間との相互作用経験によって社会的スキルなどの社会性の発達が影響を受けることはさまざまな研究によって確認されている。では，仲間との相互作用経験は，仮想的有能感の形成にどのように関連するのであろうか。

久木山（2008）は大学生118名（男性65名，女性53名）を対象に質問紙調査を行った。質問紙の内容は，遊び内容および遊びから学んだことについて，具体的な遊びなどの仲間との体験の内容およびそこから学んだことを自由記述による回想法で回答を求めた。それと同時に，社会的スキル尺度（菊池，1988）によるKiSS-18）およびACS-2に回答を求めた。以下，調査の結果について順にあげる。

(2) 高校時代の遊びから学んだことと社会的スキルの関連

高校時代にどのようなことを遊びから学んだかによって，大学時代の社会的スキルが異なるかを検討するために，遊びから学んだことの各カテゴリに属する者とそうでない者とで，大学生時の社会的スキル得点に差があるか検討した。

その結果，チームワークおよびリーダーシップをあげた者においては，そうでな

2章　仮想的有能感をもつ人の個人的特徴

```
[チームワーク]─────┐
                   ├──→[社会的スキル]
[リーダーシップ]────┤
         ┊         
[他者意見尊重]┈┈┈┐
                   ┊
[仲間といる楽しさ]┈┈→[仮想的有能感]

[高校時代の遊びからの学び]     [大学時の社会性]
```

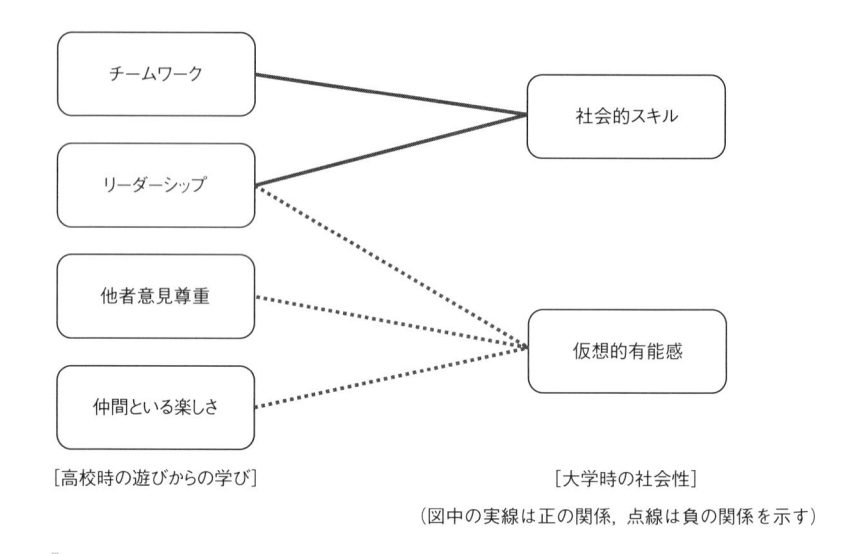

(図中の実線は正の関係，点線は負の関係を示す)

図2-7　遊びから学んだことと社会的スキル，仮想的有能感

い者に比べて社会的スキル得点が高いことが示された。チームワーク，リーダーシップともに，集団のなかでの協同や集団による目標の達成経験など，集団のなかでの対人相互作用が必要不可欠であるといえよう。またその際には，集団を形成するために相互作用を開始する技術や，他者との意見の相違などを調整する技術や，対人トラブルなどに対処する技術や他者にうまく指示を出す技術などが求められる。そのため，高校時代に集団活動を行い成功できた者は，社会的スキルが高まることが考えられる。

(3) 高校時代の遊びから学んだことと仮想的有能感の関連

　高校時代にどのようなことを学んだかによって，大学時代の仮想的有能感が異なるかについても同様に検討した。その結果，他者意見尊重，リーダーシップ，仲間といる楽しさをあげた者があげなかった者に比べて仮想的有能感得点が低いことが見いだされた。

　他者意見尊重，仲間といる楽しさ，リーダーシップ，いずれにおいても，仲間への肯定的な態度が共通しているといえよう。仮想的有能感が高く，「自分以外はバカ」と他者軽視を行っていれば，他者の意見も軽視することになり，軽視している他者と一緒にいては楽しさを感じることもないであろう。そのため，高校時代に

おもに他者の意見を尊重することの大切さ，仲間といることを楽しいと思えること，リーダーシップなどを遊びのなかから学べた者においては，仮想的有能感が高くならないことが考えられる。

(4) 仮想的有能感，社会的スキル，感情を交流できる場

『他人を見下す若者たち』(速水，2006a) の第7章では，仮想的有能感からの脱出法として感情を交流できる場の重要性が指摘されている。上述の研究結果は，高校生の時代に感情を交流できる場に所属し，仲間といる楽しさなどの感情経験を得たことによって，仮想的有能感の減少がみられることを確認した研究結果であるといえよう。また，感情を交流できる場は，多くの人たちに直接触れ，実際に自由にコミュニケーションできる場と説明されており，社会的スキルの向上にもつながることが考えられる。このように考えると，仮想的有能感と社会的スキルは直接的な関係は示さないが，その形成にかかわる要因において結びついているともいえるのではないだろうか。

しかし，こうして感情を交流できる場の重要性が確認されたとしても，それですぐに仮想的有能感の減少につながるとは考えにくい。感情の交流が可能となる場が存在し，その場の他の人員が感情の交流を望んでいたとする。しかし，本人が仮想的有能感の高さために他の人員を蔑視し交流しようとしない限り，感情の交流は起こりにくい。また，仮に仮想的有能感が高い者が感情の交流を希望してその場で交流を試みても，社会的スキルが低いために期待した交流ができないことも考えられる。その場合，失敗して傷ついた心から逃れるためによりいっそう仮想的有能感を高めることになってしまうだろう。仮想的有能感と社会的スキル両方の改善を導く場への参加は，すでに存在している仮想的有能感の高さと社会的スキルの低さの両方から阻害されるというもどかしい関係にあるといえよう。

こうした関係から抜け出すための特効薬的な方法について，本節の内容からは提案が困難である。しかし，感情の交流が体験できた場合，その後の仮想的有能感の減少につながりうることは確認できたと考えられる。そのため，感情を交流できる場を回避してしまうほどに仮想的有能感が育ってしまう前の段階で，感情を交流できる場への参加を促進するなどの，より早い発達段階からの予防的な視点での働きかけが今後求められるといえよう。

4節 他者認知

1. ACS-2で「軽視される他者」とは誰か

　仮想的有能感は，その定義に"他者を軽視する"という他者認知の特徴を含んでおり，測定尺度であるACS-2も，文言上は他者を見下す内容を示す項目のみで構成されている。だが，ACS-2が自己の能力評価の側面も内包していることは，ACS-2が高得点の者が自己の能力を高く評価するとの知見（高木ら，2006）や，潜在連合検査（Implicit Association Test：IAT）において，ACS-2得点と潜在的自尊感情に正の関係が示されたこと（小塩ら，2009）などにより裏づけられている。つまり，仮想的有能感は確かにある種の有能感ではあるが，それは他者認知の特徴にもとづくものであるといえる。

　ところが，ACS-2の項目における「軽視される他者」の位置づけについては，「世の中には」という世間一般の他者を想定した項目と，「自分の周りには」といった身近な他者に関する項目が混在している。仮想的有能感が「不特定他者」に向けられたものであることを示唆する知見（宮川，2005）もあるが，ACS-2の項目内容からは，現在のところ仮想的有能感の特徴とされる他者軽視がどのような他者を軽視している状態を指すのかは明確とはいいがたい。

　この点に注目した高木（2009）は，ACS-2で測定される他者軽視傾向が，身近な他者への評価と世間一般の他者への評価のどちらとより強く関係するかを検討するため，大学生を対象に質問紙調査を実施した。調査内容は，ACS-2，自尊感情尺度および自分・身近な他者・世間一般の他者の能力評価項目であった。能力評価項目は，高木ら（2006）により作成されたものであり，「努力しようとしていない－努力しようとしている」「集中力がある－集中できない」など両極5件法18項目からなる。これらの各項目について「あなたの身近な人々（身近な他者）」「世間の多くの人々（世間一般の他者）」「自分自身（自己評価）」の能力をそれぞれ評定するよう求め，各対象の能力評価が高得点なほど肯定的評価となるよう合計得点を算出した。各対象の能力評価得点と自尊感情尺度およびACS-2得点との相関を表2－3に示す。

　なお，ACS-2で測定される「軽視される他者」の位置づけが曖昧であることを踏まえると，ACS-2が高得点の者が軽視する対象として想定している他者と，

4節　他者認知

表2-3 仮想的有能感と自尊感情および身近な他者・世間一般の他者・自己の能力評価との相関
（高木，2009より作成）

全体 (n=129)		仮想的有能感	自尊感情	身近な他者	世間一般の他者
	自尊感情	.126	1.000		
能力評価	身近な他者	-.223 *	.158 †	1.000	
	世間一般の他者	-.340 ***	.098	.233 **	1.000
	自己評価	.285 **	.673 ***	.162 †	.162 †

仮想的有能感　高群 (n=68)		仮想的有能感	自尊感情	身近な他者	世間一般の他者
	自尊感情	.098	1.000		
能力評価	身近な他者	.046	.286 *	1.000	
	世間一般の他者	-.460 ***	.042	.142	1.000
	自己評価	.163	.717 ***	.440 ***	.028

仮想的有能感　低群 (n=61)		仮想的有能感	自尊感情	身近な他者	世間一般の他者
	自尊感情	.122	1.000		
能力評価	身近な他者	-.248 †	.052	1.000	
	世間一般の他者	-.038	.170	.239 †	1.000
	自己評価	.200	.650 ***	.007 ***	.364 *

（注）†：$p<.10$，*：$p<.05$，**：$p<.01$，***：$p<.001$

　ACS-2が低得点の者が評価する対象として想定している他者が必ずしも同じ関係性の他者とは限らない。そこで，ACS-2得点をもとに仮想的有能感高群と低群に分け，各群の変数間の相関も併せて検討した（表2-3）[*4]。

　ACS-2得点は，全体では「身近な他者」と「世間一般の他者」の能力評価の両方と負の相関を，「自己評価」と正の相関を示した。また，「身近な他者」と「世間一般の他者」の能力評価の間に弱い正の相関が認められた。この結果は，仮想的有能感が高いほど身近な他者と世間一般の他者の両方を軽視する傾向が高いことを示す。だが，仮想的有能感の高群と低群では，変数間の相関は異なる様相を示した（表2-3）。

　まず，仮想的有能感高群では，ACS-2得点と「世間一般の他者」の能力評価との間に中程度の負の相関が示されたのに対して，低群ではACS-2得点と「身近な他者」の能力評価との間に負の有意傾向の相関が示されたにとどまった。また，仮想的有能感高群では「身近な他者」の能力評価と「自己評価」との間に正の相関が

---

*4　ハヤミズら（2007）で示された平均値を基準にACS-2得点高群と低群に分けた。

認められたが，低群ではこの変数間には有意な相関が示されず，また高群では無相関であった「世間一般の他者」の能力評価と「自己評価」との間に正の相関が認められた。

　以上の結果は，ACS-2で測定される他者軽視の対象が，得点の高低により異なることを示唆している。すなわち，ACS-2が高得点の者は「自分と身近な他者に比べて，世間一般の他者の能力は低い」と，身近な他者と自分を同一視しているのに対して，ACS-2が低得点の者は「自分も含めた一般の人と比べて，身近な他者の能力は高い」と認知しているといえる。

　そもそも，人は自身の所属集団について好意的に評価しがちであるという認知の歪み（内集団バイアス）をもつことが知られている（Messick & Mackie, 1989 など）。したがって，"自分ひとり"と他者の能力を比較するよりも，身近な他者と自分を含む"自分たち"という内集団とそれ以外の他者の能力と比較するほうが，自分の能力を高く評価するのに効果的であると考えられる。仮想的有能感が高い者は，このように能力の比較を行う際に身近な他者を内集団の成員と位置づけることで自己評価を高め，世間一般の他者を軽視している可能性が考えられる。

2. 身近な他者の具体的な能力認知

　前項で述べた高木（2009）の結果によれば，ACS-2得点が高い者が軽視している「他者」とは，おもに不特定多数の世間一般の他者であることがうかがえる。また，高木（2009）でACS-2得点との関係が検討された能力評価とは，具体的な課題達成の能力ではなく，努力や集中力，応用力など18の側面に対する評価の総合であり，漠然とした他者の能力認知を示すものであった。

　友人などの特定の他者についての対人認知は，関係性のなかで経験を通して得られるさまざまな情報にもとづいている。有能さの認知についても，漠然とした判断ではなく，どのような面での有能さなのか，具体的な根拠にもとづく認知をすることになる。仮想的有能感が高い者は，漠然とした有能さ認知においては，自分や身近な他者と比べて不特定多数の"世間一般の他者"を軽視する傾向があることが示されたが，身近な他者の具体的な能力評価においては他者軽視は生じないのであろうか。ここでは身近な特定の他者と自分自身の具体的な能力認知に注目し，仮想的有能感との関係を検討した研究を紹介する。

　身近な他者と自分自身の能力認知のあり方については，自己評価維持モデル

(Self-Evaluation Maintenance Model: SEM モデル，Tesser, 1984, 1988 など）が参考となろう。SEM モデルとは，他者との関係を通して自己評価を維持または高揚するシステムであり，比較過程（comparison process）と反映過程（reflection process）という2つの過程からなる。比較過程は身近な比較対象となる他者よりも自分のほうが優れていると認知することで，また反映過程は自身より優れた身近な他者と自身を同一視することで，それぞれ自己評価を維持または高揚する機能である。SEM モデルにおいて比較過程をとるか，反映過程をとるかは，評価する課題が自身にとって重要なことかどうかという関与の程度（relevance），比較する他者との関係の親密さ（closeness），そしてその他者の遂行の程度（performance）がかかわるとされる。関与が高い事柄では，比較過程により身近な他者よりも自分の能力が勝っている場合に自己評価は維持され，関与が低い事柄では，身近な他者に負けている状態でも反映過程により「そんな能力のある他者と親しい」ことで自己評価が維持される。

　仮想的有能感は，不特定の他者を漠然と軽視することにより自己の評価を高める行動と密接にかかわるが，SEM モデルにもとづけば，特定の他者の具体的な能力評価についても自己評価を維持するために他者軽視が発揮されるかもしれない。そうであるならば，仮想的有能感が高い者は，親しい友人と自分の能力を比較する際に"友人よりも自分が優れている"という比較過程を用いやすいことが予想される。さらに，関与の高い事柄について比較過程をとる際，仮想的有能感の高い者は，自身の能力を高く評価するよりもむしろ，他者の能力を低く評価することによる自己評価維持を顕著に行うかもしれない。そこで高木（2007）は，仮想的有能感の程度による，自我関与の高い事柄と低い事柄に対する自分と親しい友人の能力評価の比較を試みた。

　大学生に，「社会的にはできると高い評価を受けるかもしれないが，負けても気にならないこと，自分にとって重要ではないこと」（関与低事象）と「人に負けたくないこと，自分にとって重要なこと」（関与高事象）をそれぞれ1つずつあげるよう求めたうえで，各事柄について親しい友人と自分自身の能力評価を求め，ACS-2 得点[*5]との関係を検討した。得られたデータから算出した ACS-2 得点の平均値[*6]をもとに回答者を仮想的有能感高群と低群に分け，自我関与の高低とその事柄に

[*5]　ここでの仮想的有能感得点は，項目反応理論（Item Response Theory：IRT）にもとづく検討を加えた脇田ら（2006）を受け，削除可能とされた2項目（項目9・項目10）を除いた9項目からなる ACS-2r を使用している。
[*6]　$M = 23.84$。

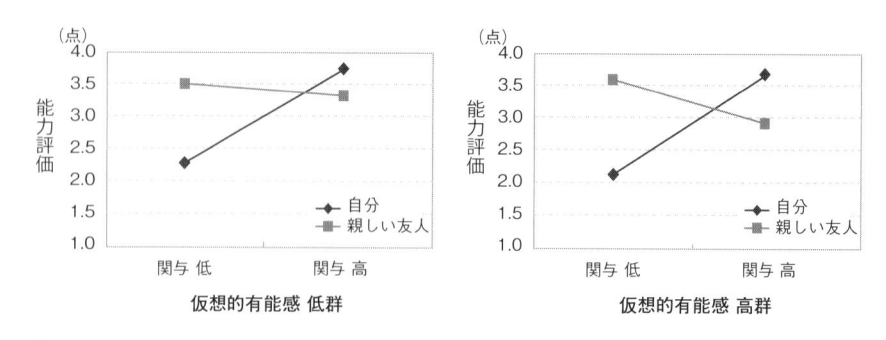

2章　仮想的有能感をもつ人の個人的特徴

図2-8 仮想的有能感高群・低群における自我関与の程度と自他の能力評価
（高木，2007より作成）

ついての親しい友人と自分の能力評価を比較した結果を図2-8に示す。

　結果は，関与低事象では仮想的有能感高群・低群ともに自己の能力よりも友人の能力を高く評価する「反映過程」が示された。また，関与高事象については仮想的有能感高群で，友人よりも自己の能力を高いと評価する「比較過程」が示されたが，低群では親しい友人と自己の能力評価の間に有意な差は示されず，「比較過程」は示されなかった。さらに，仮想的有能感高群では関与高事象では関与低事象と比べて自己の能力評価が高く，かつ友人の能力評価が低かったのに対して，仮想的有能感低群では，関与高事象では関与低事象よりも自己の能力評価が高かったが，友人の能力評価は関与低事象と変わらなかった。

　以上から，仮想的有能感の高い者は，特定の比較対象と具体的な事柄が存在する際に，身近な他者の能力を軽視して自己評価を維持しようとすると考えられる。またその際，仮想的有能感の高い者は，自己の能力評価を高く評価する自己高揚的な認知と，親しい友人の能力を低く見積もる他者軽視を同時に行う自他両面の能力評価について操作を行い，積極的に自己評価の維持を図っていることがうかがえる。

3. 対人関係における他者認知

　前項までは，仮想的有能感にかかわる他者と自己の能力認知の特徴を示してきた。有能感が，自己および他者の能力認知とかかわることは自明である。だがそれ以外にも仮想的有能感研究においては，対人関係におけるさまざまな他者認知の特徴を示す知見がある。ここでは能力認知以外の他者認知の特徴と仮想的有能感との関係について得られている知見を紹介する。

(1) 認知的処理・対人感情の特徴

　仮想的有能感が他者軽視を伴うことからも推測できるとおり，仮想的有能感の高い者による他者認知は概して否定的であることが示されている。たとえば丹羽ら（2008）は，仮想場面を用いて対人葛藤事態の帰属の特徴について検討し，仮想的有能感が高い者は相手の敵意や害意が明確でない状況（たとえば，挨拶をしたのに無視された，など）であってもその状況の原因を「相手のせい」と帰属する傾向が強いことを示している。さらに，高木と安藤（2009）では，仮想場面を用いて友人との葛藤後の対処を検討した結果，仮想的有能感の高い者ほど，相手の行為の意図が曖昧であっても葛藤後に「気を許せない」と心理的に距離を置く傾向や，物理的に相手との関係を回避しようとする傾向が強いことを指摘している。このように，仮想的有能感の高い者は，対人関係での葛藤状況を相手の責任とみなす認知的処理を行う傾向が強く，結果として対人関係の悪化を引き起こし得ると考えることができる。

　高木ら（2008）は，関係初期の時点での"好ましい人物"に対する肯定的対人感情（「安心感」「あこがれ」）と否定的対人感情（「嫌悪」「脅威」「不信」「劣位」）の変化を3か月間隔の縦断調査でとらえ，ACS-2得点の高群・低群間で比較している。結果は，仮想的有能感高群について2つの特徴が示された。まず，調査時期にかかわらず仮想的有能感高群は低群よりも肯定的対人感情が低く，否定的対人感情が高かった（図2-9）。また，全体的には関係初期では肯定的対人感情が優勢であり，関係継続に伴い否定的な感情が高まるという対人感情変化の特徴（高木，2005）を示したが，特に仮想的有能感高群では否定的対人感情である「嫌悪」「脅威」「不信」の得点増加が顕著であった（図2-9）。仮想的有能感と対人関係の悪化の関連を示したこの結果は，仮想的有能感と対人関係における否定的な認知的処理が対人関係の進展に一貫して影響した結果と考えられよう。

(2) 他者不信感との関係

　仮想的有能感と他者への信頼感・不信感との関係を示す知見もいくつか得られている。図2-9で示したとおり，仮想的有能感が高い者は他者不信が顕著であり，関係継続に伴いさらに不信感が高まる傾向にもある（高木ら，2008）。また，信頼感尺度（天貝，1995）と仮想的有能感尺度初版（ACS）との関係については，「他者信頼」と負の，「不信」と正の相関が示されている（高木，未発表データ[*7]）。これらの結果が示すように，仮想的有能感の高い者は，他者の能力を低く見積もるだけ

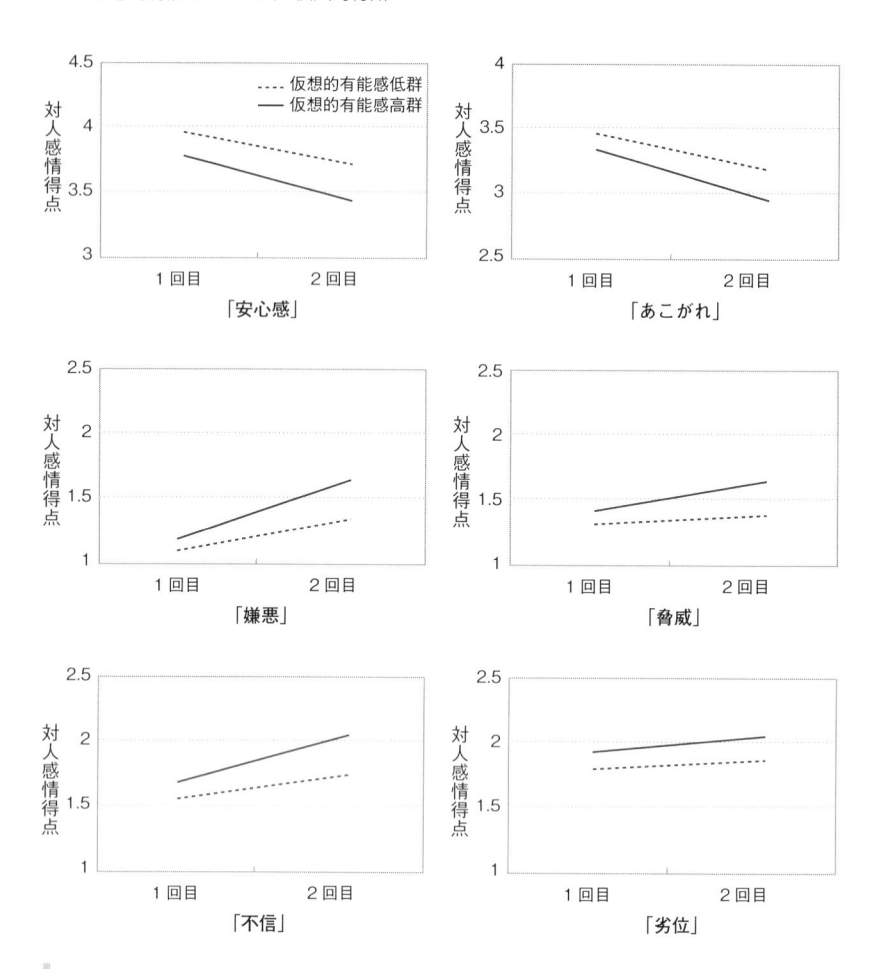

2章 仮想的有能感をもつ人の個人的特徴

図2-9 仮想的有能感高群・低群の対人感情変化（高木ら，2008より作成）

でなく，他者への不信感が強いという特徴もまた有しているといえる。

ところで，他者に対する認知は，幼児期の親子の愛着関係を通して形成される他者についての信念や期待，すなわち「他者についてのモデル」に相当するとみなすこともできる（3章2節参照）。この立場の研究からは，仮想的有能感の高さが親への愛着不安，一般的な人間関係における見捨てられ不安・親密性回避の高さと

---

*7 大学生430名を対象とした調査から，仮想的有能感尺度（速水ら，2004によるACS）と信頼感尺度（天貝，1995）の下位尺度の相関は，「他者信頼」と $r = -.20$ ($p < .001$)，「不信」と $r = .30$ ($p < .001$)，「自分への信頼」と $r = .08$ (ns) であった。

関係することが示されている（丹羽・速水，2007）。関連して，箕浦と成田（2009）は，有能感タイプ間での所属欲求（小林ら，2006）および被拒絶感・被受容感（杉山・坂本，2006）の比較から，仮想型では所属欲求が高いにもかかわらず，被拒絶感すなわち他者から受容されていないという感覚が強いとの特徴を示している。仮想的有能感の高い者は，単に他者を信頼していないのではなく，他者から受容されないことへの不安から，他者を信頼したいのにできないのかもしれない。

　他者への信頼感と仮想的有能感の時間的変化に注目した研究もある。松本ら（2008）は，高校生を対象とした10か月間隔の縦断調査によりACS-2得点の変化と友人関係の変化との関係を検討した。結果，第1回調査から第2回調査にかけてACS-2得点が高まった者ほど友人関係における信頼が低下するという関係が示唆された。すなわち，単に仮想的有能感と他者不信が相関するというだけでなく，他者不信感のような他者認知の特徴が対人関係を悪化させるなかでさらに仮想的有能感を高める，といった動的な相互関係があることもまたうかがえる。

4. 今後の課題

(1) 概念と尺度の精査

　冒頭で述べたように，仮想的有能感はその定義に他者軽視という他者認知の特徴を含む自己の有能さの認知である。そしてACS-2で測定される他者軽視の対象は，身近な他者よりも世間一般の他者であることが示唆された（高木，2009）。これまでのところ，仮想的有能感の概念には軽視される他者の属性は明確には定義されていないが，この結果から仮想的有能感の他者軽視の対象を「世間一般の不特定多数の他者」と限定するなど，概念上での他者の位置づけの明確化を目指した検討が可能であろう。

　こうしたACS-2における他者の位置づけの曖昧さは，ACS-2の高群・低群での自他評価のあり方の違いにも結びついていると考えられる。表2-3の結果は，仮想的有能感高群では自分を身近な他者と同一視して「世間一般の他者」の能力を軽視し，仮想的有能感低群では自分を世間一般の他者と同一視して「身近な他者」の能力を高く評価しているとみることができる。仮想的有能感高群で軽視される他者は「世間一般の他者」だが，低群で尊重される他者は「身近な他者」であるのならば，得点の高低にはこうした視点の違いの要因が含まれる。この結果はACS-2の項目についても，世間一般の他者を想定した表現への修正や，身近な他者と世間一

般の他者に対する評価の2因子構造への再構築など，尺度改訂への示唆を与えるものである。

(2) 適応的側面

漠然とした能力認知については，仮想的有能感と身近な他者の能力評価に関係はみられなかったが，具体的な事象の能力評価については仮想的有能感の高い者で身近な他者に対しても他者軽視が行われ得ることが示された（高木，2007）。すなわち，仮想的有能感が高い者は，関与高事象で親しい友人の能力を自分より低く評価する比較過程が顕著にみられ，またその際，関与低事象についての能力評価と比べて自己の能力を高く，同時に友人の能力を低く評価する傾向を示していた。

ところが，高木（2007）において仮想的有能感の低い者は，自己の能力については関与低事象よりも高事象で高い評価を示したが，他者の能力については関与の高事象・低事象で同程度の評価を示した。このように他者評価を変化させない場合でも，自己評価維持の機能は果たされるのであろうか。SEMモデルは課題の関与に応じて自他評価のバランスをとり自己評価を維持する適応的な側面をもつ規制といえる。もし，自己評価の操作のみでは自己評価維持が困難ならば，他者の能力を低く評価してでも自己評価の維持を図ることは精神的健康の面から必要なことかもしれない。

また，仮想的有能感は全体的に対人場面での否定的な認知的処理と深く関係しており，結果として対人関係が悪化しやすいことが示された（丹羽，2008；高木ら，2008）。さらに，仮想的有能感の高い者は人間不信が強い反面，他者に受容されたいと感じており，見捨てられることへの不安が高いことも示唆されている（箕浦・成田，2009；丹羽・速水，2007）。仮想的有能感は，自信のなさにより自己評価が下がることを避けるための防衛の1つと考えられてきたが，見捨てられることを恐れて他者を信用できないという対人関係での傷つきやすさの面からも，防衛的な役割を果たしているといえよう。

これまで，仮想的有能感は攻撃性など否定的側面との関連が注目されており，低いほど望ましいととられがちであった。確かに，他者を軽視することで自己評価を高めることは，方略としては正攻法とはいえないかもしれない。だが，その一方では自己評価を高められず萎縮してしまうことも健全な状態とはいいがたい。したがって，仮想的有能感が低い者と高い者の間での適応や精神的健康の比較など，仮想的有能感の適応機制の効果としての建設的側面に注目したアプローチも必要である

と考えられる。

5節　動機づけと学習行動

1. 学習への動機づけとの関連

　すでに繰り返し述べられてきたように，仮想的有能感とは他者を軽視することによって得られる有能さの感覚と定義される。したがって，他者との比較が避けられない競争場面において，人の心理的傾向や行動に特に強い影響力をもつと考えられよう。そのような競争場面のなかで児童・青年たちにとって身近なものの1つが，学級集団で行われる学習である。そこでは，意識的であれ無意識的であれ，能力や努力，そしてそれに伴う個人の達成の程度が，さまざまな機会に他者と比較され，集団のなかで順位づけられる。

　このような状況のなかで，仮想的有能感が高い個人は果たして学習に動機づけられているのであろうか。先述のように，学習場面は他者との比較が避けられない場面の1つである。他者を軽視して有能さの感覚を得ようとする個人にとって，他者より劣っていることが明らかになるような状況はあまり好ましくなく，少なくともそれを避けようと学習に動機づけられることが想像できよう。ここではまず，学習への動機づけを扱った実証的研究を見ていくこととする。

　高校生を対象に自律的−他律的動機づけの観点から検討を行ったものに速水と小平（2006）がある。仮想的有能感と自律的−他律的動機づけの相関関係からは，取り入れ的動機づけとの間で正の関連がみられている。さらに，有能感タイプで動機づけの傾向を比較したものが図2-10である。仮想型は他のタイプよりも外的動機づけ，取り入れ的動機づけなどの自律性の低い動機づけが高いのが特徴的であった。外的動機づけとは，他人から強制されているとか，指示されてしかたなく行動するような動機づけを指す。また，取り入れ的動機づけとは，勉強しないと不安である，できないと恥ずかしいなどの理由で学習を行うものである。一方で委縮型では，そのタイプの名称のとおりどの動機づけも低い値を示し，特に内発的動機づけ，同一化的動機づけでその低さが顕著であった。内発的動機づけとは，学習それ自体が楽しいために学習を行うような動機づけである。また，同一化的動機づけと

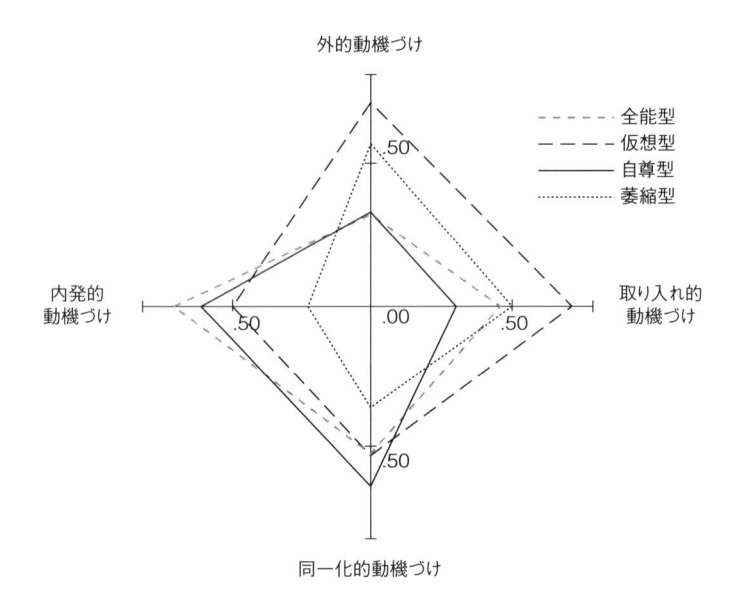

2章 仮想的有能感をもつ人の個人的特徴

図2-10 有能感タイプの動機づけプロフィール・パターン
(速水・小平, 2006を参考に, 平均値を.50として作図)

　は，自分にとって大切であるために勉強をする傾向である。さらに，自律的 – 他律的動機づけの研究でしばしば用いられるRAI（Relative Autonomy Index）の指標についても検討が行われた。これは，外的動機づけに-2, 取り入れ的動機づけに-1, 同一化的動機づけに1, 内発的動機づけに2の重みづけを行い，合計得点を算出した値である。この値が高いほど自律的に動機づけられ，低いほど他律的であることを示している。RAIを有能感タイプで比較したところ，仮想型と委縮型が自尊型，全能型と比べて低い値を示していた。つまり，仮想型，委縮型と比較して，自尊感情の高い2つのタイプ（自尊型，全能型）では，より自律的な内発的動機づけや同一化的動機づけが高くなる傾向にあることになる。

　さらに速水と小平（2006）では，学習観についても検討を行っている。仮想的有能感と負の関連がみられたのが「学習量志向」であり，仮想的有能感が高いほど，こつこつ勉強することや根性でがんばり続けることが学業の成果につながるとは考えていない傾向にあった。

　伊田（2008a）は，学習にどのような価値があるととらえ，取り組んでいるのか（課題価値）という点から検討を行っている。大学生を対象とした調査の結果，私的獲得価値と仮想的有能感との間に負の関連が確認され，有能感タイプの比較では，

仮想型が他のタイプと比べて私的獲得価値が低いことが示された。私的獲得価値とは，その課題を達成することで望ましい自己イメージを獲得できると考える傾向を示しており，たとえば，学ぶことで自分自身が成長するとの信念をもっていること，などがあげられる。つまりこの結果から，仮想的有能感が高いほど，そして特に仮想型の場合で，学習を自分に何らかの望ましい結果をもたらすものとしてとらえていない様子が確認されたことになる。

　また，学習に限ったものではないが，競争的達成動機と自己充実的達成動機をとりあげた研究に伊田（2007, 2008b）がある。競争的達成動機とは，「他者をしのぎ，他者に勝つことで社会から評価されることをめざす達成動機」であり，自己充実的達成動機とは「他者・社会の評価にはとらわれず，自分なりの達成基準への到達をめざす達成動機」であると定義される概念である（堀野・森，1991）。伊田（2007）では，大学生を対象とした検討の結果，仮想的有能感は競争的達成動機とのみ関連し，自己充実的達成動機とは関連がみられなかった。また，有能感タイプで比較したところ，自己充実的達成動機では，仮想型が自尊型，全能型と比べて低く，競争的達成動機では，全能型が委縮型，自尊型よりも高い傾向にあった。また伊田（2008b）は，同じ達成動機尺度を高校生にも実施しているが，大学生と同じく，仮想的有能感と競争的達成動機の間に関連が見いだされた。有能感タイプ間の比較からは，仮想型が全能型よりも自己充実的達成動機が低く，全能型は他のタイプよりも競争的達成動機が高い傾向にあった。大学生，高校生のいずれの検討結果でも，仮想的有能感と競争的達成動機が正の関連を示し，自己充実的達成動機が仮想型で低く全能型で高いことが確認されている。他者軽視にもとづく仮想的有能感が高いほど，競争場面を強く意識し，それに勝ちたい，負けたくないとの気持ちが高いということになろう。さらに仮想型では，他者や社会の評価にとらわれる半面，自分なりの到達点を決めて努力するような自己完結的な目標追求があまりみられないようである。この点は，学習を自分の成長のためだと価値づける傾向（私的獲得価値）が仮想型で弱いという先の結果と通じるものがあろう。

2. 学業に関する会話と学業的援助要請・援助授与

　先述のように，学習の動機づけとの関連では，仮想的有能感が高いほど競争的意味合いの強い動機づけが高く，自律性が低い他律的な動機づけも高まることが示されている。これらはいずれも他者がかかわる点で共通しており，仮想的有能感の高

い個人が他者から受ける評価や他者との比較に強い関心を抱いている傾向を読みとることができる。

では、学習行動には仮想的有能感による差異はみられるのだろうか。他者を軽視することで自己を高揚させようとする仮想的有能感の性質を考えると、学習行動における他者とのかかわりに注目すべきであろう。ここでは、仮想的有能感と学業に関するコミュニケーション（学業に関する会話、学業的援助要請・援助授与）との関連について検討した研究について述べていく（小平ら，2008；速水ら，2007）。

(1) 学業に関する会話

高校生を対象に調査を行った小平ら（2008）は、まず、学業に関する会話について、渕上（1986）などを参考に、進路、試験や勉強一般、教科に関する会話の頻度を尋ねる項目（30項目）を作成した。因子分析の結果、「進路」「ポジティブな結果」「教科の好き嫌い」「失敗への不安」「批評」の5因子を見いだしている。これら学業に関する会話についての5つの得点と仮想的有能感との相関関係をみたところ、「ポジティブな結果」と「批評」で正の関連が示された。さらに、有能感タイプで比較したところ、同様に「ポジティブな結果」と「批評」においてタイプ間の差がみられ、「ポジティブな結果」は全能型のほうが萎縮型よりも高く、「批評」は萎縮型と自尊型よりも仮想型と全能型で高かった。

これらの結果から、仮想的有能感が高いほど、自分のテストの点数がよかったことなど、自分のポジティブな結果についてより多くを友人に話し、また、友人や教師を批評する傾向にもあることが示された。「批評」には、教師の教え方を批判したり、テストの結果がよくなかった友人のことを話題にするといった内容が含まれている。この結果から、仮想的有能感の傾向は、友人との会話のなかにおいて攻撃的なコミュニケーションとして表れることが示されたといえる。また、「ポジティブな結果」と仮想的有能感とが正の関連にあったことは、みずからのポジティブな状態を他者に語ることによって、よい印象を他者に与えようとする主張的自己呈示や自己高揚的自己呈示（安藤，1994）としてとらえてよいであろう。仮想的有能感が高い個人は、自分の優れた点を積極的に他者に表出することにより、軽視している他者との違いをより明確化しようとしているのだと解釈できる。

(2) 学業的援助要請・援助授与

小平ら（2008）は、同時に学習行動における援助関係についても注目している。

学業に関してつまずいた際に他者に援助を要請する行為は学業的援助要請と呼ばれ，効率的な学習を行ううえで重要となるが，一方で自分の能力の不足や弱点を他者に露呈する可能性を含んでいる（高野，2004）。小平ら（2008）では，仮想的有能感が高い場合，他者を軽視しているために，自分の困った状況を露呈して素直に援助を求める行動（援助要請）が起こりにくく，効率的な学習方略をとることがむずかしいと予想された。

高校生を対象とした調査の結果，友人に対して援助要請を行わない傾向である回避的援助要請においてのみ仮想的有能感と弱い正の相関があった。有能感タイプごとの比較（図 2-11）からは，教師への学業的援助要請のうち，回避的援助要請においてタイプ間に有意差がみられ，仮想型のほうが全能型よりも高い傾向にあった。また，この研究では，友人に援助を与える行動（援助授与）についても調査を行っているが，回避的援助授与（『友だちに質問されても教えない』など援助を与えない），依存的援助授与（『友だちに質問されたとき，すぐに答えだけを教える』などヒントよりも直接的な答えを与える）との間に弱い正の相関がみられ，適応的援助授与（『友だちに質問されたときその問題の答えではなく解くためのヒントを教える』など適応的な援助授与）のみ相関がみられなかった。さらに有能感タイプの比較（図 2-11）では回避的援助授与得点においてタイプ間の差がみられ，萎縮型と比べて仮想型のほうが援助をしない傾向にあった。

以上の結果から，他者軽視にもとづく仮想的有能感の高い個人は，予想のとおり，友人に対して援助を要請しない傾向があることが明らかになった。援助要請を回避

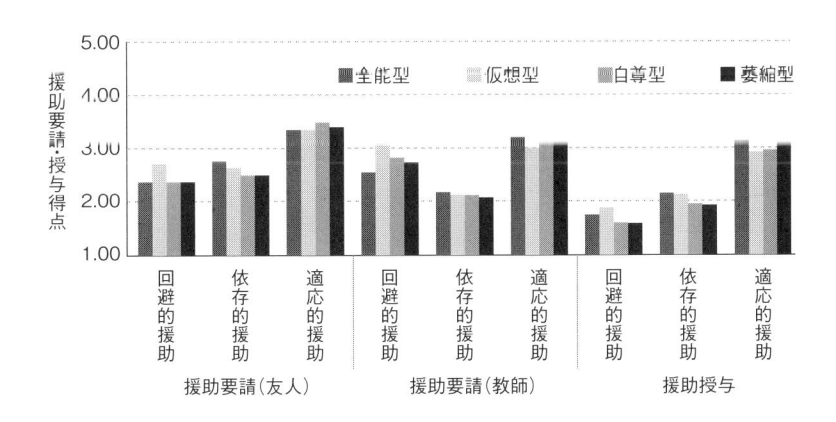

図 2-11　有能感タイプごとの学業的援助要請・援助授与得点（小平ら，2008）

する理由についてバトラー（Butler, 1998）は，自分の能力不足が露呈することを恐れるという能力焦点化志向をその1つにあげているが，援助授与の回避傾向を含めて，この点が仮想的有能感の高い個人が援助要請を回避する理由であろうと解釈されている。また，答えを直接教えてしまい相手の学習の機会を奪うような，依存的な援助授与をしやすい傾向については，仮想的有能感と共感性との間に負の関連がみられているように（速水ら，2004），仮想的有能感の高さは相手の気持ちをくんで行動することとは相反するものであり，相手の成長をうながす行動をとることができないのではないかと解釈できる。

同様に中学生を対象とした調査に速水ら（2007）がある。ここでは，学業に関する会話のうち，「批評」についてのみ有能感タイプの差異が確認され，仮想型と全能型で自尊型より「批評」得点が高いという結果が得られている。また，「クラスの仲間と楽しく話すことができるか」との項目に評定を求めているが，仮想型ではこの項目の評定が低かった。加えて仮想型は，クラスの仲間は協力し合うものだとの意識が低い傾向にあることも見いだされている。

以上，仮想的有能感と学業に関するコミュニケーションについて検討した研究について述べてきた。これらの結果からは，仮想的有能感が高い個人は学業場面において他者との間で防衛的で回避的なコミュニケーションを行っている様子が示唆されている。このようなコミュニケーションでは，個人が本来もっている能力を十分に発揮できない可能性があり，仮想的有能感が高い個人の学習適応の問題が示されているといえよう。

3. 学業成績の予測

仮想的有能感が高い個人は，他者との相対的な評価がなされる場面で，みずからの学習のパフォーマンスをどのように予測するのだろうか。また，実際の学業成績と仮想的有能感との関連はどうであろうか。仮想的有能感の定義では，「自己の直接的なポジティブ経験に関係なく」とあるが，やはり実際の成績とは無関係なのであろうか。

タカギとニワ（Tkagi & Niwa, 2009）は，大学生を対象に仮想的有能感，自尊感情，学業的コンピテンス，自己愛の誇大性傾向を測定している。また同時に，心理学の講義の試験成績を予想するように求め（予想成績），試験期間後に得られた実際の試験成績も分析に用いた。まず学業的コンピテンスは，仮想的有能感と自尊

感情がともに正の関連にあった。つまり仮想的有能感が高いほど学業に対する強い自信をもっている傾向にあることになる。しかし一方で，予想成績および実際の成績は仮想的有能感とは関連せず，自尊感情は予想成績とのみ弱い正の相関関係にあった。

さらに，予想成績と実際の成績について有能感タイプによる比較を行ったところ，委縮型と自尊型の間で差異があることが確認されている（図2-12）。これは，仮想的有能感が低い場合の自尊感情の差異が効果として表れていると考えられる。

また，タカギとニワ（Tkagi & Niwa, 2009）は有能感タイプごとに，予想成績と実際の成績との相関係数を算出している。仮想型で.60程度の相関係数が得られたのに対して，他のタイプでは.40程度にとどまっていた。つまり仮想型では，実際の成績に即した予想が行われやすいことが示唆されている。それに対応して，図2-12からは，仮想型は他のタイプと比較して，予想成績と実際の成績の差異が小さい傾向にあることも読み取ることができる。同様に教育心理学に関する試験成績の予想を求めた小平と速水（2010）では，仮想的有能感と実際の試験成績は関連がなく，自尊感情が予想成績と正の関連を示した点で同様の結果を得ている。

注目すべきは，仮想的有能感と学業的コンピテンスとは正の関連をもつものの，試験成績を予測するように求めると有意な関連がみられない点である。この結果は，常にどのような状況においても，仮想的有能感の高さが広い範囲で自己高揚を生むわけではないということを示している。他者軽視が有能さの感覚を生むまでの詳細なメカニズムの検討は今後の検討を待つことになるが，以上の結果からは，後に目に見えるかたちで結果が明らかになるような状況では，むしろ控えめな状況を予想し，他者軽視による自己高揚が起こり得ない可能性も考えられよう。

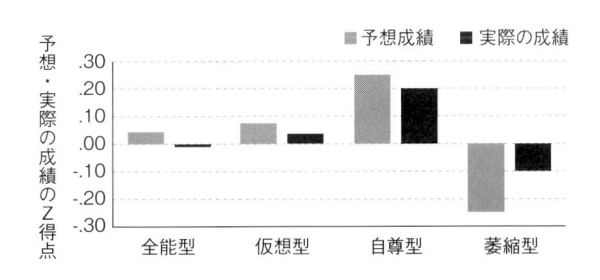

図2-12　有能感タイプと予想成績，実際の成績（Takagi & Niwa, 2009）

4. 学習領域における今後の課題

　以上，学習にかかわる仮想的有能感研究を概観したが，最後に，一連の研究で明らかになった点について整理し，今後の課題について述べていく。

(1) 学習への動機づけとその質について
　動機づけに注目した研究では，仮想的有能感がいくつかの動機づけと正の関連にあることが示されている。ただし，伊田（2007, 2008b）の研究では自己充実的達成動機とは無相関であることが示されており，速水と小平（2006）では，自律性の低い動機づけに限り仮想的有能感とは正の関係が見いだされている。
　自尊感情が低い場合に，それでも他者を軽視しようとする仮想型は，他者を軽視しない委縮型よりも，他者と競おうという姿勢があることは確かであろう。他者との比較のうえで有能さの感覚を得ようとすることが彼らの大きな目的であるがゆえに，恥ずかしい思いをせず，人から責められることがないよう，競争でできるだけ勝つようにと学習が行われている。ここに，内発的な動機づけや自己充実的な動機づけがなかなか高められない理由があるだろう。彼らにとって学業が競争の場や機会に過ぎないと考えれば，仮想的有能感が高い個人や仮想型の個人が，自分のために勉強をすると考えない傾向にあるとの伊田（2008a）の結果とも整合する。
　先に述べたとおり，仮想的有能感は学習の動機づけを高める方向には影響している。特に委縮型と仮想型を比較した場合，動機づけの観点からは，一概に仮想的有能感が学習を阻害しているとはいいがたい点もあろう。現に，タカギとニワ（2009）や小平と速水（2010）では，仮想的有能感と実際の試験成績は関連がなく，学習成果について必ずしも仮想的有能感が負の影響を与えているとはいえない。しかし，仮想的有能感の高さによって動機づけの質や学習への価値づけが異なる以上，それがどのような学習成果を生むのかについて，より詳細な検討が必要である。特に今後は中学生，高校生を対象とした，学習の質や理解の深さなどに注目した検討を進めることが求められよう。

(2) 学習を通しての他者との関係
　先の動機づけの様相に加え，学習行動の検討からは，他者との関係があまり良好でない様子も浮き彫りとなっている。小平ら（2008）では，仮想的有能感が高いほど自分のポジティブな結果を話題にとりあげやすく，友人の試験の失敗や教師の教

5節 動機づけと学習行動

え方のまずさを話題にするという結果が得られている。また，速水ら（2007）では，クラスの仲間や部活の仲間と楽しく話すことができないと回答する傾向が仮想型で高いことが示されている。確かに，会話の内容が自分のポジティブな結果や他者の批評に偏っているような，「鼻持ちならない」クラスメイトであった場合，教室内で多くの友人と良好な関係を築くことはむずかしいのではないだろうか。このような場合，会話が盛り上がるような友人とだけ限定的な人間関係を結んでいるか，もしくはクラスのなかで孤立している可能性が高いことがうかがえる。

　学業的援助の観点からも，特に効率的に学習を進めるうえではあまり望ましい人間関係を築くことができていない傾向が示唆された。仮想的有能感の高い個人や仮想型の個人は，学業で困った際に教師や友人に助けを求めない傾向にあった。また，逆に困っている友人には答えをすぐに教えるなど，適応的な学業的援助が行いにくい様子も示されている。

　これらのあまり良好でない人間関係の背景には，仮想的有能感の高い個人の，低い自己評価を受けることを極力避けようとの防衛的な傾向があると考えられる。これは先述のような偏った動機づけにも表れていると考えてよいだろう。競争や相対的な評価にとらわれている様子から，自己の成長に向けて学習しようなどと獲得的な観点から学習を行うことができない傾向にあるのは必然ではないだろうか。仮想的有能感の高い個人が望ましい学習過程を経て学習成果を得るための介入の観点からは，学習の価値づけや動機づけの質の問題と，クラス内での友人や教師との関係性の問題への2つのアプローチが重要となると考えられよう。

(3) 今後の課題

　本節では学習や教育場面を中心に，仮想的有能感をもつ個人の特徴を述べてきたが，これまでの研究の結果は，仮想的有能感があまり望ましくない学習過程と関係していることを示している。一方で，動機づけの研究からは，仮想的有能感が望ましくないともいいがたい結果も得られている。今後は，興味や動機づけから学習成果に至る一連の学習過程にいかに仮想的有能感が影響しうるのかについて，教師や友人との相互作用を考慮したモデルを構築していくことが第1の課題である。

　また，多くの教員が，教育をはじめ学生支援・指導の場で仮想的有能感の高い生徒，学生たちに困惑しているのが現状である。今後は，仮想的有能感の高い個人が，より効率的に学習を行うことができるよう，具体的な教育方法や介入の仕方に関して検討を進めていくことが第2の課題である。仮想的有能感の研究成果には，中学

校，高校，大学の教員の関心も高く，生徒，学生たちと向き合う大人たちがどのように彼らを理解し，どのように教育的にかかわることが必要であるのかについて，早急に解答を得ることが求められている。

6節　時間的展望と就職に対するイメージ

1．仮想型の時間的展望

　人は，未来や過去について，さまざまな思いを巡らすことによって，現在の行動を決めることがある。たとえば，未来の自分の姿を思い描くことができない場合，目標をもって日々の生活を豊かにするような「現在」を生きることはむずかしいだろう。あるいは，過去の悲しい経験を思い出すとたとえそれが遠い過去であっても，悲しい気分がよみがえり，将来の幸せな自分など想像できず，暗い「現在」を送るかもしれない。
　それでは，仮想型の個人は，自分自身の過去，現在，未来に対して，どのような時間的展望（time perspective）を有しているのだろうか。

(1) 時間的展望の概念
①時間的展望とは
　レヴィン（Lewin, 1951/1979）によれば，時間的展望とは，「ある一定の時点における個人の心理学的過去および未来についての見解の総体」とされる。レヴィンは，場の理論において個人の行動を規定する直接の条件として現在の生活空間（life space）に注目し，その構成要素の1つとして，時間的展望の概念を導入したのである。すなわち，個人の行動は，現在の事態や状況にのみ依拠するのではなく，未来の希望，願望や期待，過去の見解や記憶などの要因によっても大きく影響されるとして，生活空間における時間的展望の重要性を強調したといえる。
②青年期の時間的展望
　時間的展望は，特に青年期に未来へも過去へも拡がること，それと同時に時間的展望は現実的なものとなっていくことが広く知られている。たとえば，白井（1985）は，小学生・中学生・高校生を対象とした調査から，児童期には，現在とは切り離

された"あこがれ"のような未来志向を示すのに対して，青年期になると未来と現在との結びつきにもとづいて，現在志向的になることを示している。

　そのため，青年期になると未来や過去に拡がる時間的展望をもとに現在のことを考えたり，行動したりすることができるようになるなど，時間的な展望と現在における自分の行動との関連性が強くなっていく。実際，時間的展望は，現在の行動との関連性が強いため，学校適応や進路選択などの研究領域でしばしばとりあげられてきた。そして，過去，現在，未来に対してポジティブな時間的展望を有している個人ほど，学校に適応し，主体的に進路を選択していることが明らかにされてきた。

(2) データからみる仮想型の時間的展望
①時間的展望体験尺度からみる大学生の時間的展望の特徴

　仮想型の時間的展望の特徴を明らかにすべく，大学生319名に対して，自尊感情尺度やACS-2とともに時間的展望体験尺度（白井，1994）を含めた質問紙調査を行った。

　なお，時間的展望体験尺度は，時間的展望の体験的な側面を測定する尺度であり，「私には，大体の将来計画がある」「将来のためを考えて今から準備していることがある」などの項目からなる「目標指向性」（5項目），「私の将来には，希望がもてる」「私には未来がないような気がする（逆転項目）」などの項目からなる「希望」（4項目），「毎日の生活が充実している」「今の生活に満足している」などの項目からなる「現在の充実感」（5項目），「私は，自分の過去を受け入れることが出来る」「過去のことはあまり思い出したくない（逆転項目）」などの項目からなる「過去受容」（4項目）の4下位尺度から構成されている。「目標指向性」と「希望」は未来を，「現在の充実感」は現在を，「過去受容」は過去をとらえるとされる。

　回答方法は，「あてはまらない」「どちらかといえばあてはまらない」「どちらともいえない」「どちらかといえばあてはまる」「あてはまる」の5件法で，順に1から5点の得点を与えた（逆転項目は順に5から1点）。時間的展望体験尺度4下位尺度において十分な内部一貫性が確認されたため（α =.73～82），下位尺度ごとに加算平均得点を算出し，それらを各下位尺度得点とした。

　結果として，各下位尺度得点の平均点（M）と標準偏差（SD）は，「目標指向性」（$M = 3.24, SD = 0.92$），「希望」（$M = 2.89, SD = 0.79$），「現在の充実感」（$M = 3.19, SD = 0.86$），「過去受容」（$M = 3.34, SD = 0.88$）となった。すなわち，本調査の対象者である大学生の各下位尺度得点の平均値はほぼ中点（3点）であった。下位尺

度得点として，極端に高いあるいは低い傾向はみられなかったことから，本調査における大学生全体の傾向として，時間的展望体験尺度の過去，現在，未来のすべての側面において時間的展望を中程度有しているといえよう。

②有能感タイプによる比較

仮想型における時間的展望の特徴を明らかにするために，自尊感情尺度とACS-2の平均点により分類した有能感タイプ（全能型：$n = 71$，仮想型：$n = 88$，自尊型：$n = 93$，萎縮型：$n = 67$）を独立変数，時間的展望体験尺度の4下位尺度の標準得点を従属変数とした一要因の分散分析を行った。その結果，時間的展望のすべての下位尺度に統計的な有意差がみられたため，Bonferroni法による多重比較を行った（図2-13）。

多重比較の結果，目標指向性と希望では，仮想型は萎縮型と同様，全能型と自尊型より得点が低かった。現在の充実感では，仮想型は委縮型と同様，全能型と自尊型よりも得点が低く，自尊型は全能型よりも得点が高かった。過去受容では，仮想型は萎縮型よりも得点が低い傾向にあり，全能型や自尊型よりも得点が低く，自尊型は全能型と萎縮型よりも得点が高かった。

全体的な傾向としては，自尊型や全能型はポジティブな時間的展望を有している一方，委縮型や仮想型はポジティブな時間的展望を有していないことが明らかとなった。

③仮想型の時間的展望の特徴

分析の結果から，仮想型は全能型や自尊型と比べると，過去，現在，未来のすべ

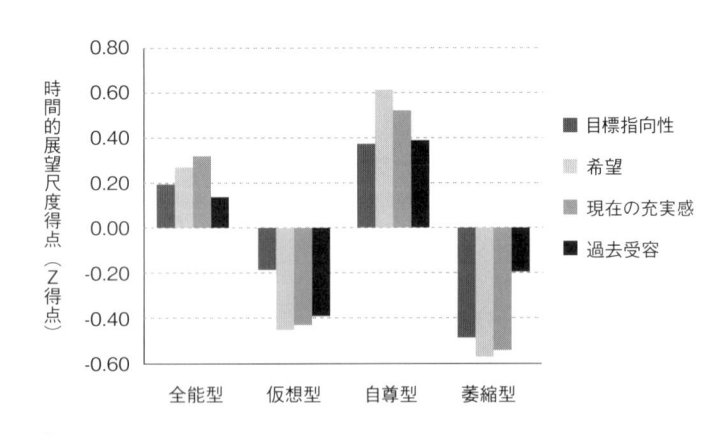

図2-13 有能感タイプによる時間的展望の比較

ての側面において時間的な展望を有していないこと，また，同様に時間的展望を有しない萎縮型ではあるが，仮想型は萎縮型と比べると，過去に対する時間的な展望が低い傾向が確認された。仮想型は有能感タイプのなかで，時間的展望体験尺度のすべての下位尺度において最低得点であることからも，時間的展望を最もポジティブに有していないタイプであると考えられる。こうした時間的な展望のなさが，仮想型の個人の1つの特徴といえるだろう。

　ところで，日潟と齋藤（2007）では，高校生や大学生の時間的展望について検討しており，過去，現在，未来に対してネガティブにとらえている「展望低群」において，精神的健康度が低いことが確認された。特に大学生では，過去のとらえ直しが試みられているものの，未来に対する期待が感じられず，あきらめのような状態がみられるとの指摘がなされている。一方，植之原（1993）では，大学生のアイデンティティ地位達成群と非達成群における事象の記憶に関する相違について検討している。その結果，達成群において過去の経験の記憶が，忠実な記憶というよりも現在によく統合された記憶であることを示し，青年期の同一性達成の過程において，同一性を獲得するためには，事象の記憶を参照したり新たに意味づけたりすることが求められることを示唆している。

　このように，過去を展望しとらえ直すことは，精神的健康度やアイデンティティにとっても非常に重要な役割を果たすと考えられる。しかし，過去に対してポジティブに展望しない，あるいはできない仮想型は，現在の肯定感や未来に対する展望を抱くこと，ひいてはアイデンティティを達成することも困難であると考えられる。

2．仮想型の就職イメージ

　時間的展望を最もポジティブに有していないタイプである仮想型は，社会的な環境や事象をどのようにとらえる傾向にあるのだろうか。一般的に，現在を含め，過去や未来をポジティブに展望することができなければ，時間的にも空間的にも個人の周囲に広がっているさまざまな社会的な環境や事象を，ポジティブに価値づけることは非常に困難であろう。対照的に，現在を含め，過去や未来をポジティブに展望することができれば，さまざまな社会的な環境や事象を，ポジティブに価値づけることができるかもしれない。

　そこで本節では，仮想型の個人が，社会的な環境や事象をどのようにイメージしているかについて「就職イメージ」に注目したうえで，時間的展望の観点から考察

を加えていく．時間的展望がポジティブでない仮想型の個人は，就職をどのようにイメージしているのだろうか．

(1) 就職イメージ
①就職イメージとは
　そもそも，イメージとは，人がどのようにふるまうかといった予期を導く信念，価値観，道徳観から構成されたものであり（Beach, 1990），また，感情や価値，要求，信念が結合したもので，価値判断を含み，目的的行動を直感的に導く働きを有している（Elbaz, 1981）とされる．すなわち，本節でとりあげる就職イメージとは，就職に対する感情や価値，要求，信念が結合したもので，価値判断を含み，就職のための目的的行動（たとえば，進路選択行動，特に就職活動など）に影響を及ぼすものといえる．

②青年期（学校卒業前）の就職イメージ
　青年期から成人期にかけて，個人をとりまく環境は，就職や結婚，子育てなどのさまざまな出来事によって大きく変容する．この時期，多くの青年はそれまでの人生のなかで経験したことのない環境や事象に出合う．新規の社会的な環境や事象を認識する際，経験にもとづいて明確に認識することはむずかしい．そのため，まずは抽象的なイメージとしてそれらを理解することとなる．しかしその後，実際に新しい環境や事象を経験してみると，それらに対する認識・理解が具象化するため，前に抱いていたイメージが大きく変容する場合がある．
　こうした環境や事象を経験する以前の抽象的なイメージは，たとえ抽象的であっても，環境や事象を実際に経験する前の考え方や行動に影響を及ぼすことがある．特に，本節では青年期に生じる新しい環境や事象として就職に注目する．就職に対するイメージがネガティブであると，就職することに対してポジティブな価値づけができないため，必然的に就職活動を行うことができない．しかも，就職活動を行わなければ就職に対するネガティブなイメージはなかなか変容せず，就職活動をしない状態が継続することとなる（杉本，2007）．
　このように，社会的な環境や事象に対するイメージは，それらに関連する意識や行動と非常に密接に関連している概念だといえる．

（2）データからみる仮想型の就職イメージ
①就職イメージ尺度からみる大学生の就職イメージの特徴

　時間的な展望を有しない仮想型の就職イメージの特徴を明らかにすべく，大学生296名に対して，自尊感情尺度やACS-2とともに就職イメージ尺度（杉本，2008）を含めた質問紙調査を行った。

　なお，就職イメージ尺度は，大学生の自由記述をもとに作成された就職することに対するイメージを測定する尺度であり，「社会の流れに流されているということである」「時間が縛られるということである」などの項目からなる「拘束的イメージ」（8項目），「社会的な義務である」「常識である」などの項目からなる「制度的イメージ」（7項目），「やりがいが得られるものである」「夢の実現につがなることである」などの項目からなる「希望的イメージ」（6項目），「生活の安定のために重要なことである」「お金を稼ぐということである」などの項目からなる「自立的イメージ」（4項目）の4下位尺度から構成されている。

　回答方法は，「あてはまらない」「あまりあてはまらない」「どちらともいえない」「ややあてはまる」「あてはまる」の5件法で，順に1から5点の得点を与えた。就職イメージ尺度4下位尺度において十分な内部一貫性が確認されたため（α =.76～85），下位尺度ごとに加算平均得点を算出し，それらを各下位尺度得点とした。

　結果として，各下位尺度得点の平均点と標準偏差は，「拘束的イメージ」（M = 3.07, SD = 0.63），「制度的イメージ」（M = 3.33, SD = 0.69），「希望的イメージ」（M = 3.87, SD = 0.73），「自立的イメージ」（M = 4.31, SD = 0.62）となった。すなわち，拘束的イメージや制度的イメージの得点は中点（3点）を若干上回る程度であったが，希望的イメージは4点近く，自立的イメージは4点を上回っていた。このことから，本調査の対象者である大学生全体の傾向として，就職に対して若干希望を抱いており，自立にかかわるものとイメージしていることが確認された。

②有能感タイプによる比較

　仮想型における就職イメージの特徴を明らかにするために，自尊感情尺度とACS-2の平均点により分類した有能感タイプ（全能型：n =78, 仮想型：n =80, 自尊型：n =71, 萎縮型：n =67）を独立変数，就職イメージ尺度の4下位尺度の標準得点を従属変数とした一要因の分散分析を行った。その結果，就職イメージのすべての下位尺度に統計的な有意差がみられたため，Bonferroni法による多重比較を行った（図2 - 14）。

　多重比較の結果，拘束的イメージでは，仮想型が萎縮型よりも得点が高く，全能

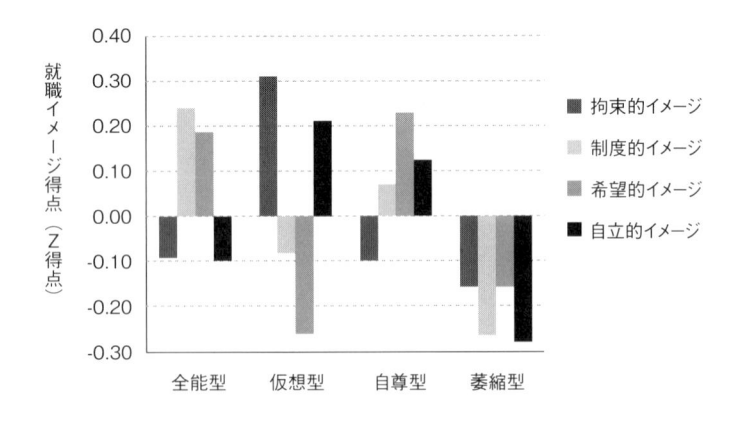

2章 仮想的有能感をもつ人の個人的特徴

図2-14 有能感タイプによる就職イメージの比較

型や自尊型よりも得点が高い傾向にあった。制度的イメージでは，全能型が萎縮型よりも得点が高かった。希望的イメージでは，仮想型が全能型や自尊型よりも得点が低かった。自立的イメージでは，仮想型が萎縮型よりも得点が高く，自尊型が萎縮型よりも得点が高い傾向にあった。

③仮想型の就職イメージの特徴

分析の結果から，仮想型は他のタイプと比較すると，就職することについて，お金を稼ぐというように自立することととらえているものの，希望のないことであり社会に拘束されることとイメージしているといえる。特に，仮想型の拘束的イメージが高いという側面は，全能型・自尊型・萎縮型といった他のタイプと大きく異なるところであり，仮想型の大きな特徴であるといえよう。

ところで，小平と速水（2009）では，現在生活している社会がどのように感じられるか，世相イメージに注目して，仮想型の特徴を検討した。その結果，仮想型は自尊型とは対照的に，社会を責任感・連帯感がなくゆとりがないものとしてネガティブにとらえていることを明らかにしている（3章4節参照）。

本節でとりあげた就職に対する拘束的なイメージの高さや希望的イメージの低さは，就職に対するネガティブなイメージととらえることが可能であり，時間的展望がポジティブでない仮想型は，時間的展望がポジティブな自尊型とは対照的に，就職に対してネガティブなイメージを有しているといえる。この結果は，小平と速水（2009）と同様の傾向を示すものであり，仮想型は，社会的な環境や事象に対して

ネガティブなイメージを抱く特徴があるといえるだろう。

3. 発達理論から探る仮想型のネガティブ認知

　本節では，仮想型の個人の時間的な展望の特徴を明らかにしたうえで，社会的な環境や事象に対するイメージとして就職イメージに焦点をあて，その特徴について検討してきた。その結果，仮想型が過去，現在，未来に対してポジティブな時間的展望を有しておらず，そうした特徴を有する仮想型は就職することに対して自立と関係するものとイメージしているものの，就職することに希望を抱いておらず，社会に縛られるといった拘束的なイメージを有するなど，社会的な環境や事象をネガティブにとらえる可能性が示唆された。

　それでは，どうしてポジティブな時間的展望を有しない仮想型は，社会的な環境や事象をネガティブにとらえるのであろうか。

(1) 漸成発達理論の観点から

　エリクソン（Erikson, 1959）は，人間の生涯にわたる心理社会的発達を，8つの構成要素にもとづく漸成図式（epigenetic chart）によって示している。

　この漸成図式では，心理的危機を迎える8つの構成要素が対角線上に付置されており，それらの構成要素が発達段階の以前，あるいは以後にどのように顕在化するかが垂直方向に示されている。すなわち，8つの構成要素はそれぞれ特定の発達段階（乳児期，幼児期前期，幼児期後期，児童期，青年期，成年期前期，成年期後期，老年期）に心理的危機として直面することとなるが，それぞれの心理的危機を迎える以前にも特定の形式で存在し，以後にも立ち現れるとされる。

　ここで漸成図式を見てみると，発達の第I段階（乳児期）における心理的危機として「基本的信頼 対 基本的不信」がとりあげられている。さらに，垂直方向に目を向けてみると，「アイデンティティの確立 対 アイデンティティの拡散」の心理的危機を迎える第V段階（青年期）の時点で，「基本的信頼 対 基本的不信」は「時間的展望 対 時間的展望の拡散」という心理的危機として立ち現れることが確認できる。エリクソンは，時間についての概念は，欲求緊張の高まりや欲求満足の延期，満足を与える対象と最終的に一体化し，第I段階における初期経験から発すると考えていた。そのため，第I段階の心理的危機で得られる基本的信頼あるいは不信の感覚と時間的展望あるいは拡散の状態とを結びつけてとらえたのである。

実証研究においても、基本的信頼の感覚と時間的展望の関係については検討がなされており、基本的信頼感と過去、現在、未来における時間的展望に有意な正の相関が確認されている（谷, 1998）。これらのことから、時間的展望を有しない仮想型は、基本的信頼の感覚を形成していないと推測できる。

(2) 内的作業モデルの観点から

　この基本的信頼の感覚は、乳幼児期に重要な他者である愛着対象との間に築かれる。人は乳幼児期の愛着対象との相互作用を通して愛着対象への接近可能性、愛着対象の情緒的応答性等に関する表象モデルを構成する（山岸, 1997）。具体的には、他者が自分の要求にどの程度応じてくれる存在なのか、自分は他者からどの程度受けいれられている存在なのかという表象（自己の有効性に関する内的表象）である、内的作業モデルを構成する。そして、その内的作業モデルを「世界およびそのなかの自分自身についての作業モデル」として、対人的出来事の知覚・解釈や未来の予測、自分の行動をプランニングに使うとされる。

　すなわち、愛着対象が子どもの欲求に応答的であれば、子どもは愛着対象を応答が期待できるものとして内在化し、安定した表象をつくり、その表象にもとづいて世界に近づいていく。それに対し、愛着対象の応答が一貫していない、あるいは拒絶的であるような場合は、子どもは愛着対象を応答を期待できない不安定なものとして内在化し、同時に自分は愛され助けられるに値しない存在であるという表象をつくり、それにもとづいて対人的情報を処理し対人的行動をするとされる。

　丹羽と速水（2007）によれば、仮想型の愛着スタイルとして、自己観に対応する「見捨てられ不安」と他者観に対応する「親密性の回避」がともに高い拒絶不安型が多くみられることを示している。このことから仮想型において、愛着関係が不安定であることが確認されている（3章2節参照）。さらに、木野と速水（2010）によれば、仮想型は、家族だけでなく友人とのコミュニケーション頻度も低いことが示されていることからも、仮想型は不安定な愛着スタイルをもつといえよう。

(3) 防衛手段としての仮想型のネガティブ認知

　これらをまとめると、仮想型の時間的展望のなさは、愛着対象との間に安定的な関係を築くことができず、基本的信頼感が得られていないことに由来すると考えられる。仮想型は、安定的な内的作業モデルが内在化されていないため、過去、現在、未来にポジティブな展望ができず、さらに時間的展望がないなかで不安定な内的作

業モデルをもとに情報処理を行うため，社会的な環境や事象をネガティブにとらえてしまうのであろう。仮想的有能感の高い者は下方比較を行うことが指摘されてきたが（速水・小平，2006），仮想型は社会的な環境や事象をネガティブにとらえることによって，低い自己評価を最低限維持していると考えることも可能である。本節のように就職に焦点化すると，就職する他者や就職自体を否定することによって，就職していない自分自身を防衛し，自己に対するネガティブな感情をできる限り抑えているのかもしれない。

　しかし，たとえどのような背景があるにせよ，こうしたプロセスを意識化できず無意識的に仮想的有能感を有しているとすれば，新規の社会的な環境や事象に対する回避的な態度として現れることだろう。たとえば，本節でとりあげた就職のように，無意識的な防衛手段としてネガティブにとらえることで，職業社会への参入を避けてしまうことにもつながりかねない。そのようなときには，時間的展望，特に過去のとらえ直しが非常に重要な役割を果たすといえるだろう。もちろん，独力で仮想的有能感を意識化することや，時間的展望，さらには基本的信頼の感覚をもとらえ直していくことは困難であり，周囲のサポートが必要となる。こうした周囲のサポートは，仮想型の個人が新たな社会的な環境や事象とかかわりをもつためには特に重要な要素となるであろう。

3章 仮想的有能感形成の背景要因

1節 発達との関連

1. 心理社会的発達からみたコンピテンス

　『他人を見下す若者たち』(速水, 2006) によって広く知られるところとなった仮想的有能感は, 多かれ少なかれどの世代においてもみられるものであり, 決して若者に特有のものではない。世代性よりもむしろ個人差に焦点をあてるならば, パーソナリティ発達との理論的な関連づけが求められるだろう。仮想的有能感の英語表記"assumed competence"を再び日本語に直訳するならば「見せかけの(偽りの/うわべだけの)コンピテンス(有能感/能力/適性)」となる。ゆえに, ニセモノのコンピテンスと本物のコンピテンスの分かれ目をパーソナリティ発達の視点から考えることによって, 有能感タイプの発生メカニズムを説明することができるかもしれない。ここでは, エリクソン (Erikson, E. H.) の心理社会的発達理論における第Ⅳ段階「勤勉性 対 劣等感」とコンピテンスの概念, そしてアドラー (Adler, A.) の個人心理学における劣等感/劣等コンプレックスと共同体感覚の概念に注目し, 仮想的有能感とパーソナリティ発達との関連について検討したい。

　まず, コンピテンスの概念は, 動機づけ研究においてしばしば登場し, 人に備わっている潜在的能力のことを指したり, 環境との相互交渉における有能さの感覚を

追求する動機づけとしてとらえたりするのが一般的である。このコンピテンスをパーソナリティ発達にかかわる概念として位置づけたのが，エリクソン（Erikson, 1964）の心理社会的発達理論である。エリクソンといえば，第Ⅴ段階（青年期）の「同一性 対 同一性拡散」やモラトリアムの概念が非常に有名であるが，その前段階である第Ⅳ段階（学童期）「勤勉性（industry）対 劣等感（inferiority）」の人格的活力（徳）としてコンピテンスが位置づけられ，「有能感」あるいは「適格性」などと訳されてきた。エリクソンによれば，この有能感の感覚は「職人気質的」（鑪訳，1971）なものであり，この段階における児童は「ものをつくる情熱という線にそって技術を懸命に学びとろうとする」。そして，「有能感とは，幼児期的劣等性によって損なわれることなく，課題の完遂にあたって，道具や知能を自由に駆使することである。これは，技術を使用する際の他者との協力的参加の基礎となる。そしてこの基礎は，道具やその使用法の論理が学習されているか否かにかかっている」。

　こうした記述にもとづくならば，コンピテンスとは，「道具や知能を自由に駆使」しながら課題を完成させるという経験によって勤勉性の感覚が獲得された結果として生じるものであると考えられる。そして，「協力的参加」とあることから，他者との良好な関係性にもつながる概念であると考えられ，他者軽視を意味する仮想的有能感とは対照的であるといえよう。さらに，エリクソン（Erikson, 1950/1963）は，「道具や技術に関する自分の能力に絶望したり，同じような道具を使う仲間たちの間における自分の地位に望みを失う」（仁科訳，1977）ことにより劣等感を抱き，その結果として，同一化の断念，道具に対する意識の薄れ，家族内の競争にとらわれた孤独なエディプス期への退行，自分は凡庸に生まれついた不適格な人間だという意識が生じるという。よって，仮想的有能感は，何らかの課題を成し遂げるという経験が乏しい状況，すなわち「勤勉性 対 劣等感」の心理社会的危機において勤勉性の獲得に失敗し，劣等感が優勢になっているような状況のなかで生じる可能性が考えられる。

　そこで伊田（2008a）は，第Ⅳ段階から第Ⅴ段階への移行に焦点をあて，勤勉性と劣等感のバランスから出発し，自我同一性の確立または拡散に至るプロセスのなかで，コンピテンスと仮想的有能感がどのように位置づけられるのかを仮説的に描いている（図3-1）。端的には，勤勉性の感覚にもとづかない，劣等感の補償としての偽りのコンピテンスが仮想的有能感ではないかという考え方である。まず，図の左側の流れであるが，第Ⅳ段階において勤勉性の感覚の獲得に成功するな

1節　発達との関連

```
┌──────────────┐  (第Ⅳ段階の危機)  ┌──────────────┐
│ 勤勉性の獲得 │◀- - - - - - - - -▶│ 劣等感の方が優勢 │
└──────┬───────┘                    └──────┬───────┘
   (高い自尊感情)                       (低い自尊感情)
┌──────▼───────────┐              ┌──────▼──────────────┐
│ 有能感(コンピテンス) │              │ 仮想的有能感(他者軽視) │
└──────┬───────────┘              └──────┬──────────────┘
 (努力継続・積極的モラトリアム)      (努力忌避・消極的モラトリアム)
┌──────▼───────┐ (第Ⅴ段階の危機) ┌──────▼───────┐
│ 自我同一性の確立 │◀- - - - - - - -▶│ 自我同一性の拡散 │
└──────────────┘                  └──────────────┘
```

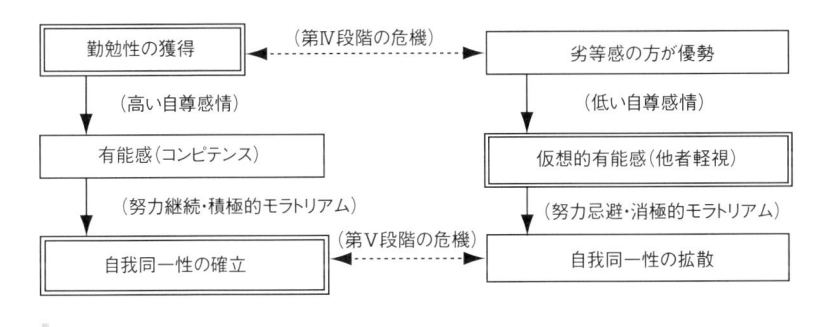

図3-1　心理社会的発達と仮想的有能感（伊田, 2008a）

らば，高い自尊感情を維持しながら人格的活力であるコンピテンスが得られ，青年期においても努力継続への動機づけが高く，さまざまな役割実験をこなす積極的モラトリアムを過ごし，自我同一性を確立すると考えられる。それに対して図の右側の流れは，第Ⅳ段階の心理社会的危機をうまく解決できなかったケースである。劣等感のほうが優勢であるために自尊感情が低下しているものの，それを直視することができず，周囲にいる有能な他者を見下すことによって仮想的有能感が生じ，自分自身は努力を忌避して変わろうとせず，役割実験や決断を先送りし，結果として自我同一性の拡散に至るという流れである。ちなみに，「努力忌避」「消極的モラトリアム」と記したのは，エリクソン（Erikson, 1959）が述べている「選択の回避（avoidance of choices）」をより一般的な表現に言い換えたものであり，谷（2008）が指摘するように，選択を回避することで自分自身の可能性を保持しておこうという心理から生じるものと考えられる。さらにいえば，心理社会的発達の漸成図式における同一性拡散の部分症候のうち，第Ⅳ段階に由来する「労働麻痺」ないしは「勤勉性の拡散」に対応するものであるが，何もしない（自分が変わらない）ことによって，いわゆる幼児的万能感を維持するかのような現象として解釈できるかもしれない。

2. 勤勉性・自我同一性と仮想的有能感との関連

さて，上述した仮説的図式を支持する知見がいくつかの実証的研究によって得られている。伊田（2007a）は，大学生と短大生を対象として，質問紙法により第Ⅳ段階（勤勉性）と第Ⅴ段階（自我同一性）をとりあげ，ASC-2を用いて有能感タ

イプによる比較を行った。その結果，仮想型において勤勉性が自尊型および全能型よりも低く，自我同一性も他のタイプに比べて低いことが示された。

　また，伊田（2007b）では，バウアーとスナイダー（Bauer & Snyder, 1972）やオーロフスキー（Orlofsky, 1978）によって第Ⅳ段階および第Ⅴ段階との関係が指摘されている達成動機の概念に着目した。以下の記述は2章5節といくぶん重複するが，再度筆者自身の解説を試みよう。堀野（1994）の達成動機測定尺度を用いて，自分なりの基準での達成を目指す自己充実的達成動機と，他者との比較や社会的基準での高い達成を目指す競争的達成動機の得点をそれぞれ有能感タイプで比較した。その結果，自己充実的達成動機は仮想型が最も低く，競争的達成動機は萎縮型と自尊型よりも全能型が高く，仮想型はその中間に位置する得点であることが示された。この結果から，仮想型は，自分なりの基準で努力する姿勢が強くはないと同時に，他者に勝つという姿勢もまた中程度にとどまり，実際の具体的な行動や経験に裏打ちされた自信をもてないまま周囲に翻弄されているようにも思われる。一方で，全能型は仮想的有能感と中程度の相関関係にある競争的達成動機のみならず，自己充実的達成動機も比較的高い値を示しており，「競争に勝つことが自分らしい」というかたちで2つの達成動機が統合的に機能し，強い自信をもっているのかもしれない。このような全能型と仮想型の違いは，上述した第Ⅳ段階の勤勉性の感覚における強弱を反映していると考えられる。

　一方，勤勉性の感覚がともに高い全能型と自尊型の違いは，競争的達成動機の高低にあることが明らかになった。そもそも，全能型と自尊型を区別しているのは仮想的有能感の高低であるが，仮想的有能感と競争的達成動機との間には中程度の正の相関（$r=.42$）がみられており，仮想的有能感の高い全能型において競争的達成動機が高いのは自然である。ちなみに，仮想的有能感と自己充実的達成動機との間には有意な相関はみられなかった（$r=-.06$）。また，自尊感情については自己充実的達成動機（$r=.29$）および競争的達成動機（$r=.22$）との間に弱い正の相関がみられている。

　なお，高校生を対象とした調査（伊田，2008b）においても，勤勉性，同一性，達成動機と有能感タイプとの関係についてほぼ同様の結果が得られており，仮想型は第Ⅳ段階の心理社会的危機をうまく解決していないことが想定される結果であるといえる。しかしながら，これらの調査では十分に検討されていない問題が残されている。鑪（2002）によれば「Eriksonにとって，人格発達は常に生と死の様相を示し，善と悪，明と暗の二面性をもつものであり，決してどちらか一方のみではな

い」のであり，第Ⅰ段階を例に「基本的信頼感が不信感より半分以上あって力の均衡を保っていなければならない」という。すなわち，ネガティブ感情がまったくない状態が望ましいのではなく，むしろ不信感がゼロになってしまっては「均衡」を保つということにならないと考えられる。第Ⅳ段階の勤勉性 対 劣等感の「対」という概念もまた，どちらが優勢になるかという危機を表現しているものであるが，劣等感がゼロになることにも問題があるといわなければならないだろう。図3-1の仮説的図式をより精緻化するためには，五分五分を超えてポジティブ感情が優勢な状態という場合に，少なからず残っているネガティブ感情が何を意味するのかを考えておく必要がある。そこで，次項では第Ⅳ段階の心理社会的危機において，勤勉性の対概念として位置づけられている劣等感の概念を手がかりに，アドラーの記述に注目してみたい。

3. 劣等感と劣等コンプレックス―アドラーの視点から―

　劣等感について特に心理学の分野で注目される論考はアドラー（Adler, H.：1870～1937）のものであろう。世代的にはエリクソン（Erikson, E. H.：1902～1994）よりも前に位置するが，エリクソンがアドラーを引用することは意外なほどに少なく，アドラーとほぼ同世代であるフロイト（Freud, S.：1856～1939）が頻繁に引用されるのとは対照的である。エリクソン（1968）において引用はただ1か所，「理論とイデオロギー」と題した節において社会的要因を精神分析学に導入することをめぐる経緯に言及するなかでとりあげているのみである。第Ⅳ段階の勤勉性 対 劣等感を論じる際にもアドラーは引用されていない。よって，エリクソンの理論をアドラーの観点と組み合わせて論じることが妥当といえるのかどうか，はっきりとした確証があるわけではない。しかしながら，以下に紹介する劣等感と劣等コンプレックスの区別は，勤勉性やコンピテンスの感覚を獲得すること，そして仮想的有能感に至る仮説的図式に関連づけるならば，きわめて示唆に富んでいるように思われる。

　アドラー（1929）によれば，すべての人は劣等感をもっているが，それは病気ではなく「健康で正常な努力と成長への刺激」である。一方で，「無能感が個人を圧倒し，有益な活動へと刺激するどころか，人を落ち込ませ，成長できないようにするときに初めて，劣等感は病的な状態となる」と述べており，この病的な状態に至った劣等感のことを「劣等コンプレックス」と表現している。この劣等コンプレッ

クスを補償するのが「優越コンプレックス」であり，「自分が実際には優れていないのに，優れているふり」をするという意味において「偽りの成功」と述べられている。この記述だけでも速水（2006）の仮想的有能感の概念がアドラーのいう優越コンプレックスとほぼ重なると考えることができるが，ここではもう少しアドラーの記述についての議論を続ける。

　劣等感，劣等コンプレックス，優越コンプレックスという用語が立て続けに出てきたが，これらの異同を考えるうえで鍵になるのが共同体感覚（英語ではおもにsocial interest, 独語では Gemeinschaftsgefühl）の概念である。アドラー（1929）では，劣等感に関する記述よりも先に，ほぼ冒頭部にあたる目標追求性と題した節のなかでこの共同体感覚のことが論じられている。たとえば「子どもが目標として何を選ぶかは，実際，共同体感覚の指標」となることを述べている。簡潔にいえば，共同体感覚とは他の人にも関心をもっているということであり，共同体感覚が欠如した状態とは自分のことにしか関心がないことを指すことになる。よって，子どもが選ぶ目標の内容に注目し，それが他の人や社会への関心を伴うものであるか否かによって，共同体感覚の程度を判断することができると考えられる。そして，子どもに限らず「共同体感覚が欠けていることは，人生の有用でない面へと方向づけられていること」と述べ，例として，問題行動のある子ども，犯罪者，精神病者，アルコール依存症者をあげている。さらに，こうした人たちを「人生の有用な面へと戻るように影響を及ぼし，他の人に関心をもつようにさせること」が課題であるという。これがアドラーの個人心理学の考え方であり，対人関係の心理学であると述べている。

　この共同体感覚という概念を用いて，先の劣等感，劣等コンプレックス，優越コンプレックスを論じるならば，劣等感は共同体感覚を失わない限りにおいて努力と成長への刺激になり，共同体感覚を欠いている場合には劣等コンプレックスに至ると考えられる。そして，劣等コンプレックスを補償する優越コンプレックスもまた，共同体感覚を欠いているがゆえに問題とされる。ここでもう1つ言及しておかなければならないのは，優越性の追求という概念である。アドラー（1929）は「普通の人は，優越コンプレックスをもっていません。優越感すらもちません。私たちは皆成功しようという野心をもっている，という意味で優越性を追求します。しかし，このような努力が仕事のなかに表現されている限り，精神病の根源にある誤った価値観へと導くことにはなりません」と述べている。すなわち，優越性の追求は共同体感覚を伴っており，ここでは「仕事」が他者への関心を表現していると考えられ

る。その点で、自分にしか関心がない優越コンプレックスとは区別されるということになる。

そして、アドラー（1930）は「劣等感と優越性の追求は、人生における同じ基本的な事実の2つの側面」とも述べている。これは、劣等感が強すぎない場合には、共同体感覚を伴い、努力と成長に向けて優越性を追求するということを意味すると考えられ、エリクソンに置き換えるならば、勤勉性の感覚そしてコンピテンスの獲得に至るということになるだろう。すなわち、アドラーの記述は、共同体感覚を伴うか否かは劣等感の強弱に左右されると読み取ることも可能であり、その意味でエリクソンの対概念との相性は決して悪くないと考えられる。

これらの知見を敷衍して、他者との関係性に留意しつつ、勤勉性獲得における劣等感の役割を論じると次のようになるだろう。自分にはまだできないことをすでに成し遂げている人を目の当たりにしたとき、そこには「あの人より自分は劣っている」という事実認識とともに劣等感が生じる可能性がある。もし共同体感覚が共存しているならば、その相手に同一化して「自分もできるようになろう」として努力する方向に作用すると考えられる。もし努力の末にやはり自分にはできないという場合、他の目標において優越性を追求することにつながると考えられるが、その際、もとの目標において自分よりも何ごとかを成していた人に対しては、共同体感覚ゆえに尊敬の念さえ生じるかもしれない。一方で、もし共同体感覚に欠けている場合には、もとの目標について「あんなことができても意味がない」などと価値を否定するか、あるいは他の目標を追求してその人より自分のほうが優れていることを誇示しようとするかもしれない。これを有能感タイプに置き換えるならば、価値を否定する前者は仮想型、他の目標での優越性にこだわる後者は全能型に対応するようにも思われる。

4. 劣等／優越コンプレックスと仮想的有能感―対人関係と共同体感覚の視点から―

これまでの議論のなかで、劣等感と仮想的有能感の関係が少しずつ整理されてきた。ここで、特に対人関係のあり方を切り口として、劣等コンプレックスおよび優越コンプレックスと仮想的有能感の関係を論じてみたい。対人関係に注目する理由は、アドラーの個人心理学が彼いわく「対人関係の心理学」（Adler, 1929）であることによる。すなわち、劣等コンプレックスと優越コンプレックスは共同体感覚の欠如という点において共通しており、他の人に関心をもつことができず、自分に

のみ関心がある状態のなかで，特有の対人関係がそこにみられると考えられるからである。

伊田（2008c）は，山口（2006）による「生活価値観」という概念をとりあげて仮想的有能感との関連を探り，仮想型に特有の自他の関係性がみられるかどうかを検討した。生活価値観尺度は自己決定志向，他人志向，集団志向，安楽志向，コミュニティ志向の5つの下位尺度からなる。自己決定志向は「危険を冒してでも，自分のやりたいことを貫きたい」，他人志向は「周りの流行にはのり遅れないようにしている」，集団志向は「自分の考えを主張するより，他の人との和を尊重したい」，安楽志向は「自分にとってプラスになる人とだけつきあいたい」，コミュニティ志向は「家族のためには，自分の死後のことも十分考えておきたい」といった項目に代表される内容である。これら5つの下位尺度について，有能感タイプによる比較を行った結果，安楽志向において仮想型が他の3群より高いことが示されたと同時に，集団志向においても仮想型が全能型より高かった。

山口（2006）によると，安楽志向は，「自分の生活と直接関係のない事柄にはあまり関心がない」「他人の権利をいちいち尊重していたら，自分に不利になるだけだ」など自己中心的な人間関係への志向性や非社会的側面が含まれており，疎外感との正相関もあるという。それは，他者や社会との交流の乏しさを意味し，少数の気の合った仲間や狭い生活領域に閉じこもる個人のあり方である。一方，集団志向は文字どおり，集団の和を尊重する姿勢である。この安楽志向と集団思考は概念的に矛盾するようにも思われるが，仮想型でその両方が高いという結果が得られたわけである。この結果を共同体感覚という視点から解釈するならば，自分にとってプラスになるはずの人とだけ集団をつくってつきあいつつ（安楽志向），集団外の人たちを見下し（共同体感覚の欠如），仮想的有能感をもっているが，自尊感情は低く，閉じられた仲間集団内では従順ないしは従属的な立場に置かれていることが想像される。結局は，その集団内では自分の意見を抑圧して表現できない状態にあると考えられ，仮想型の人々にとっての生きづらさの一端を示しているように思われる。

有能感タイプにもとづく研究ではないが，髙坂と佐藤（2009）は，劣等感の規定因として親和動機の2側面（親和傾向，拒否不安）に注目し，拒否不安が強い者は劣等感が強く，親和傾向が強い者は劣等感をそれほど強く感じないという結果を得ている。拒否不安とは「誰からも嫌われたくない」「仲間はずれにされたくない」「一人ぼっちでいたくない」など，山口（2006）の集団志向と重なる部分があるように思われる。一方の親和傾向は「人と深く知り合いたい」「友だちには自分の考

えていることを伝えたい」「友だちと喜びや悲しみを共有したい」など、共同体感覚そのものを測定しているわけではないが、他者への関心が背景にあることを想像させる内容である。ここで測定されている劣等感は、劣等コンプレックスと区別されていないが、共同体感覚の欠如という点で劣等コンプレックスを含む可能性があるだろう。さらなる展開としては、「見捨てられ不安」と「親密性の回避」を切り口とする愛着類型の研究との関連などが考えられ（次節参照）、発達的視点から劣等感・劣等コンプレックスそして仮想的有能感に迫る知見の蓄積が期待される。

関連して、自律の概念を軸に教育を論じている教育学者の岡田（2004）は、「愛着が加わった場合には、大人と子どもという落差にもかかわらず同一化を引き起こし、相手の判断をわが判断とし得るのである。これは往々にして他律の一言で片付けられることの多い現象であるが、自律の敵対物と考えるのではなく、自律の前提としての世界の構造化のための要素蓄積を可能にする機序として理解することが重要である」と記している。これは、アドラーのいう共同体感覚にもつながる議論として興味深いのであるが、この自律と他律の区別は、特に心理学の領域では安易に（ときに哲学分野とは異なった意味で）考えられがちであるように思われる。本節ではこの自律の視点は直接とりあげていないが、学習意欲・動機づけの議論につなげる場合には非常に重要であろう。そして、エリクソンの各段階における心理社会的危機および活力としてあげられている概念が、それぞれどのような前提のうえに成り立っているのか、第IV段階のみならず、全体的文脈のなかで精査されなければならないだろう。

さらに、社会学の視点から、上野（2005）において述べられているアイデンティティ管理の発想やそのなかに登場する「補償努力」や「価値剥奪」（みずからを変えないまま、より相対的に弱者である社会的カテゴリの人々の価値を奪うことによってみずからの社会的アイデンティティを相対的に高める「差別」化戦略といった視点も発達的な問題点を探る切り口になるかもしれない。特に価値剥奪については、近年は境界性人格障害との関連から注目されている原始的防衛機制「脱価値化」の概念とも重なるように思われる。もちろん、似て非なるものである可能性も考慮しながら、概念の定義の共通点と相違点を整理していく必要がある。

5. 有能感タイプと競争の関係—発達的視点からのまとめ—

ここまで、コンピテンス、勤勉性（第IV段階）、劣等感と劣等コンプレックス、

共同体感覚といった切り口から仮想的有能感の概念およびそれにかかわる現象を発達的視点で整理してきたが，まとめとして，有能感タイプの特徴を「競争」という視点から図式化してみたい。仮想的有能感（他者軽視）の概念は，競争的なニュアンスを必ずしも自明のものとして包含しているわけではないが，エリクソンの論考をはじめとして，発達の視点と重ねて見た場合，競争の受け止め方あるいは競争の種類といったかたちから整理できるように思われる。以下に，伊田（2009）の仮説的図式（図3-2）に従って有能感タイプの特徴を記述する。

第一象限の全能型は，共同体感覚を欠いており，自分にのみ関心をもつ排他的な競争に勝っている状態として描くことができ，優越コンプレックスをもった状態として特徴づけられる。裏返せばそこには劣等コンプレックスが横たわっていると考えられるが，これはエリクソン（1982）が「劣等性は極めて質の悪い葛藤を内包し，子どもを極端な競争に駆り立てるか，さもなければ退行させることがある」と述べているなかの「極端な競争」にあてはまるのかもしれない。同じく共同体感覚を欠いている第四象限の仮想型は，他者との競争に「勝ちたいが勝てない」状況のなかで劣等コンプレックスを強くしていると考えられ，自分にのみ関心をもちながら，万能な自己像を守るという意味でエリクソン（1959）のいう「選択の回避」が特徴になると考えられる。選択の回避は，当然のことながら，選択後に想定される競争の回避を含意しているだろう。これが上述したエリクソン（1982）のいう「極端な競争」ではない方向性，すなわち「退行」を意味すると考えることができよう。

一方，第二象限の自尊型は，劣等感があっても強すぎず，優越性の追求に特徴づけられ，生産的な目標に向かって努力している状態を指すと考えられる。この場合，

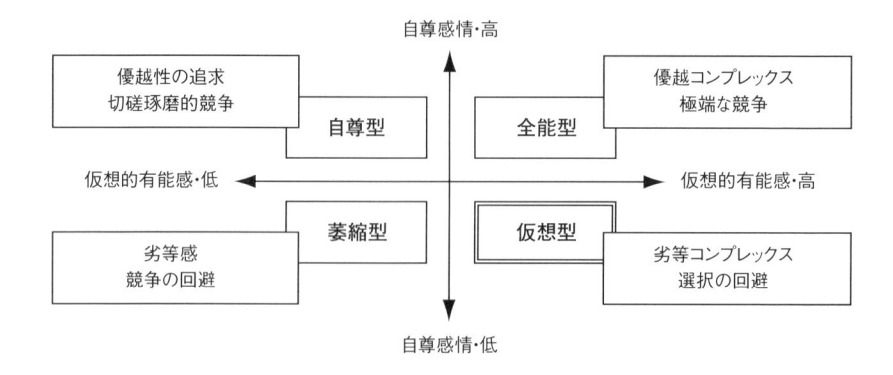

図3-2 有能感タイプと劣等／優越コンプレックスおよび競争・回避の関係（伊田, 2009）

ときには競争的な状況がみられるかもしれないが，それはおそらく他者にも関心が向けられた切磋琢磨としての競争であると考えられ，全能型がもつ排他的な「極端な競争」とは異なるように思われる。そして，第三象限の萎縮型は，劣等感はあるが，他者への関心や尊敬は失われておらず，同時にまだ自分の目標が選択されていない状態で，優越性の追求には至っていないと考えられる。目標がこれから選択される可能性とともに，逆に目標が選択されないまま劣等感が強くなり，共同体感覚を失って仮想型に移行する可能性も考えられる。切磋琢磨的な競争にも参加しないが，極端な競争にも加わらない点では，あらゆる競争を回避していると想定することもできるだろう。

　なお，競争については，小川（1965）により，優勝劣敗（弱肉強食）の競争と切磋琢磨あるいは助け合い勉強が区別されている。また，高垣（2008）が指摘する「競争的自己肯定感」と本来の自己肯定感との区別もこの問題に密接にかかわる概念であろう。そう考えると，縦軸の自尊感情は，第一象限と第二象限でその性質を異にする可能性が十分に考えられる。加えて，渡辺と土井（2007）でとりあげられた「負けず嫌い」は，切磋琢磨的な競争の可能性をその概念に包摂しながら，対人関係の形成に寄与していることが示唆されており，研究の蓄積が期待される。もし「極端な競争」のみならず「切磋琢磨的な競争」まで回避せざるを得ない社会的な状況が今日広がっているとすれば，それは共同体感覚の欠如による第Ⅳ段階の勤勉性，そしてコンピテンスの獲得の危機であろう。そのとき，仮想的有能感の概念はどのようにとらえ直されるだろうか。単なる若者バッシングとしてではなく，むしろこのような時代を生きる現代青年の困難さを描き出す概念になるかもしれない。仮想型にしろ，全能型にしろ，その困難を生き抜くための通過点として位置づけられるのか，いかにして共同体感覚を取り戻すのか，そして第Ⅳ段階から第Ⅴ段階にいかに移行を果たすのか，縦断的研究を含めたさらなる検討が求められる。

2節　親への愛着および親の養育態度の影響

1. 親への愛着との関連

　親子関係は多くの場合，子どもが生まれてから親との間で長期間にわたって維持

される関係である。いくつになっても子どもにとって親は影響力のある存在といえ，特に青年期までの親子関係は，性格や価値観，志向性，態度など，人生を生きていくうえでさまざまな側面に影響を及ぼしているといえるだろう。そこで本節では，仮想的有能感が親子関係からどのような影響を受けているのかに注目した研究を紹介し，仮想的有能感を形成・維持させる親子関係の要因について論ずる。

(1) 愛着とは

　幼少期からの親子関係をとらえるうえで有用な概念の1つにボウルビィ（Bowlby, 1982）による愛着理論（attachment theory）があげられる。知らない人に抱き上げられると子どもは泣き出すが，母親に抱き上げられると安心して泣きやむ。このような親子間の情緒的な絆が愛着である。つまり，愛着とは危機的な状況に際して，あるいは潜在的な危機に備えて，特定の対象との近接を求め，またこれを維持しようとする個体の傾性である（遠藤，2005）。

　このような行動傾向を支えているのは，「親は自分を助けてくれる」「親は自分を見捨てることはない」など，支援を求めた際の親の反応に対する信頼である。親への信頼は幼児期に親との相互作用のなかで形成されるが，それと同時に，「自分は親に大事にされるだけの価値のある存在である」といった自分自身に対する価値評価もまた形成される。人は，こうした親に対する信頼感（愛着対象の作業モデル）と自身の価値評価（自己の作業モデル）を用いて親の行動を予測し，お互いの行動をシミュレートすることで自分の行動を決定しているといえる。

(2) 愛着と対人関係パターン

　愛着対象の作業モデルと自己の作業モデルは，最初は親など特定の対象に対して形成されるものだが，やがて他者との関係に対しても一般化されるようになる。そして人はこれらを使って他者の行動を予測し，自他の行動をシミュレートし，自分の行動を決定する。このしくみの形成に関しては，特に生後6か月頃から5歳くらいまでの親子の相互作用が重要視されており，成長とともにモデルの可塑性が低下していく。そのため，これら2つのモデルは人間の一貫した行動や態度を規定する要因の1つといえ（坂上，2005），愛着の個人差をとらえる指標ともなりうる。

　実際，近年では，これらのモデルの組み合わせにより，愛着の個人差を4類型で理解するようになってきており，各類型で対人関係のもち方に一定のパターンがあることが示されている。この先鞭をつけたのは，バーソロミューとホロヴィッツ

(Bartholomew & Horowitz, 1991) である。彼らは，愛着対象の作業モデルを一般他者に適用した他者のモデル（model of others）と，自分自身の価値評価に関する自己のモデル（model of self）の2次元の組み合わせから4つの対人関係パターンを想定し，愛着類型との対応について次のように説明している（表3-1参照）。

第1の類型は，自己のモデルが肯定的であり，他者のモデルが否定的な「拒絶・回避型」である。この型の人は，他者と親しくしないほうが気楽であると考え，自分の力で何とかしようとする気持ちや行動を非常に大切にし，他者に頼ったり頼られたりしないことを望む。第2の類型は，自己のモデルも他者のモデルも否定的な「恐れ・回避型」である。この型の人は他者と親しくしたいが，他者と親しくして，傷つけられるのを恐れるため，他者を信用したり，頼ったりすることがむずかしい。第3の類型は，自己のモデルも他者のモデルも肯定的な「安定型」である。この型では，他者と親しくなることが比較的簡単にでき，他者に頼ったり頼られたりを気軽にできる。そして，1人でいることや他者に受けいれられないことを恐れない。最後の第四の類型としては，自己のモデルが否定的である一方で，他者のモデ

表3-1 愛着類型および愛着類型基準と有能感タイプとの対応関係

バーソロミューとホロヴィッツ（1991）の愛着類型		拒絶・回避型	恐れ・回避型	安定型	とらわれ型
対人関係パターンをとらえる次元（Bartholomew & Horowitz, 1991）	他者のモデル	否定的	否定的	肯定的	肯定的
	自己のモデル	肯定的	否定的	肯定的	否定的
親への愛着をとらえる次元（丹羽，2005）	愛着回避	強い	強い	弱い	弱い
	愛着不安	弱い	強い	弱い	強い
愛着類型と対応する有能感タイプ		全能型	仮想型	自尊型	萎縮型

拒絶・回避型＝他者と親しくしないほうが気楽である。自分の力で何とかしようとする気持ちや行動をとても大切にしていて，他者に頼ったり頼られたりしないことを望む。

恐れ・回避型＝他者と親しくすることを苦痛に思うときがある。他者と親しくしたいが，他者を信用したり，頼ったりすることが難しい。他者と親しくして，傷つけられるのが怖い。

安定型＝他者と親しくなることがわりと簡単にできる。また，他者に頼ったり頼られたりを気軽にできる。1人でいたり，他者に受けいれられないことを恐れない。

とらわれ型＝他者はいやいや自分と親しくしているのではないかと思うことがある。自分は他者と親しくしていたいが，相手はそのように思っていないのではないかと不安になる。

ルが肯定的である「とらわれ型」があげられる。自分は他者と親しくしていたいが，相手はそのように思っていないのではないかと不安になりやすい。

　以上のように，バーソロミューとホロヴィッツは他者のモデルと自己のモデルによる愛着類型を提案し，対人関係のもち方のパターンを説明した。その後，グリフィンとバーソロミュー（Griffin & Bartholomew, 1994）は，他者のモデルは親密性の回避（avoidance）として，また自己のモデルは他者との関係に対する不安（anxiety）として関係性のなかで現れるとしている。丹羽（2005）は，この考え方にもとづいて青年期における親への愛着をとらえる尺度を開発した。これは親への愛着回避と親への愛着不安を測定し，それぞれの特徴の強さの組み合わせによって青年の親への愛着を4類型するものである。そしてこの4類型は，バーソロミューとホロヴィッツの提案する愛着類型と対応するものと考えられる（表3-1参照）。

　次にとりあげる丹羽と速水（2007）の研究ではこの尺度を用いて，親への愛着と仮想的有能感の関連を検討している。

(3) 仮想的有能感と親への愛着

　他者のモデルと自己のモデルは，広く他者一般への愛着に関連する事象の情報処理についてのものであり，対人関係に関する認知，行動，感情に影響を及ぼす（Collins et al., 2004）。そして，2つのモデルのうち，他者のモデルは他者の有用性評価であり，仮想的有能感と関係する側面であると考えられる。換言すれば，仮想的有能感は他者のモデルを通して親への愛着と関連するといえよう。一方，自尊感情の高低は自己モデルに対応し，親への愛着と関連するだろう。

　そこで丹羽と速水（2007）は，親への愛着の4類型と有能感の4タイプの関連について大学生を対象に検討した（推測される対応関係は表3-1参照）。なおここでは，親への愛着の4類型は，親への愛着回避と親への愛着不安の得点を平均値で高群低群に分け，その組み合わせによっていずれの型かを判定した。また，有能感の4タイプについては，ハヤミズら（2007）の分類基準に従い（ACS-2得点は31.23，自尊感情得点は32.35），タイプの判定を行った。そして両者の関連を検討した結果が表3-2である。統計的な検定の結果，自尊型で安定型，仮想型で恐れ・回避型，萎縮型でとらわれ型の人数が多いことが示された。このことから，親への愛着と仮想的有能感は対応がみられることがわかった。

　速水（2006）は自尊型の人を，他者を低く評価せず，自分に満足している人であると述べている。親への愛着が安定型の人はこのタイプに該当することが多い。安

2節　親への愛着および親の養育態度の影響

表3-2　親への愛着類型と有能感タイプのクロス集計表

	全能型	仮想型	自尊型	萎縮型	計
拒絶・回避型	9 (18.75%)	13 (27.08%)	14 (29.17%)	12 (25.00%)	48 (100%)
恐れ・回避型	23 (21.50%)	47 (43.93%)	15 (14.02%)	22 (20.56%)	107 (100%)
安定型	23 (25.00%)	16 (17.39%)	36 (39.13%)	17 (18.48%)	92 (100%)
とらわれ型	11 (22.92%)	12 (25.00%)	6 (12.50%)	19 (39.58%)	48 (100%)
計	66	88	71	70	295

(注)　$\chi^2(9)=35.99, p<.001$。
　　　上段は人数，下段（　）内は各愛着類型に占める割合。
　　　□は有意に人数が多い。■は有意に人数が少ない。

定型は，親が必要なときに助けてくれることに疑問をもたない人である。その背景には，子どもの支援要求に親が敏感に情緒的に対応した経験があると指摘されている（Ainsworth et al., 1978）。こうした経験により形成された親への信頼感が，他者に対する考え方にも適用されたのだと思われる。その結果，安定型の人は，他者との信頼関係を形成でき，さらに他者から信頼されている自分を価値ある存在として評価しうると考えられる。これはすなわち，他者を軽視することなく自分の価値を評価できることを意味しており，「自尊型」の特徴ともいえよう。

　仮想型の人は，客観的にみて有能とは認められないにもかかわらず失敗を自分以外に帰属し，他者の失敗に対しては批判することで有能さを誇示しようとする（速水，2006）。親への愛着が恐れ・回避型の人は，このタイプにあてはまることが多かった。恐れ・回避型の人の被養育経験はあまり明らかになっていないが，親への愛着の様相から推測すると，親の機嫌の善し悪しや，家庭内の問題などによる親の気持ちの余裕の欠如によって，あるときは親に拒否され，あるときは親に認められる，といったように一貫した養育を受けられなかった可能性が高い。このため，常に親から認めてもらいたいという強い気持ちをもつものの，親が自分を受容してくれると信じることができない。また，そのままの自分が親に受けいれられる自信も

ない。そして同様のことを親以外の他者に対しても感じると考えられる。結果として，認められるに足る存在であることをアピールするために別の他者を見下し，自分に能力があるように表出している可能性が考えられる。

　萎縮型の人は，他者を軽視しないという点では仮想型とは異なるが，自分への評価が低いという点では同様である（速水，2006）。親への愛着がとらわれ型の人は，このタイプに該当する場合が多い。とらわれ型の人は，親が敏感に子どもの様子を把握していないため，子どもが助けてほしいときにいつも親が気づいて手を差し伸べるかどうかが不確定な養育を受けている（Ainsworth et al., 1978）。そのため，自分は親に関心をもって接してもらうに値する人間であるという感覚が得られず，自分の存在価値を感じることがむずかしくなると思われる。しかし，親が自分の支援要求に気づいてくれれば，親は頼りになることを知っているため，支援を求めた際の親の反応に対する信頼はもち続けている。結果として，他者への信頼を維持しながらも，そうした価値の低い自分自身は他者に認められないだろうと萎縮するようになっていくと考えられる。

　全能型の人は愛着類型との対応が特にみられなかったが，その他の有能感タイプについては親への愛着の類型と一定の関連があることが示された。これらの結果から，愛着との関連において仮想的有能感の形成過程は次のように推察される。すなわち，親から一貫して適切な支援を与えられていない人は，自分をそのまま受けいれてくれる他者の存在を信じることができず，能力面で自分を認めさせるために他者を見下し，仮想的有能感を示すのではないだろうか。なお，一貫した適切な支援を与えるなどの子どもに対する親の応答性の高さは，受容的な養育行動とみなすことができる。そしてこのような具体的養育行動は，その背後にある親の養育態度や家族内の関係性などのより普遍的な特徴にもとづくものと考えられる。そこで，仮想的有能感と養育行動および家族関係との関連に注目した研究を次に紹介していく。

2. 親の養育行動および家族関係との関連

　前項では，有能感のあり方を規定する要因として親との愛着関係をとりあげ，その影響について述べた。愛着関係が形成されるには，親の具体的な養育行動や家族成員間の関係の影響を見過ごすことはできない。加えて，親との愛着関係は幼少期にその基盤が形成されるが，親の養育行動はその後も引き続き，家族というシステムのなかで子どもの発達に大きな影響を与え続けるものである。そして親の養育行動

や家族関係は，他者軽視にもとづく仮想的有能感の形成・維持にも少なからず寄与するものと考えられる。しかし，仮想的有能感の形成にかかわる要因として，親の養育行動や家族関係に注目した研究はこれまでのところみられない。仮想的有能感を低減する手だてに関する考察のなかで，これらの重要性が説かれているにとどまる。

速水（2006）は現代社会に蔓延する仮想的有能感を断ち切るために3つの提案を行っている。すなわち，「しつけの回復」「自尊感情の強化」「感情の交流」である。これらにはいずれも親の養育態度や家族関係が深くかかわると考えられる。たとえば，しつけは親が行う具体的な養育行動の一部であり，これは子育てに関する親の考え方（養育態度）の現れといえる。また，自尊感情は後述のように親の養育行動の影響を受けることが指摘されている。

感情の交流は，家族間で自由な感情のやりとりが可能であるかどうかなど，家族関係のあり方にかかわると考えられる。親の養育行動の一部としてとらえる向きもあろうが，親子関係を個の総和としてみるのではなく，家族全体をまとまりのあるシステムとしてみなす立場（たとえばOlson et al., 1979）にもとづけば，具体的な養育行動とは区別して検討するのが妥当と考えられる。

(1) これまでの研究：自尊感情の形成要因としての親の養育行動と家族関係

有能感と親の養育行動との関連については，自尊感情の形成要因としての親の養育行動に注目した研究はいくらかみられる。たとえば徳田（1981）は，男子高校生では自尊感情の高さは父親の適度な情緒的支持と統制性の低さと関係し，女子高校生では母親により自律性が制限されていても統制性が低いことが，自尊感情の高さと関係することを示している。また石川（1981）は，女子高校生のみを対象に親自身の自尊感情と養育行動が子どもの自尊感情に及ぼす影響を研究し，①父親自身の自尊感情にかかわらず，父による自律性の尊重と統制の弱い養育が子の自尊感情の高さと関係すること，②母親自身の自尊感情が高い場合に限り，母の自律性の尊重や情緒的支持の養育が子どもの高い自尊感情に結びつくこと，を示している。以上の研究は，父親による行動か母親による行動か，また娘への行動か息子への行動か，といった点で検討された条件が多少異なるが，結果はおおむね次のようにまとめられる。つまり，情緒的支持を与え，統制的ではない親の養育行動が自尊感情の高さに結びつくといえる。

家族関係と自尊感情の関連については，家庭に温かくポジティブな雰囲気を感じている人ほど肯定的自己価値をもつことが，中学生を対象とした研究で示されてい

る(山本ら,2010)。同じく中学生を対象とした研究では,家族システムの機能(家族の凝集性,家族内のコミュニケーション,家族に対する評価)をポジティブに評価しているほど,抑うつ感が低いとの報告がある(西出・夏野,1997)。ここでとりあげられている抑うつ感は自己否定の高さを含むものであり,自尊感情の低さをも反映していると考えられる。これらの研究結果から,家族メンバー間の絆にもとづき,相互に温かく受けいれあう家族関係が,高い自尊感情と結びつくことが予想できる。

自尊感情は本物の有能感として仮想的有能感とは区別され,仮想的有能感はこの本来的な有能感をもてないがゆえの防衛的なものであると仮定されている。したがって,上述の自尊感情に関連する親の養育行動や家族関係に関する知見を参考にすれば,親の養育行動における統制性の高さや情緒的支持の不足,非受容的な葛藤の多い家族関係が,仮想的有能感の形成と結びついている可能性が考えられる。

以下では,こうした家庭の要因が仮想的有能感形成に及ぼす影響を明らかにするために,筆者らが行った研究(木野ら,2010;高木ら,2010)を中心に紹介する。

(2) 仮想的有能感および自尊感情得点と家族関係・養育行動との関係

筆者らは,高校生490名,大学生302名を対象として質問紙調査を行い,家族の雰囲気(家族関係)と具体的な親の養育行動と,仮想的有能感,自尊感情,および有能感タイプとの関係を検討した。具体的にはACS-2,自尊感情尺度(山本ら,1982),および家族関係と,これまでに父と母それぞれから受けてきた養育行動について5段階評定を求めた。家族関係に関する項目は田口ら(2009)を参考とし,家族のきずなの強さや互いに助け合う程度に加え,感情面での率直なコミュニケーションの許容性を示す「凝集表出性」と,家族内でのけんかやいざこざの経験など葛藤のある相互作用の程度を示す「葛藤性」の2側面について独自に作成した項目を使用した。また,父・母の養育行動に関する項目についてはパーカーら(Parker et al., 1979)および,細田と田嶌(2009)を参考に,愛情深く受容的な養育や情緒的サポートを行う程度を示す「受容」と,過保護で支配的な養育や他者との比較をするような養育を意味する「比較・統制」の2側面をとりあげた尺度を独自に作成した。

高校生と大学生の回答傾向に大きな差異が認められなかったことから,両者のデータをまとめての分析が行われた。まず,家族関係の「凝集表出性」「葛藤性」と父・母それぞれからの養育行動の「受容」「比較・統制」が仮想的有能感の高さに及ぼす直接の影響力を検討した。その結果,母から他者と比較される養育や統制的

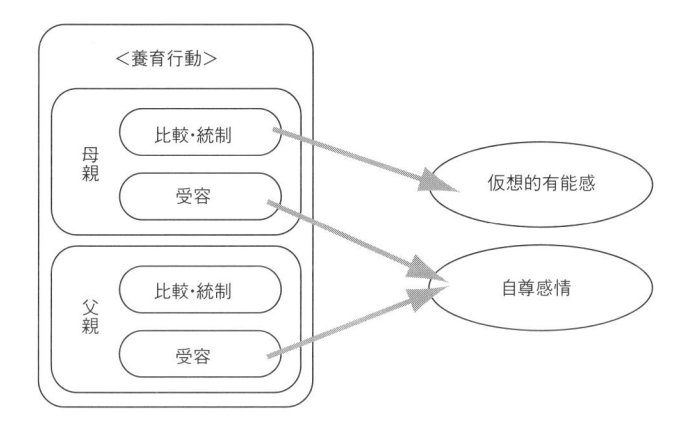

2節　親への愛着および親の養育態度の影響

図 3-3　養育行動から仮想的有能感・自尊感情への影響（重回帰分析をもとに作図）
（注）家族関係からは有意な関連がみられなかったため省略

な養育行動を受けていたことを多く報告するほど，ACS-2において高得点を示すという結果のみが得られた（図3-3）。つまり，仮想的有能感の形成には，母親からの他者と比較する養育や統制的な養育といった具体的な養育行動が直接的に影響すると考えられる。特に，子どもをほめたり叱ったりする際に他者を引き合いに出す養育行動は，子どもが自己評価の際に他者を参照する行動を強化し，他者軽視傾向へも結びつくのかもしれない。

さらに，自尊感情についても家族関係の「凝集表出性」「葛藤性」と父・母それぞれからの養育行動である「受容」「比較・統制」の影響を同様に検討した。その結果，家族関係の影響はみられなかったが，父からの「受容」および母からの「受容」が高いほど，自尊感情得点が高いことが示された[*1]（図3-3参照）。父母からの愛情深く情緒的な養育行動が自尊感情を高めるという結果は，先行研究の知見とおおむね対応している。

以上，仮想的有能感と自尊感情について，それぞれ家族関係・親の養育行動との関連を検討した結果からは，どちらも家族関係とは直接の影響はみられないこと，またいずれも具体的な養育行動と関連するが，関連する養育行動の側面が異なることが明らかとなった。ただし，家族関係と親の養育行動の各側面は相互に関連があり，特に「凝集表出性」と父母の「受容」の関連は強い（父：$r=.56$，母：$r=.65$）

---

*1　高木ら（2010）による報告外の結果である。

ことから，受容的な親の養育行動を引き出し，また，それを受容的であると受け止める子どもの態度の背後には，強い絆と円滑なコミュニケーションにもとづく家族関係が存在しているといえる。そこで以下の有能感タイプに関する検討においては，家族関係との関連も明らかにしていく。

(3) 有能感タイプごとの家族関係・養育行動の比較

仮想的有能感で特に問題となるのは，本来的な有能感である自尊感情が低いにもかかわらず，他者を軽視することにより，反映的に仮想の有能感を得ていることである。そこで次に，有能感タイプ別に，家族関係得点および養育行動得点を比較した（図3-4）。この際，有能感タイプの分類基準は，本研究のサンプルのACS-2得点の平均値30.31（$SD = 7.72$, $n = 776$）と自尊感情尺度得点の平均値29.05（$SD =$

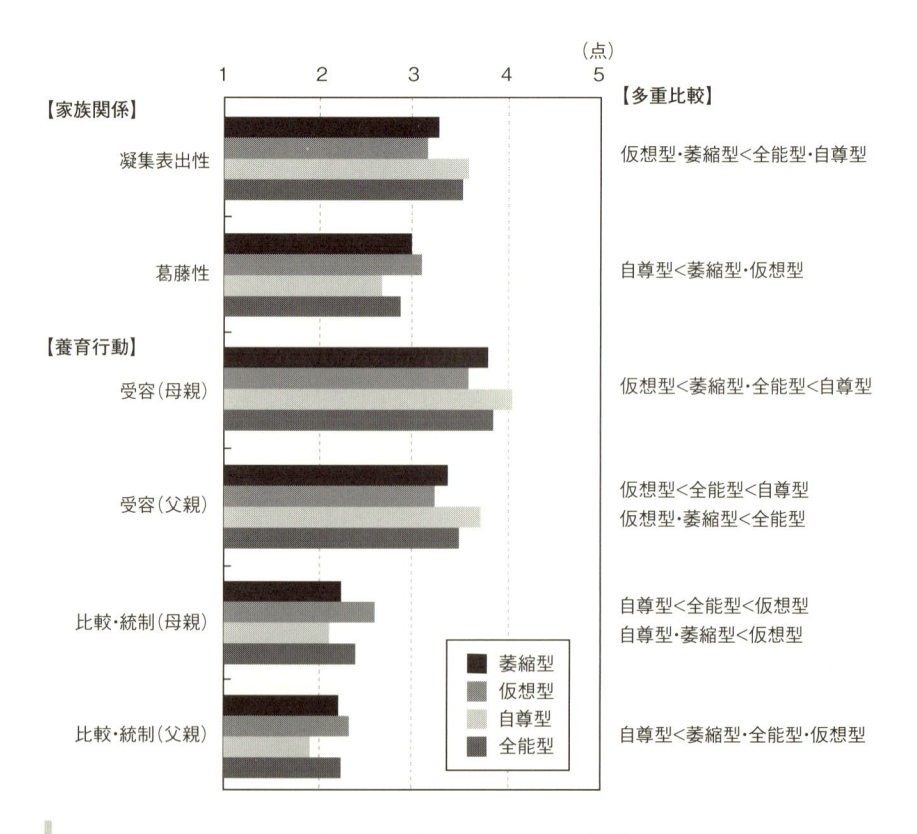

図3-4 有能感タイプ別の家族関係および親の養育行動得点（いずれも得点可能範囲は1〜5点）

6.28, $n = 771$）とした。図3-4からは，自尊感情得点が低くACS-2得点の高いタイプ（仮想型）について，家族関係の特徴として「凝集表出性」の低さと「葛藤性」の高さが，そして父母の養育行動の特徴として「受容」の少なさと「比較・統制」的な養育行動の多さがみてとれる。

　仮想型とは対照的に自尊感情が高く仮想的有能感が低い自尊型は，有能感タイプのなかでは最も理想的な型である。この自尊型と仮想型での得点の違いに注目して有能感タイプ間の得点を比較したところ，自尊型に比べて仮想型の家族関係は，凝集表出性が低く，葛藤性が高いことがわかった。また，自尊型に比べて仮想型の青年は，父母の養育行動は受容的ではなく，他者と比較し，統制的な行動であったと認知していることがわかった。

　これまで述べてきたように，家族関係や親の養育行動との関係について検討した結果からは，母親による他者と比較するしつけや統制的なしつけは，「他者軽視にもとづく有能感」を助長する直接の要因であることがわかった。その一方で，先行研究でも示されてきたように，愛情深く受容的な養育や情緒的サポートに富む親の養育行動が自尊感情を育むものであることが示された。これらの知見は，有能感タイプ間での比較検討によっても見いだされたといえる。この比較からはさらに，自尊型の有能感を形成するためには，全体的な家族関係も関連しており，強い絆のもとに互いに助け合い，感情面での率直なコミュニケーションを許容するものであること，家族内での争いの少なさが重要であることが明らかになった。受容的なしつけと家族の強い絆にもとづく感情的な交流が子どもの自尊感情を強化するというこの結果は，「感情の交流」の促進が仮想的有能感の低減につながるという提案（速水，2006）に通ずるものと考えられる。お互いを温かく受け止め支えあえる親子・家族関係は，多種多様な感情を交流できる関係でもあろう。そして，このような家庭での温かなコミュニケーションはみずからの苦難に対峙する姿勢を培い，防衛的に仮想的有能感を抱くことにはならないだろう，と速水（2006）は述べている。つまり，家族に受けいれられていることが自信につながり，仮想的有能感をもつことなく，つらい経験にも向きあうことができるのではないだろうか。さらには，家族間のこうした交流がさまざまな人々への関心と理解につながり，不当に他者を軽視することを抑制し，仮想的有能感を解消・低減することにつながるとも考えられよう。

　ただし，親の養育行動については未検討の課題がある。いわゆる「厳しいしつけ」の影響の検討である。これは「権威ある親の態度（authoritative parents）」（Baumrind, 1991），すなわち，親の価値観によって子どもに行動を指示し要求す

る一方,子どもの主張や要求を受けとめ,それを尊重する態度にあたると考えられ,このような親の態度が有能感の形成に強く関与することが指摘されている(Baumrind, 1991)。社会で適応的に生きていくためのルールを習得させるためには,子どもの要求の言いなりになるのではなく,ときに子どもの行動を厳しく統制することも必要となる。この「厳しさ」とは頭ごなしに威圧するものではなく,なぜそうするかの説明があるような筋の通った,また一貫したものである必要がある。しかし,筆者らの研究で扱われた統制的な養育行動に関する項目は,「私のすることを何でもコントロールしようとした」「私のプライバシーを侵害した」といった過保護で,一方的な強制や服従を求めるものであった。受容的な養育行動は自尊感情の形成要因として重要な働きをすると考えられるが,それが子どもの言いなりになるような単なる甘やかしに終始するのではなく,「厳しい態度」に裏打ちされたバランスの整ったものであるべきであろう。この点については現在筆者らが新たな研究を進めている。

　本節では,仮想的有能感形成の背景要因として親との関係に注目して述べたが,この領域における研究の蓄積はいまだ少ない。愛着関係や家族関係,具体的養育行動およびその背後にある養育態度と仮想的有能感の因果関係について,縦断的な研究などにより今後さらなる実証的な検討が必要である。

3節　教師との関係

1. 教師の行動が子どもに与える影響

　人は,誰しも教師に何らかの影響を受け成長し,大人になっていく。子どもたちが学校で生活する時間は,初等教育から中等教育(部活動の時間を含む)にかけて増加し,高等学校では1日の約38%を占めるようになる(Benesse教育開発研究センター, 2009)。その限られた時間のなかで,教師は子どもたちに,学習指導や生徒指導など常に何らかの働きかけを行っている。

　学校教育の場でさまざまな生徒と出会い,彼らの成長を援助・支援する立場にい

＊2　バウムリンドはこうした養育態度を「権威主義的な態度(authoritarian parents)」とよび,「権威ある親の態度」とは区別している。

る教師は，生徒たちが良い方向に成長しても悪い方向に成長しても，生徒とかかわってきた教師の影響力の大きさに気づかされる。また，昨今の教育問題である不登校・校内暴力・いじめといった子ども社会を中心とした問題行動も，教師の資質や力量，あるいは教育専門家としての役割意識と高い責任感が，予防や解決，健全育成の実現に欠かせないことは否めない。だからこそ，学級経営の差が現れることは必然であるかもしれない。もっとも教師からすれば，原因はそればかりでなく，学校における生徒指導体制・相談体制のネットワークづくりや行動連携の不十分さ，家庭教育機能の低下，地域社会の教育環境の悪化などもあげることもできる。とはいえ，教師が子どもたちに与える影響はきわめて重大なことに変わりはない。その責務を理解しているからこそ，教師は自己の崇高な使命を深く自覚し，絶えず研究と修養に励み，その職責の遂行に努めることが期待される。

　一方，教師を取り巻く状況は，問題行動の多様化・深刻化，行政による教育現場の管理強化，成果主義の導入など，教師の心身の状態に深刻な影響が生じるほど厳しくなっている。文部科学省（2010）の調査によれば，2009（平成21）年度にうつ病などの精神疾患で休職した教職員は5,458名で，全病気休職者8,627名の約63％を占め，1979年以来最多，17年連続の増加となり，改めて教職の厳しさをうかがい知ることができる。また，休職にまでは至らなくても，ストレスに耐えながら学校現場で黙々と働いている教師は数多くいる。新井（2008）は，学級崩壊をはじめとして教師の懸命な指導や援助が児童生徒に通じないケースも多く，教師を取り巻く現状は「ストレスのるつぼ」といっても過言ではないと表現している。かつて，ILO（国際労働機関）でも，「教師は戦場なみのストレスにさらされている」と指摘したほど，過大な心理社会的ストレスが発生する職業なのである。各教育委員会は，精神疾患で休職した理由に，①生徒指導や教育内容への変化に対応できない，②教員同士のコミュニケーションが減少し，相談相手がいない，③多忙によるストレスの増加，④保護者や地域の期待や要望が多様化し，対応が困難になった，などをあげて説明している。教師の職場環境の悪さは，間接的に児童生徒へ波及していく。中島（2003）は，教師と児童生徒のメンタルヘルスの関係は，車の両輪のようなもので，いじめや暴力行為といった児童生徒にみられる心の病理は，彼らと接する教師の行動や心理にさまざまな影響を及ぼし，反対に教師が心の病気になったときも，児童生徒への影響は少なくないと述べている。

　学校は教師と児童生徒から成り立つものであり，相互に負の影響が出ることは好ましいものではない。現実問題，教師と児童生徒の間には，心理的相互作用が生じ

ており，先に述べた精神疾患での休職理由や昨今の教育問題を考えると，教師の学習指導以外の指導，生徒指導の重要性が浮き彫りになってくる。

特に近年の子どもたちは，「極端に怒りやすくなった」（速水，2006），「オレ様化しはじめた」（諏訪，2005），「罪悪感が薄れてきている」（中里・松井，1997）などの感情の変化や，「夢を持ちにくく，規範意識や道徳心，自立心が低下した」（文部科学省，2005）など，やる気や感情の変化が顕著である。また，河上（2007）は，「現在の生徒たちの最大の問題は『生活力低下』であり，生活の仕方をきちんと身につけず，嫌なことむずかしいことにぶつかると簡単に参ってしまう。欲望を抑えることをしなくなり，他人と一緒に生活することがむずかしくなった。傷ついたときに，自分を守るためにきわめて暴力的になりやすくなった」と指摘している。このような子どもたちは，今や特別な存在ではなく，日々の生徒指導のなかで教師を悩ます重大な問題といっても過言ではない。近年の子どもたちの多くが，他者の存在を軽視し，根拠のない有能感を求めることで，うまく世間になじめない自己を守ろうとしているのではないだろうか。こういった行動傾向の変化は，仮想的有能感と関連していると考えられる。

そもそも仮想的有能感が高い子どもというのは，本質的に自己中心的で，個人的出来事に対して関心が高いが，他人のことには関心が薄い。共感性が乏しく，孤独感や猜疑心が強いために，円滑な対人関係を維持・促進することが不得意で学校生活になじまないことも多い。また，直接自分に関係する世界だけは強く感情的に反応するので，たとえば教師が子どもたちの些細なことで不適切な行動を指導しようものなら，彼らは無意識に自己防衛的規制として怒り感情を表出し，教師の指導に抵抗や反発を繰り返すようになる。このような子どもに対して，教師が距離を置き何もかかわろうとしなければ，仮想的有能感は助長されこそすれ抑制されない。反対に，親密な関係を形成するよう教師が努力していけば，他者を軽視する行動も改善していくはずである。

2. 対人関係と仮想的有能感の関連

速水（2006）は仮想的有能感から脱出するための1つに「感情を交流できる場を増やす」ことを提案している。親密な対人関係が形成されておらず，子どもがどんな気持ちなのか，何に悩んでいるかなどに関して時間をかけて話すこと，そういった場と親密な対人関係が必要であると指摘している。

3節　教師との関係

(1) 生徒を対象とした調査

　そこで筆者らは，高校生を対象にして，子どもをとりまく対人関係（教師・両親・友人）に着目し，親密な対人関係の形成により，仮想的有能感を抑制するという仮説をもとに，高校生171名（男子116名，女子55名）を対象に2007年1月と2007年11月の2回にわたる短期縦断調査を実施した（松本ら，2008）。まず，仮想的有能感および教師関係安定感，父親・母親との親和性について尺度ごとに，友人関係についても下位尺度ごとに合計得点を算出し，それぞれ2回目の調査得点から1回目の調査得点を引いた変化量得点を算出した。教師関係安定感とは，古川（1993）が作成した児童の生きがい感測定尺度の下位尺度であり，児童生徒が感じる教師からの愛情・受容を測定するものである。父親・母親との親和性とは，父親と母親それぞれとの関係の良好さを測定する尺度である（戸田，2002）。友人関係とは，青年期の友人関係の特徴を測定する尺度（岡田，1995）を参考に，高木ら（2006）が使用した3つの下位尺度（気遣い，楽しさ，信頼）から構成されている。

　続いて，仮想的有能感の変化量と各対人関係の変化量との関連を検討するために，相関係数を算出したところ仮想的有能感の変化量は教師関係安定感の変化量，友人関係における信頼の変化量と負の関係を示した。次に，仮想的有能感の変化量を目的変数，各対人関係の変化量を説明変数として，重回帰分析を行った結果，教師関係安定感の変化量においてのみ，負の関係が認められた。これは，教師関係安定感が高くなると仮想的有能感は抑制されることを示している。先ほど，教師関係安定感を簡単に説明したが，内藤（1985）に従ってもう少し詳細に説明すると，学校現場において教師が一人ひとりの児童生徒をかけがえのない人間として認知し，愛情をもって接することで児童生徒が，先生は私を愛してくれているとか，私の気持ちを理解してくれていると実感することを意味する。このように，教師と児童生徒が十分な相互理解を形成していく過程のなかで，児童生徒は教師関係安定感を感じられる。つまり，教師の態度や行動が，子どもたちの仮想的有能感を低減させることができることを示唆した結果だといえる。

(2) 望ましい教師の態度や行動

　子どもたちの行動は，学校生活のさまざまな場面や場所によって違った様相をみせる。また，一人でいるときと集団でいるとき，親といるときでも行動は異なる。そういった，一人の子どもが学校生活のなかでみせるいくつもの異なる行動を，複合的に判断し理解していくことが，子どもたち一人ひとりを理解するためには重要

である。教育の基盤は一人ひとりを理解していることであり，一人ひとりの真の姿を知ることが，子どもたちのよりよき人格形成を図り，さらには円滑な学級運営をしていくうえでの大前提であるといえる。

　一人ひとりを理解し，円滑な学級運営をしていくためには，さまざまな方法があり，どの方法を実践するにしても，その効果や過程は十人十色である。要は，それを扱う教師により，その効果が左右されるのである。では，望ましい教師の態度や行動とはどのようなものであろうか。

　國分（1997）は，一人前の教師になるということは，母性原理（教育相談的）と父性原理（生徒指導的），この2つの原理をフルに発揮することで，2つの原理を適材適所で使い分ける重要性，つまり折衷アプローチを提言している。また，三隅ら（1977，1989）は，リーダーシップのP：Performance（目標達成能力）とM：Maintenance（集団維持能力）という2種類の能力要素の重要性を主張している。さらに，ライアン（Ryans, 1964）は，学級における望ましい生徒の行動が，①理解的，友好的教師行動，②規則正しい能率的教師行動，③刺激的創造的教師行動，④子ども中心の教育観，⑤情緒的安定性，⑥子どもに対する好意的態度と民主的学級経営，の6つの教師行動と性格特徴に関係しているとの見解を明示している。これらは，どれも教師が共通に行う傾向のある教師特有の指導や態度に焦点をあてたものであり，理想の教師の態度や行動であることには間違いない。

　しかし，理想的な態度や行動をしたからといって常に仮想的有能感を抑制できるわけではない。ただ，こうした理想的な態度や行動のなかには，仮想的有能感を抑制させる要因が含まれていることは間違いないだろう。

(3) 教師との面接から

　続いて筆者らは，先の調査対象者だった生徒たちを，仮想的有能感の変化量の平均±1SDの両端の群についてそれぞれ，増加群（男子19名，女子5名），低下群（男子15名，女子8名）に分け，学級担任にその生徒たちについての半構造化面接を実施することで，学級担任が増加群，低下群の生徒たちとどのようにかかわっていたのかを調査した（山本ら，2008）。面接内容は，①生徒の性格や考え方，②生徒とのエピソード，③1年間での生徒の変化についてそれぞれ尋ねたものである。

　調査で得られた回答を，教師と生徒とのかかわり方に着目しKJ法（データをカードに記入し，直観力によってそのデータをグループごとにまとめて意味や構造を読み取る方法）による分類を行った結果，①生徒理解（成長促進・援助），②生

表3-3 各カテゴリの発生頻度

	仮想的有能感		
	増加群	低下群	計
生徒理解（成長促進・援助）	15 (23.1) ▽	33 (38.4) △	48 (31.8)
生徒指導	8 (12.3)	20 (23.3)	28 (18.5)
生徒の主体性を尊重	3 (4.6)	3 (3.5)	6 (4.0)
活動への援助			
方向性の指示	17 (26.2)	13 (15.1)	30 (19.9)
情報の提供	6 (9.2)	4 (4.7)	10 (6.6)
励まし・ほめる	3 (4.6)	4 (4.7)	7 (4.6)
日常的なかかわり	5 (7.7)	7 (8.1)	12 (7.9)
関与なし	8 (12.3) △	2 (2.3) ▽	10 (6.6)
計	65	86	151

（注）発生頻度および（　）内%
　　　△は残差分析の結果期待度数よりも有意に大きいもの，▽は有意に小さいもの

徒指導（非行対策，問題行動への対応を中心とした消極的な生徒指導），③生徒の主体性を尊重，④⑤⑥活動への援助（a.方向性の指示（今後やるべきことの指示），b.情報の提供（進路についての資料提供や話），c.励まし・褒める），⑦日常的なかかわり（挨拶や形式的な声掛け），⑧関与なし（ほとんどコミュニケーションなし）の8カテゴリに分類することができた。

　続いて，生徒の仮想的有能感の変化によって教師のかかわり方に差があるかどうかを検討するために，各カテゴリの発生頻度の算出を行った結果，表3-3のように，発生頻度に有意な偏りがみられた。そこで，観測値と予測値の差の検討を行ったところ，生徒理解（成長促進・援助）は低下群で多くあげられ，関与なしは増加群で多くあげられていた。以下に特徴的な面接の報告例を，ケースの本質を変えない限りにおいて読みやすく修正したものを紹介しながら，カテゴリの説明だけでは補足しきれないものをまとめていく。

〔面接の報告例〕
①低下群　生徒理解（成長促進・援助）
【ケース1】（仮想的有能感得点が7点低下した）
　この生徒の短所は，相手のことを考えずに発言してしまうことでした。学級担任の私に対し

てもバカにする発言が多々あり，また，彼は思い込みで他生徒を嫌うことがありました。そのため，その生徒の悪いところを具体的にあげ徹底的に叱ったことが何度かありました。しかし，ほめることも欠かせませんでした。間違った考え方を修正したときや大学推薦に決まったとき，合格したときなど。そうやって彼とかかわるなかで，しだいに彼自身自信がついたのか，他人をバカにする発言，人の視線やヒソヒソ話についての相談はなくなりました。

 解説：このケースは，教師が生徒を理解するだけに終わらず，さらにその生徒のパーソナリティに合わせた指導を行う過程で，生徒みずからがその働きかけを受けいれる（教師理解）姿勢へと発展したと考えられる。

【ケース2】（仮想的有能感得点が12点低下した）

 よく話しかけてくれる子で，新3年になった最初の登校日の後も残って，自分の趣味のことで昔の被告（戦犯）のこととか政治討論が好きというような話をしてくれました。多分クラスでは浮いているのではないかと思い，気をつけて見ていました。つきあっていた彼女もいたので，孤独ではない感じでした。成績は良く少し偏った考え方をもっていましたが，本がめちゃくちゃ好きで文章もある程度書けたので，歴史学科で試験内容が小論文の大学を勧め合格しました。

 解説：担任は，この生徒の日常会話から，いち早くクラスで浮く可能性を察知した。また，どんな話をされても親身に対応することで，良好な関係を築くことができたと考えられる。そして，その過程のなかで生徒理解が深まり，進路指導では生徒の長所を活かした援助や指導をしていくことが可能であったといえる。

②増加群　関与なし

【ケース3】（仮想的有能感得点が28点増加した）

 まあ，彼自身はどちらかというと横着連中と話をしているときが多かったかな。そんなにじっくり時間をかけて話をしたというのは，ほとんどないですね。個別面談ぐらいです。

【ケース4】（仮想的有能感得点が9点増加した）

 特に会話をしたということは多くないが，話しかけることはあった。たとえば朝読書の本についてだとか些細なことかな。

 解説：増加群，ケース3，ケース4の関与なしに共通していえることは，他のカテゴリとは違い極端にエピソードが少ないことである。それぞれの担任は，関与なしに該当した生徒とは，ほとんどコミュニケーションがなかったために，印象が少なくエピソードも乏しかったと考えられる。

 低下群に多かった生徒理解（成長促進・援助）は，内藤（1985）のいう教師関係

安定感，一人ひとりの生徒をかけがえのない人間として認知し，愛情をもって接することで教師と生徒が十分な相互理解をすることに則した教師の行動（働きかけ）があったと考えてよい。つまり低下群で多くあげられた生徒理解（成長促進・援助）は，学級担任が生徒にコミュニケーションを図る過程で，生徒のパーソナリティ（生徒の考え方や感じ方，物事のとらえ方や願望，欲求）などをしっかりと理解し，学校生活のさまざまな場面で，その生徒にとって必要である事柄に対して随所に援助や指導，相談をしていたといえる。

3. 相互理解をはかる工夫

さて，数土（2001）によれば，相互理解とは，私が他者とともに生きていこうとする場合には，もう一人の私あるいは私の分身というのではない他者とも円滑に協同できるための前提条件として位置づけている。そして，相互理解を形成するための最も基本的な方法で必要条件は「他者との対話」だという。また，ロジャーズ（Rogers, 1986）は，コミュニケーションを相互理解のために参画者が互いに情報をつくり分かちあう過程であると定義している。さらに，淵上（2002）の研究では，教師の影響戦略の自己評定と児童評定のズレが大きいクラスほど児童の学校生活満足度は低く，ズレが小さいクラスほど満足度が高いことからも，教師と児童生徒が十分な相互理解をしていくためには，1つひとつの事象や物事に対して教師と児童生徒個人が，対話的な過程を通して相互に共通認識している範囲の増加とズレ（考え方の対立）ている範囲の減少を目的としたコミュニケーションをしていくことが必要であると考えられる。相互理解が形成されていくということは，今以上に仮想的有能感の抑制を強固なものにさせる可能性がある。

(1) 相互理解を形成するための提案

ここまでのことをまとめると，仮想的有能感低下群は，教師が単純に生徒とかかわる時間を増加したり，教師主導の個別面談や援助，指導をするだけでなく，対話的な過程を通して相互理解を高めていったことが，仮想的有能感の抑制に影響を与えたと考えられる。反対に増加群の生徒は，教師と関与する機会がほとんどなかった。河村（2002）によれば，教師は児童生徒の行動あるいは性格を観察によって理解する場合，外に現れた目立つ行動や特徴に注目し，それを手がかりにすることが大部分で，教師が生徒の内的・心理的要因を見過ごしてしまいがちになるという。

教師が，増加群の生徒を外面的な情報だけで判断してしまえば，当然悪い面ばかりが目立ち，関係は悪化していくだろう。

先にも述べたが，仮想的有能感が高い子どもたちは，共感性が乏しく孤独感や猜疑心が強いために，円滑な対人関係を維持・促進することが不得意で学校生活になじまないことが多い。そのような児童生徒に，教師の援助量を増やし相互理解を形成していくためには，教師の働きかけ（生徒理解）のみに限られたものではなく，児童生徒みずからがその働きかけを受けいれる（教師理解）姿勢も必要である。もちろん，すべての児童生徒が教師を受容する姿勢をもっていればよいが，なかには，はじめから教師を敵視し理解しがたい存在であると認識しているために，教師とのコミュニケーションをいっさい拒否する児童生徒も現実に存在している。

こうした，教師が理解しようとしてもコミュニケーションをいっさい拒否する児童生徒や，十分に時間をかけて話し合っても「理解し合えない」児童生徒について，「私が他者に対して相互理解を形成するための話し合いに参加するように要請することは，いわば他者に対して『私の言っていることを理解しろ』といっていることと同じになってしまう。だとしたら，『理解できない』他者を『理解できた』他者に変えようとするのではなく，『理解できない』他者を『理解できない』他者として受けいれたうえで相手に対して主張することである」（数土，2001）という指摘がある。つまり，互いのズレが減少しないまま教師が児童生徒を受けいれ，それを理解したうえで援助や指導をしていくことが1つの手段である。

また，児童生徒がみずからを教師の働きかけを受けいれる環境に置くために，たとえば与えられた課題が途中で棄権できたり，達成しなくてもすむような受身的な存在課題というべきもの（「めんどくさい」「うっとおしい」「だるい」「やりたくない」「必要ない」などの一言で，一蹴されて終わってしまう課題）ではなく，能動的な存在課題というべきもの（必ず達成しなければみずからの身の周りに直接不利益が生じ，かつ教師の援助も不可欠である課題）を与え，児童生徒と対話することが不可能な環境から可能な環境をつくることも必要であるかもしれない。

(2) 相互理解を形成するまでの事例

これまでの知見をもとに相互理解という観点から，筆者自身のこれまでの学級担任としての経験を回想し，「生徒を理解したとき，生徒から理解されたとき」の事例をあげて検討していきたい。ただし，ここであげた事例は，本人を特定化できないように，ケースの本質を変えない限りにおいて修正したものである。

A君が1年生の頃から私と彼はまったくソリが合わなかったが，そのA君を2年生の担任として受けもつことになった。担任になった当初，A君は私に注意や指導をされるたびに「おもいっきりの不快感を表し」，もろに私に挑発的な態度をみせ，常に私と対立していた。私はときには，A君に私の嫌いなところを尋ねたり，A君自身の悩みや世間話などをするように心がけ，できるだけコミュニケーションをとることでA君を理解しようと努力した。また，保護者と連携し生徒の生活態度や教師－生徒関係を改善しようとしてきた。しかし，効果がほとんどないまま，数か月が過ぎた。
　ある日A君は，ある事件を起こし，私のことをみずから能動的に理解しようとしなければならなくなった。つまり，A君は学校の規約により謹慎になった。
　謹慎は，与えられた課題を教師と協力して行わなければ決して解除されない。そのため，これはA君との接触を密にできる絶好のチャンスであり，A君は私を嫌でも受けいれなければならなかった。その状況を利用し，A君と対話的な過程（さまざまな課題を協力して達成していく過程で，言語コミュニケーションや非言語コミュニケーションを交わしながらA君の真の姿をとらえようとしていくこと）を通して相互に共通認識している範囲の増加とズレている（考え方の対立）範囲の減少を目的としたコミュニケーションをしていくことで，相互理解を深めていった。もう少し具体的に述べてみる。A君が謹慎中だからといって，力によって私自身がもつ「望ましい生徒像」に適応させる指導をしたならば，表象的には互いのズレは減少するかもしれない。そうではなく，A君が成長する力を信頼し彼自身を理解しようとする態度，また日頃からA君の状態や悩みに気づき援助しようという態度，つまり「カウンセリングマインド」によって粘り強く時間をかけてコミュニケーションをしていくことで，内面的な互いのズレを減少させていったのである。もちろん，A君への信頼を基本としつつも必要に応じて消極的な生徒指導は行った。
　謹慎が解除されてからのA君は，悩みや不安があると私に相談するようになり，また注意や指導をされても自分の否を認め反省を示す態度をとるようになった。さらに，何か学校で問題が発生したときには，わかる範囲でその情報提供をみずから進んでしてくれるような関係になった。つまり，謹慎期間中に生徒理解を深めただけに留まらず，A君が私を理解してくれたのである。
　前述したA君は，はじめ教師理解を徹底的に拒否するつもりであったのであろう。しかし，能動的な存在課題が与えられたことで，A君は教師に対する見方，接し方，価値観などをみずから変化せざるをえない状況に置かれた。つまり，教

師と生徒が十分なコミュニケーションを図ることができる環境が整ったことになる。その結果，コミュニケーション不足からの脱却が可能となり，少しずつ相互理解を形成することができたと考えられる。この事例は，筆者の主観的な考えではあるが，仮想的有能感の高さを抑制できたと解釈することができるものであろう。

教師と子どもたちが相互理解をするためのはじめの段階として，ロジャーズ (Rogers, C. R.) は「ワンネス（人の内的世界を共有しようとする姿勢）」を非常に強調している。ワンネスの手段は，相手を理解しようとする姿勢で臨む対話である。しかし，前述したA君の場合，教師が学校生活のさまざまな場面や場所でのコミュニケーションを通して，A君の世界に入っていくことは非常に困難であった。つまり，この事例はワンネスを拒否する子どもと教師が相互理解を形成していく過程で，仮想的有能感が抑制されたと解釈できる特徴的なものであった。

教師が，仮想的有能感に着目した積極的な生徒指導をしていくことは，子どもたちとの関係を円滑にし，互いに正の影響を与えあう関係づくりを目指していくための，重要な観点になることは間違いない。子どもたちと教師の関係が悪化すれば仮想的有能感は高くなり，逆に教師との結びつきが強くなれば，仮想的有能感が生じにくくなる。教師は，仮想的有能感を抑制する可能性を秘めている。

4節　社会観との関係

1. 仮想的有能感の背景としての現代社会

近年の仮想的有能感の高まりの背景には，現代のような厳しい競争社会を生き抜いていくことのむずかしさがあるとされている（速水，2006）。若者たちの他者軽視や攻撃性に言及した他の著書でも，その背後に，人々に競争を強い，負けることや失敗を認めないような文化・社会，制度があることを指摘しているものは数多い。たとえば，橘川（2003）によれば，競争社会やハングリー精神による利益追求は，他者の気持ちや周囲に配慮しながら生きることのできるような，人々の「余裕」を失わせる。また，吉岡（2003）や香山（2004）では，弱い部分を他人に見せまいと攻撃的にふるまう人々が増えているのは，「勝ち組」と「負け組」がはっきりと分けられる社会のなかで，みずからを守る必要がことさら生じたためであるとされて

いる。さらに関根（2007）は，消費者のクレーム対応の経験をもとに近年の人々の様子を描いている。企業やサービスに対する苦情が増加する背景には，急速に進む格差社会があり，特に格差による差別意識をもった人々の劣等感がクレームの強い動機になるとしている。

　これらの指摘からも，社会や文化，制度などの現代的な特徴が，少なからず仮想的有能感の形成にかかわっていると考えてよいであろう。特に心理学的な観点からは，環境に適応するための人間の行動が，まずその環境を認識することから始まることを考えると，仮想的有能感の高い個人の目にこの社会がどのように映っているのかを問題にしていく必要がある。

　本節では，仮想的有能感の形成要因の1つとして社会観に注目する。特に小平と速水（2009）の研究およびその再分析結果をもとに，仮想的有能感の背後にある社会観を明らかにしていきたい。まず，社会に対する感情的な評価として世相イメージをとりあげ，その分析結果を示すことにする。続いて，どのような社会であるととらえる傾向にあるのかについて，現代社会を表すキーワードとの関連をみていく。最後に，得られた結果をもとに，社会観によって仮想的有能感が形成される様相について，仮説モデルを提示したい。

2．世相に関するイメージ―社会に対する感情的な態度として―

　小平と速水（2009）では，大学生を対象に，仮想的有能感とともに世相に関するポジティブ・ネガティブなイメージを測定している。イメージの測定には，内閣府で実施されている社会意識に関する世論調査において，「社会の現状に対する認識」として実施された，現在の世相に関する項目が用いられた。明るいイメージに関する項目は，「平和である」「安定している」「おもいやりがある」「責任感が重んじられている」「明るい」「ゆとりがある」「活気がある」「連帯感がある」であり，暗いイメージの項目は「無責任の風潮が強い」「自分本位である」「ゆとりがない」「連帯感が乏しい」「不安なこと，いらいらすることが多い」「活気がない」「うわついていて軽薄である」「暗い」であった（計16項目）。内閣府の調査では，これらの項目に加えて，「その他」「特にない」「わからない」といった選択肢も用意されており，あてはまるイメージを選択（複数回答も可能）するように求めている。小平と速水（2009）では先の16項目について，「あなたが今生活している社会は，あなたにとってどのように感じられていますか」との教示のもと，「あてはまらない」

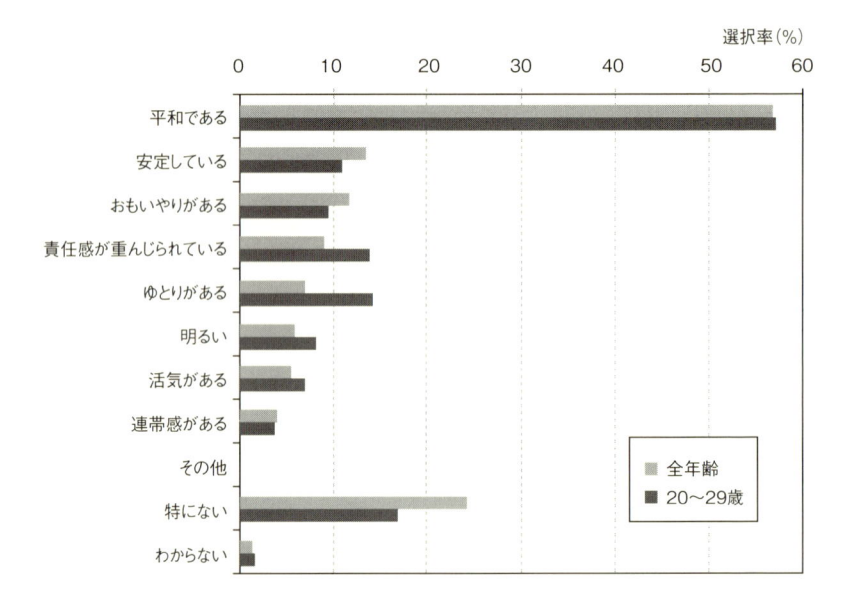

3章　仮想的有能感形成の背景要因

図3-5 内閣府の社会意識に関する調査の結果（明るいイメージ，平成22年度調査）
（内閣府大臣官房政府広報室，2010）

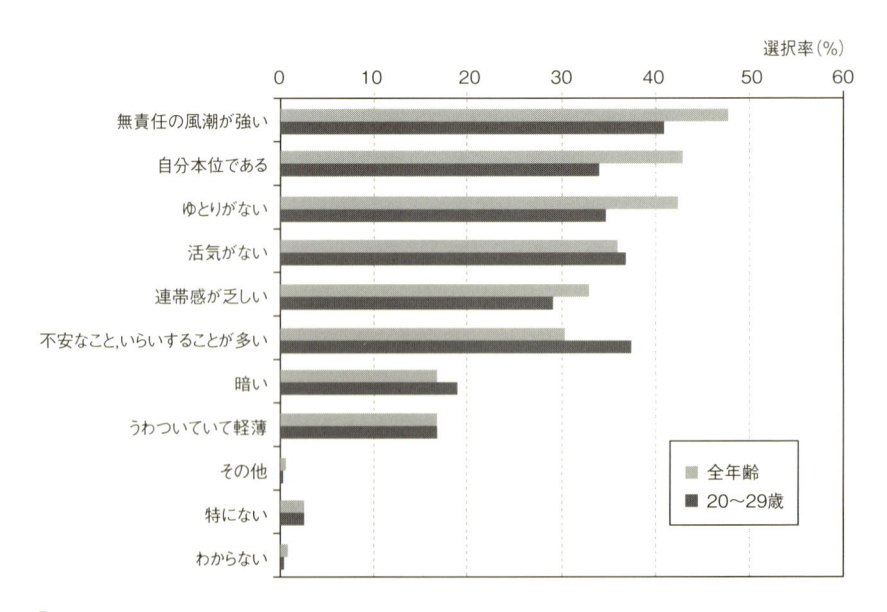

図3-6 内閣府の社会意識に関する調査の結果（暗いイメージ，平成22年度調査）
（内閣府大臣官房政府広報室，2010）

から「あてはまる」までの5件法で評定を求めている。

　ちなみに，内閣府による調査では全国の20歳以上の国民が調査の対象となっている（内閣府大臣官房政府広報室，2010）。図3-5と図3-6は2010年度の調査結果のうち，明るいイメージと暗いイメージの各項目について，全年齢と20代の選択率を示したものである。明るいイメージ（図3-5）では「責任が重んじられている」「ゆとりがある」「明るい」「活気がある」等の選択率が高く，暗いイメージ（図3-6）では「不安なこと，いらいらすることが多い」「暗い」「活気がない」の選択率が高いのが20代の特徴として読みとることができる。

　小平と速水（2009）では，まず仮想的有能感と世相イメージの評定との相関係数を算出した。その結果，明るいイメージである「平和である」が弱い負の関連にあり，暗いイメージでは「うわついていて軽薄である」「不安なこと，いらいらすることが多い」「無責任の風潮が強い」との間に弱い正の関連がみられた。ちなみに自尊感情とは，「安定している」「ゆとりがある」と正の関連，「不安なこと，いらいらすることが多い」と負の関連を示していた。

　さらに小平と速水（2009）のデータを用いて，世相イメージの項目について，因子分析による要約も試みた。明るいイメージおよび暗いイメージの計16項目に対して因子分析を行ったところ，3つの因子が見いだされた。第1因子は活気の有無，明るさや暗さに関する項目が高いパターンを示しており，「明るさと活気」に関する因子であると解釈された。第2因子では，責任感が重んじられているか，連帯感があるかといった内容の項目が高い値を示していたことから「責任感・連帯感のなさ」の因子であると考えられた。第3因子では，ゆとりの有無，不安やいらいらとした雰囲気に関する項目が高いパターンを示し，「ゆとりのなさ」と命名された。

　仮想的有能感と各因子得点との間には「責任感・連帯感のなさ」因子，「ゆとりのなさ」因子で弱いながらも有意な正の関連がみられている。また自尊感情とは「ゆとりのなさ」因子と負の関連がみられた。有能感タイプによって因子得点を比較したものが図3-7である。なお図中では，ポジティブな評価ほど高得点に，ネガティブな評価ほど低得点になるように，「責任感・連帯感のなさ」「ゆとりのなさ」の因子得点を逆転して示している。分散分析からは，「責任感・連帯感のなさ」因子で，自尊型と仮想型の間に有意な差異がみられ，「ゆとりのなさ」因子では自尊型・委縮型と仮想型の間で差異が確認された。いずれも仮想型のほうが否定的な世相イメージをもつ傾向にあった。

　以上，仮想的有能感の高い個人が否定的な世相イメージをもちやすく，仮想型で

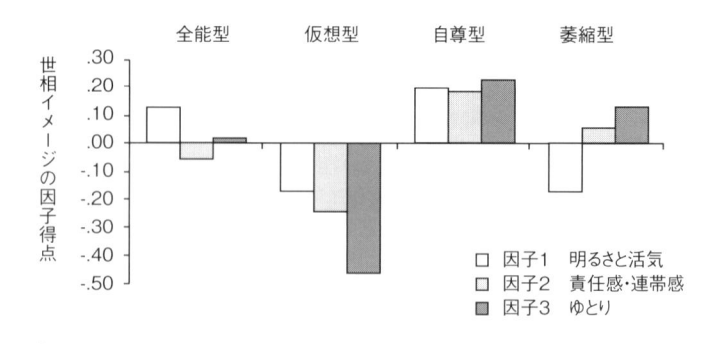

3章 仮想的有能感形成の背景要因

図3-7 有能感タイプによる世相イメージの各因子得点

は，責任感・連帯感が欠けゆとりのない世の中であると考える傾向にあることが明らかとなっている。特に，仮想型がゆとりに関して否定的に評価している点は注目すべきであろう。第3因子として抽出された「ゆとりのなさ」には「ゆとりがない」「不安なこと，いらいらすることが多い」といった項目が因子に高いパターンを示していた。これらの項目は，世相イメージを測定する項目ではあるものの，社会に漠然とただよう雰囲気を指すのか，個人個人の感情状態なのかが曖昧な内容である。仮想型の個人の内面が少なからず映し出されているとも考えられる。また一方で，内閣府の調査では1998（平成10）年度の調査以降，否定的イメージとして「無責任の風潮が強い」「自分本位である」といった項目が選択されやすい傾向にあり，この傾向はほぼ安定して見いだされている。これらの項目は因子分析で「責任感・連帯感のなさ」（第2因子）に高いパターンを示した項目である。仮想型で顕著な傾向が現代的な特徴と対応する点もまた興味深い。

3. 現代社会を表すキーワード—社会に対する認知的な態度として—

　小平と速水（2009）のもう1つの検討課題は，現代がどのような用語（キーワード）に象徴されていると考えられているのか，またそれが仮想的有能感と関連するのかどうかという点であった。先の世相イメージの検討が社会に対する態度の感情的な側面を探ったものであるとすれば，この検討は認知的な側面に注目した検討ということになる。

　現代社会を表すキーワードについては，広辞苑，複数のインターネット検索サイト（Yahoo，Google，goo）より「○○社会」という用語を収集した。あまり普及

4節　社会観との関係

表3-4　有能感タイプと現代社会のキーワードの選択率

有能感タイプ	全能型	仮想型	自尊型	委縮型	全体
n	81	71	79	87	318
情報社会	.95	.94	1.00	.99	.97
ネット社会	.98	.94	.96	.94	.96
デジタル化社会	.94	.97	.95	.95	.95
高齢社会	.91	.93	.92	.93	.92
少子化社会	.89	.93	.90	.95	.92
競争社会	.81	.92 △	.85	.89	.86
格差社会	.84	.90 △	.77 ▼	.79	.82
長寿社会	.73 ▼	.85	.86	.86	.82
消費社会	.78	.76 ▼	.85	.89 △	.82
学歴社会	.70 ▼	.83 △	.80	.74	.76
国際化社会	.78	.82 △	.73	.66 ▼	.74
国際社会	.77 △	.72	.71	.62 ▼	.70
階級化社会	.74 △	.77 △	.65	.57 ▼	.68
再資源化社会	.64	.63	.63	.62	.63
産業社会	.54 ▼	.63	.67	.67	.63
高学歴化社会	.59	.65	.61	.61	.61
工業社会	.69 △	.52 ▼	.62	.61	.61
男女共同参画社会	.62	.58	.56	.54	.57
多言語社会	.54	.62 △	.46 ▼	.44 ▼	.51
バリアフリー社会	.53	.51	.59 △	.39 ▼	.50
政治社会	.38 ▼	.41	.57 △	.46	.46
脱温暖化社会	.37	.32	.39 △	.28 ▼	.34
農業社会	.14	.17	.15	.09	.14

(注)　△：全体平均よりも5%以上選択率が高い箇所
　　　▼：全体平均よりも5%以上選択率が低い箇所

していないと考えられる用語や造語であると考えられた用語を除いたところ，42語が得られている。予備調査を実施し，現代社会に少なからずあてはまるとされる用語，多くの人に理解される用語に絞り込んだ（23語，表3-4参照）。本調査では，大学生を対象に「あなたが今生活している社会は，以下の言葉にあてはまると感じますか」という教示のもとで，「あてはまる」か「あてはまらない」かのどちらかで回答するように求めている。

結果より，全体の選択率および有能感タイプ別の選択率を示したものが表3-4

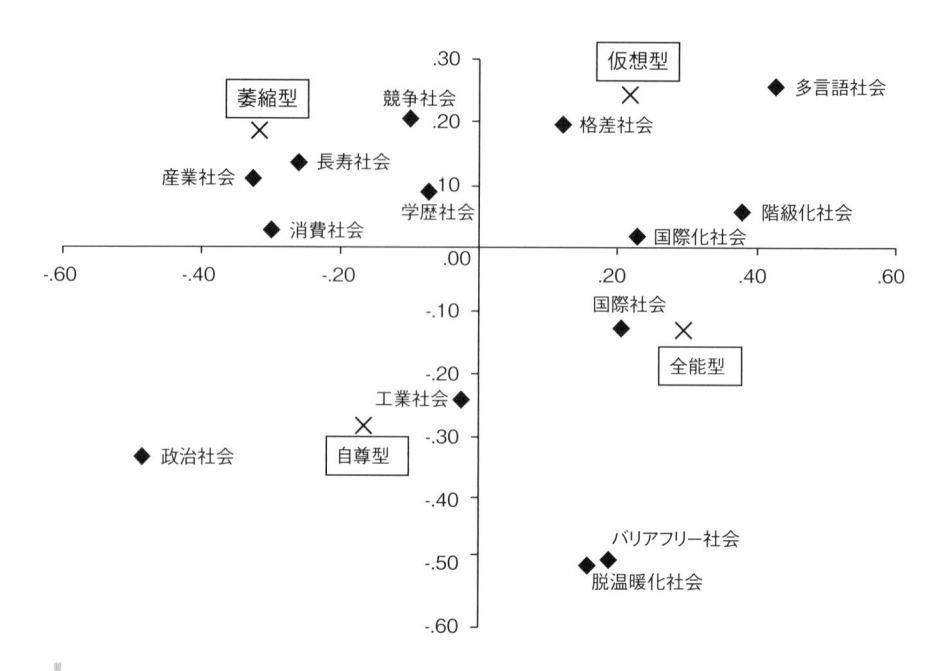

3章　仮想的有能感形成の背景要因

図3-8　有能感タイプとキーワード選択（コレスポンデンス分析）

である。全体で選択率が低かったのは、「農業社会」「脱温暖化社会」「政治社会」（いずれも50％未満）であり、選択率が9割を超えていたのが「情報社会」「ネット社会」「デジタル社会」「高齢社会」「少子化社会」であった。

いずれかの有能感タイプで、全体の選択率より5ポイント以上の差異がみられた14語に関して、コレスポンデンス分析を実施したものが図3-8である。コレスポンデンス分析とは、カテゴリ（ここでは、有能感タイプと現代社会の14語句）の要約のために行われる分析であり、図3-8は各カテゴリの関連の強さを2次元空間に表現したものである。仮想型の近くには、「格差社会」「階級化社会」「競争社会」「学歴社会」などの語句が示される結果となっている。その他、仮想型で「多言語社会」「国際化社会」などの社会の多様化に関する用語の選択率が高かった点も、コレスポンデンス分析の結果に反映されていることがわかる。

以上、仮想型の傾向を中心に現代社会を表すキーワードの選択傾向を見てみると、「格差社会」「階級化社会」「競争社会」「学歴社会」など、社会が競争を求め、その結果、序列化がなされるとの認識が強い傾向にあることがわかる。一方で、「多言語社会」「国際化社会」などの社会の多様化に関する用語にも反応する傾向があった。

仮想型の個人は自分の生きるこの社会を，競争によって成り立ち，その競争の結果が階級化，格差などを生んでいるととらえがちであるということになる。このような社会の側面が強調されて感じられているとすれば，他者を軽視してでも，みずからを「負けていない」とする仮想型の傾向は，そこにある程度の必然性を認めることができるであろう。特に仮想型は自尊感情が低く，他にこのような社会に参加し続ける方法がないとも考えられる。オシオ（Oshio, 2009）は仮想的有能感の高さは「良い－悪い」や「勝ち－負け」など二分法的な思考と関連していることを見いだしているが，このような傾向も仮想型の競争への意識や序列化への不安を高めているのであろう。仮想型にとっての他者軽視とは，まさにみずからが認識する社会のなかで「生き抜くための必須の所持品」（速水, 2006）のようである。

4. 先行研究との対応関係

　社会観が仮想的有能感を生起させる1つの要因であるとすれば，これまで明らかとなった仮想的有能感の高い個人の特徴が，社会観の観点から解釈することができるはずである。ここでは，先行研究で得られたいくつかの知見との対応関係を整理していく。

　親の養育態度と仮想的有能感の関連を探った高木ら（2010），木野ら（2010）では，他者と比較しながらかかわるという母親の養育態度（比較・統制）が仮想的有能感の予測要因であることが示され，そのような養育態度は仮想型で特徴的であったことが示されている（詳細については3章2節参照）。仮想的有能感の背景に競争への意識を強めるような外部からの影響があるという点は，社会観の検討で得られた結果と対応している。このような親の養育態度が仮想型に特徴的な社会観を形成している部分も多分にあるだろう。仮想的有能感の形成要因を明らかにするうえで，養育態度や親子関係は注目すべき検討課題であるといえよう。

　また，ハヤミズら（2004, 2007）は，仮想的有能感が高いほど，ニュース等で報道されるような否定的な社会的事象（テロリストによる事件など）に対しては無関心で，自己がかかわる否定的出来事（他の人に協力を頼んだのに拒否されたなど）には怒りを感じる傾向にあることが示されている。仮想型が，社会の競争的側面や序列化を強く意識し，競争に参加し続けようと必死にもがいていることを考慮すると，当然，社会全体の様子に関心をもちにくく，自分を脅かし自己の評価や地位を低めるような出来事に関しては感情的に反応する傾向にあるだろう。ましてやそれ

が競争相手である他者がかかわることであればなおさらである。この点は，学習で困っても他者の援助を受けない傾向にあるという小平ら（2008）の知見とも対応する。ウィルス（Wills, 1981）は下方比較理論のなかで，自分より低いレベルにある個人を自己評価の比較対象とする下方比較は，おもに競争場面などで自己が脅威にさらされた場合に使用されるとしている。仮想的有能感における他者軽視は特性的傾向であり，仮想的有能感が高い個人は，あらゆる場面が競争場面に感じられ，他者軽視を必要としていることになる。このように慢性的に競争を強いられ，脅かされる状況を社会観がつくっていると考えられよう。同時にこの慢性的な脅威は，先述のような個人的な損得への注意の集中を招いているのではないだろうか。

　ところで，小平と速水（2009）の2つの検討結果を併せて考えると，仮想的有能感の高い個人は，否定的にとらえている社会によって競争を強いられ，序列化されていると感じていることになる。高校生を対象に自律的動機づけとの関連を検討した速水と小平（2006）では，仮想的有能感の傾向は，他者によって動かされているという他律的な動機づけとかかわりがあることが示されている。競争やそれに伴う序列化が，否定的にとらえている社会によって強いられていると感じられているのであれば，「やらされている」という感覚で学習を行う様子も納得がいく。結果として，自分自身の相対的な位置ばかりを気にするあまり，充実した学習が行われないことも予想される。

5. 今後の課題―社会観と仮想的有能感の相互影響モデル―

　小平と速水（2009）の研究は，基本的に仮想的有能感と社会観の関連を検討したものであり，因果関係に関して確かなことはいえない。しかし，世相イメージの検討で見いだされた，社会に対して否定的な評価を行う傾向は，他者軽視にもとづく仮想的有能感の傾向から十分に予想できる結果である。たとえば，高木（2009）は，仮想的有能感における他者軽視は「身近な他者」ではなく，より抽象的な「世間一般の他者」に対して起こりやすいことを示しているが，社会観もまた抽象的なイメージであり，世間一般の他者のイメージを含むものである。したがって，社会観がネガティブである傾向は，仮想的有能感の高さが社会観を否定的にすると考えてよいのではないだろうか。一方で，社会の競争や序列化への意識は，他者軽視による仮想的有能感が競争・序列化への意識を高めるというよりも，社会観が仮想的有能感の原因になっていると考えるほうが現実的ではないだろうか。先述のように，競

争と序列化の社会のなかで生きていくには，他者を軽視し仮想的有能感を高めずにはいられないと考えるのが妥当であろう。

このように考えると，社会観と仮想的有能感は相互に影響しあうと考えられる。つまり，個人の特定の社会観が競争や序列化を意識させ，彼らに自己の脅威を感じさせる状況を提供することで仮想的有能感を生み，他者軽視にもとづく仮想的有能感が否定的・限定的な社会観を生むということになろう。これらは循環的に影響しあい，結果的に，さまざまなレベルでの社会に対する不信感やコミュニティ感覚の喪失を招くと考えられる。仮想的有能感と社会観の相互に影響する関係が悪循環を招いている可能性については，今後さらに実証的な検証が求められる。

社会観に関する仮想的有能感研究は，まだ始まったばかりである。特に，小平と速水（2009）で測定された社会観は，漠然とした「社会」に対するイメージであった。社会とは，政治，経済，文化，国民性などさまざまな側面を含む抽象概念である。これらの側面まで具体的に焦点を絞ると，「社会」は人々の日常生活に身近な概念となるだろう。たとえば，政治などは軽視や批判の的となりやすい代表例であり，仮想的有能感が高い個人のもつ政治や政治家に対する態度を検討することも興味深い課題である。また，投票行動など，社会とのかかわり方や具体的な行動について検討することも必要であろう。青年期後期は，選挙権の獲得，就職活動や就労，結婚など，段階的に社会への関与が高まっていく時期である。仮想的有能感は，青年期以降の社会参加において非常に重要な意味をもつことが予想される。社会観の検討を進め，青年たちの社会参加の問題についても言及していくことが今後求められる。

5節　共感関係を促進する

1. 共感性という概念

人間は社会的な動物である（Aronson, 1972）といわれるように，私たちは日々他者とかかわりながら生活している。そのかかわりのなかで，他者の思考や感情を理解しようとしたり，その結果何らかの気持ちや考えをいだくということを日常的に経験する。このような他者の心理状態に対する推測，理解，反応といった心的

傾向を共感性（empathy）という（鈴木ら，2000）。一般に「共感する」というとき，相手の考えや気持ちが理解できる，同じような考えや気持ちをいだくことを指す。これは，共感性に関する研究においては概念定義のごく一部である。

共感性という用語は，ドイツ美学で使われていた観察対象（作品）への自己の投影を表す感情移入（einfühlung）が英語に翻訳されて定着した（Wispé, 1986）。そのため当初は，観察対象（心理学ではおもに作品ではなく他者）を理解する手段として感覚運動的な模倣を通して相手の中へ「感じ入っていく＝共感する」という意味であった。その後，観察によって知覚的な模倣反応が生じること，相手の心理状態を正しく認知すること，相手と同じ感情を共有することといった概念定義の議論を経て，現在ではそれらを統合し，さらに観察者のなかに生じる感情が相手と同じでなくとも対応するものであれば（たとえば，不安になっている人を見て「自分も不安になる」など相手の感情をそのまま再生するだけでなく，「憐れみや怒りを感じる」など相手の感情に応じて異なる感情をいだくといった場合），それも含むと考えられている（Davis, 1994）。

加えて，他者の心理状態に対する理解や反応が相手と自分どちらの視点から生じたものなのかという指向性も考慮されるようになってきている（Davis, 1983；鈴木・木野，2008）。つまり，誰かがある状況にあるとき，「あの人はきっとこう感じているだろう」と他者指向的な視点をとるか，「自分ならきっとこう感じるだろう」と自己指向的な視点をとるか，両者を区別するということである。たとえば友人が成功したとき，一緒になって喜ぶ人もいれば（他者指向的），自分もがんばる勇気をもらったといって喜ぶ人もいる（自己指向的）。逆に失敗したとき，相手の辛さを感じて涙を流す人もいれば（他者指向的），自分の身にも起きたらどうしようと慌てる人もいる（自己指向的）。はたから見れば，成功なら2人ともポジティブ，失敗なら2人ともネガティブと同じ感情を表しているように映るが，その中味は異なる。この指向性の違いがその後の心理や行動の違いを生む可能性があるため，この弁別は重要だと考えられている（鈴木・木野，2008）。共感性と関連の深い援助行動の研究を例にとれば，共感性は援助行動を促進する要因だと考えられている（Eisenberg & Miller, 1987）ものの，共感的反応が他者指向的である場合はどのような場面でも援助行動がとられる一方，共感的反応が自己指向的である場合は援助行動の生起がその場からの逃げやすさに左右されることが，バトソンら（Batson et al., 1981, 1983；Toi & Batson, 1982）による一連の実験で示されてきた。他者指向的な反応から生じる援助は「相手の」苦痛を低減させようという愛他的な動機に

表3-5 共感性の認知・感情面と他者・自己指向性を組み合わせ下位概念の分類

	認知面	感情面
他者指向	視点取得	他者指向的反応
自己指向	想像性	自己指向的反応

よるものであるのに対し，自己指向的な反応ではあくまで逃げられない場合に限って「自分の」苦痛を低減させようと利己的に動機づけられた結果起こるためであるという。

この他者指向性－自己指向性の弁別は，共感性の認知面にも及ぶ。表3-5に示すように，用語の元来の意味を反映するような他者の感情や行動に自分自身を投影して理解しようとする自己指向的な傾向は，想像性（fantasy）と呼ばれる。自分の想像力を働かせて相手の気持ちを理解しようとする場合，大切なのは「自分が」どう感じるかである。自分が培ってきた知識や経験，自分自身の感情を手がかりとして，自分が理解することを最大の目的とするため，意識の焦点は自分自身にある。しかし，現在の共感性研究において重視されているのは，自分がどう感じるかではなく，「相手が」どう感じているかを想像できる能力である。この相手の立場に自分を置いて理解しようとする他者指向的な傾向は，視点取得（perspective taking）あるいは役割取得（role taking）と呼ばれる（本節では一貫して視点取得と表すこととする）。視点取得も，自分の知識や経験を手がかりとして相手の気持ちを理解しようとする点では，先の想像性と同じ認知傾向である。ただし，相手を理解することが目的という点で大きく異なる。また，そのためにはもう少し複雑な認知プロセスが必要となる。つまり，相手の言動や表情だけでなく，相手がこれまでどのような経験をしてきたか，どのような考え方や感じ方をする人なのかなど，自分が相手について知り得る情報も考慮した洞察力が求められる。そのうえで，相手の心理的観点をとるために自分を抑える必要も生じるのである（鈴木・木野，2008）。

共感性の下位概念の関連については，自己指向的な認知である想像性の高い人ほど自己指向的に反応し，他者指向的な認知である視点取得の高い人ほど他者指向的に反応すること，自己指向性と他者指向性は独立であることがわかっている（鈴木・木野，2008）。つまり，自分の立場から相手を理解しようとする人は，自分の身に置き換えた感情をいだきやすい一方，相手の立場から理解しようとする人は，

相手が感じているものと同様の感情をいだきやすい。ただし，両方の傾向が顕著な人もいれば，いずれの傾向もあまりみられない人もいるし，どちらかのみ顕著な人もいる。共感性は，これまで述べてきたように必ずしも相手とは一致しない理解や反応も含む幅広い概念として，現在ではとらえられているのである。

2. 仮想的有能感と共感性の関係

　仮想的有能感の概念が広く世に知られるきっかけとなった『他人を見下す若者たち』では，「仮想的有能感が高いとみなされる人ほど共感性が乏しい」（速水，2006）ことが指摘されている。これは，速水ら（2004）が概念の妥当性検討を行った際の分析結果をもとにした記述である。ただし，この検討では共感性の感情面のみがとりあげられており，仮想的有能感を測定するための尺度も初版のACSが用いられている。そのため，ここでは共感性の認知面も含め，ACS-2を用いて行った筆者の調査結果を紹介する。

　愛知県下の5つの四年制大学から収集した347名（男子138名，女子209名）のデータでは，仮想的有能感は他者指向的な共感性（視点取得と他者指向的反応）とは負の関係にあることが示された。自己指向的な共感性については，自己指向的反応とは正の関係にあり，想像性とは関連がみられなかった。つまり，仮想的有能感が高い人ほど「他者指向的な」共感性が乏しいことは明らかなようである。速水（2006）のいう共感性はこの他者指向的な共感性を指しており，相手の立場に立って考えず，相手の感情を共有しようとしないからこそ安易に他者を軽視することができる。ただし，何も感じないというわけではない。「自分ならどう感じるか」「自分の身にも同じことが起こったらどうするか」と自己指向的には反応する。仮想的有能感の高い人には，自分の内面に注意を向ける傾向が強く，空想や思考もよくめぐらせ，自分の思考や感情の変化にも敏感であるという性格的な特徴がある（鈴木，2010a）ことから，この結果は納得のいくものである。速水（2006）の「仮想的有能感を持つ人は，本質的に自己中心的であり，自分のことにだけは関心が強いが，他人のことには関心が薄い」という指摘とも符合する。

　図3-9は，データを仮想的有能感の高い人たちと低い人たちで2分し，共感性の違いを比べたグラフである。仮想的有能感の低い人たちは他者指向的な共感性が高いのに対し，仮想的有能感の高い人たちは自己指向的な共感性が高いことがわかる。対人場面において，自分の立場からの理解や反応が多いと，円満な人間関係

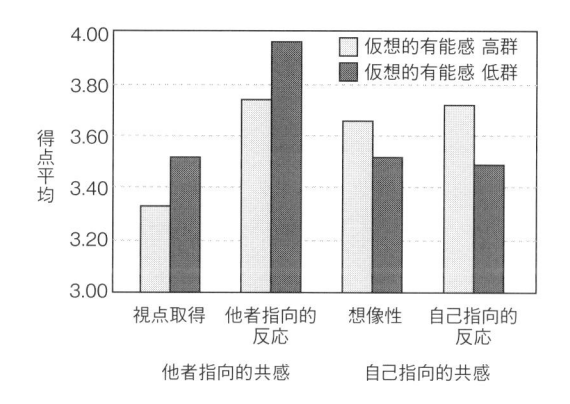

図3-9 仮想的有能感の高低による共感性の違い

の構築・維持がむずかしくなることは容易に想像される。自己指向的に反応する人ほど，社会的スキルが未熟であり，他者に対して攻撃的であるとの報告もある（鈴木・木野，2008）。とはいえ，他者の存在を無視しているわけではない。自己指向的な共感性は公的自己意識とも関連する（鈴木・木野，2008）。公的自己意識とは，他者から見られる自分の姿が気になる程度を表す特性である（Fenigstein et al., 1975）。つまり，あくまで意識の焦点は自分にあるものの，周囲が自分をどう評価しているかという点において他者の存在は重要なのである。他者を気遣うこともなく，そのくせ他者からはよく見られたいと願い，そうしてくれない他者を簡単に見下す，そんな虫のよい若者像を思い浮かべてしまうのは，はたして筆者だけなのであろうか。

なお，他節では仮想的有能感と自尊感情の高低を組み合わせた有能感タイプを用いた記述もみられるが，速水ら（2004）は共感性の感情面と自尊感情とは関連しなかった結果を報告している。筆者のデータにおいても，共感性の認知面も含め，いずれの下位概念も自尊感情とは関連していない。そのため，図3-10に示すように，自尊感情の高さに違いがあっても，仮想的有能感の低い萎縮型と自尊型，仮想的有能感の高い仮想型と全能型が，それぞれ同じような共感性の様相を呈している。萎縮型と自尊型において他者指向的な共感性が高く，仮想型と全能型において自己指向的な共感性が高いことがみてとれる。

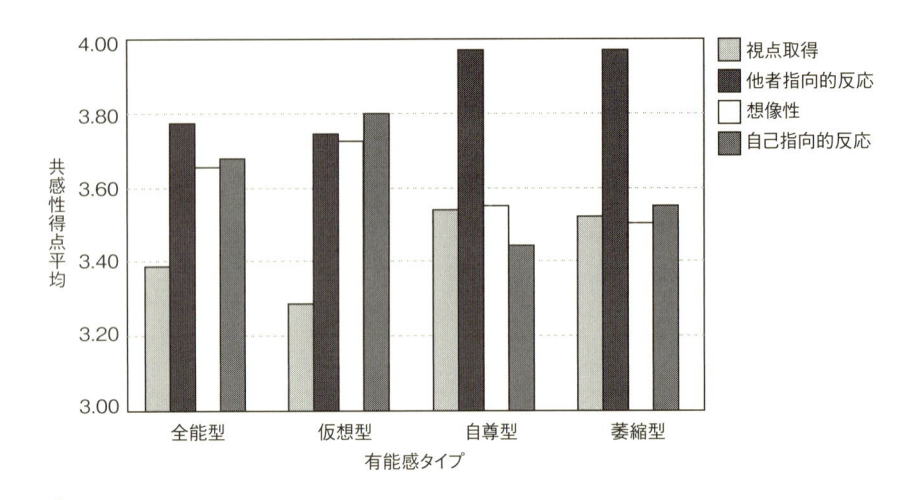

図3-10 有能感タイプ別にみた共感性の違い

3. 仮想的有能感を低減させる要因を探る

　よりよい社会生活を送るうえで，仮想的有能感は高くないほうが望ましいし，自己指向的に他者と接するよりも他者指向的にふるまうほうがよい。仮想的有能感が共感の指向性と前項で述べたような関連をするのであれば，自己指向的な共感性を低くしたり他者指向的な共感性を高めたりといった働きかけに付随して仮想的有能感が低くなる可能性がある。

　学生にとって，有能感が大きな意味をもつことが多いのは，何といっても学校場面であろう。これまで高校生を対象とした研究では，仮想的有能感の高い生徒は学習に対する動機づけが他律的であり（速水・小平，2006），学業に関する会話では友人や教師を批評しがちで，学業場面で友人に対して援助要請もしなければ，援助授与もしない（小平ら，2008）など，学業において適応的ではない傾向が示されている。ただし，教師との関係で安定感が増したり，友人に対する信頼感が増すと，仮想的有能感が低下する傾向も報告されている（松本ら，2008）。これらの結果から，教育場面において積極的に教員や友人と相互作用を経験し，そのなかで協調的・共感的な態度をとるほうが自分にとってよいと実感できれば，他者を軽視しないようになるかもしれないとの示唆が得られる。そこで筆者は，グループによるブレインストーミング，討論，調べ学習，発表，ロールプレイングといった多くの協同的な

学びを経験する授業のなかで，履修者の仮想的有能感に変化がみられるか検討を行った（鈴木，2010b）。これは大学生を対象とした調査であるが，仮想的有能感の低減へ向けた教育的働きかけのヒントが得られているので，ここで研究の一部について少し詳しく述べてみたいと思う。

　鈴木（2010b）の研究では，先述の仮想的有能感と共感性以外に，協同作業に対する認識（長濱ら，2009）についても調査を行っている。協同作業認識とは，協同は有益であり，一人でやるよりもよい成果を得られると考える傾向（協同効用），協同するより一人での作業を好む傾向（個人志向），協同による恩恵はできない人が受けるものだと考える傾向（互恵懸念）から構成される概念である。この協同作業認識と共感性が仮想的有能感とどのように関連するか検討を行った。1回目調査の結果をみると，仮想的有能感と共感性の関連については前項の調査結果と同様，視点取得および他者指向的反応とは負の関係，自己指向的反応とは正の関係にあり，想像性とは関連がみられなかった（ちなみに，これは前項とは別データである）。仮想的有能感と協同作業認識の関連については，協同効用とは負の関係，個人志向と互恵懸念とは正の関係が認められた。仮想的有能感の高い人ほど，協同作業に対して否定的な認識をもっていることがわかる。ただし，協同的な学びを経験した6か月後（2回目調査）には，仮想的有能感と共感性の視点取得，協同作業認識の協同効用とは関連がみられなくなった。これは，仮想的有能感の高かった人でも，常に相手の立場に立ってその人を理解しようとしたり，協同すればみんながよい成果を得られると考える人が出てきたことを意味する。

　なお，この調査ではACS-2得点の平均自体は29.79点から29.75点とほとんど変化していない。しかしながら，これは全体としてみれば変わっていないということであって，個別にみれば仮想的有能感得点が下がった人が21名，上がった人が21名，変わらなかった人が6名いた。そこで，仮想的有能感得点が下がった人たち（下降群）と上がった人たち（上昇群）で共感性や協同作業認識の変化にどのような違いがあるのかを比較してみた（図3-11）。仮想的有能感下降群では，共感性の視点取得と協同作業認識の協同効用が高くなり，協同作業認識の個人志向が低くなるという特徴がみられる一方，上昇群ではこれらの変化は小さい。なかでも下降群にみられる個人志向の低下は顕著で，協同効用の上昇も考えあわせれば，一人で作業するより協同したほうがよいと心変わりしたことが仮想的有能感の低減に大きく関係していることが推察される。また，下降群と上昇群で大きく異なるのは，共感性の自己指向的反応である。下降群ではわずかに少なくなっているのに対し，上昇

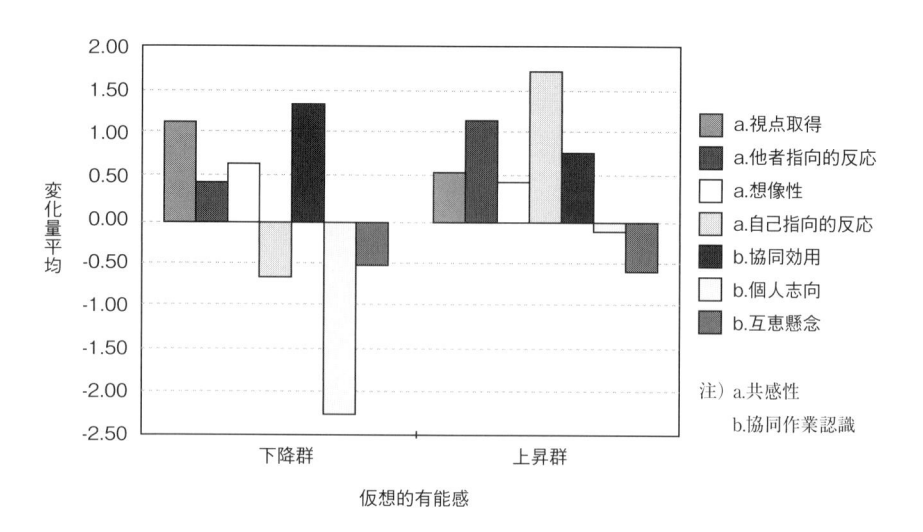

3章　仮想的有能感形成の背景要因

図3-11 仮想的有能感の下降群・上昇群にみた共感性および協同作業認識の変化

群ではかなり増えている。仮想的有能感の高さと自己指向的反応とは，やはり強固な関係にあるといわざるをえない。

　大学生活では，また卒業後の社会生活においても，他者と協同して学び，働く機会が増える。協同作業場面では，個人は自分の利益のみならずグループ全体の利益を考えて活動することが求められる（長濱ら，2009）。仮想的有能感の高い人たちの協同作業認識をより望ましい方向へ変える（協同効用の認識を高め，個人志向と互恵懸念を低下させる）ためには，常に相手の立場に立って周囲の人間を理解しようとしたり，対立することがあっても相手の立場を考慮した応対を心がける，すなわち視点取得の能力を高めることが必要な前提条件となろう。加えて，自分からの視点だけで他者と接しない，すなわち自己指向的反応を減少させることも重要である。現代青年の仮想的有能感の低減へ向けて，いかに視点取得能力を高め自己指向的反応を減少させるか，共感性に注目した教育的働きかけの模索が今後の課題となろう。

6節　文化の影響

1. 個人主義的傾向との関連

(1) 個人主義・集団主義

　仮想的有能感が生ずる社会・文化的要因の1つとして，個人主義の先鋭化による人間関係の希薄化が仮定されている（速水，2006）。個人主義・集団主義（individualism-collectivism）は，文化をとらえるための中心的な枠組みの1つであり，日本は集団主義文化のなかに位置づけられてきた（Triandis, 1995）。しかし近年，日本人の価値意識は個人主義に変容（変化）してきたとの主張も多く，さまざまな対人行動や社会的行動の変化はこれに起因すると考えられている。たとえば，2008年の産経新聞の連載記事では，公共交通機関や図書館，救急車の利用などといった公共の場でのマナー違反が多数報告され問題視されていることを「モラル崩壊の惨状」として紹介し，「公」よりも「自分の権利」を優先させるがゆえのことではないかと述べている（産経新聞取材班，2008）。これらは必ずしも青少年の言動に限ったものではないが，このような集団よりも個人の権利を重視するという個人主義的傾向は，自信がないながらもどこか尊大な態度の見え隠れする現代日本青年の言動を説明する構成概念である仮想的有能感の形成にも影響を与えていると考えることは可能であろう。

　個人主義・集団主義は，ホフステード（Hofstede, 1980）が文化を説明する次元の1つとして採用している。個人主義文化にみられる特徴は，集団から距離をおき，みずからの欲求や主張を前面に押し出すことであり，他者の目標よりも自分自身の目標を優先させることにある。一方で，集団主義文化にみられる特徴は，集団との一体感を強調し，みずからの欲求や主張を抑制することであり，自分自身の目標よりも集団の目標を優先させることにある。

　比較文化的な研究においては，ある国（文化）を個人主義・集団主義のいずれかに位置づける，つまり性別などと同様に，いずれかのタイプに分類して両者にみられる差異が議論されることが多いが，トリアンディス（Triandis, 1995）は各文化を個人主義・集団主義のいずれか一方に単純に振り分けることの困難さを指摘している。すなわち，どの文化にも個人主義と集団主義の要素があり，状況に応じてどちらが強調されるのかが異なるというのである。そして全体として，個人主義的な

要素が強く喚起されるならば、その文化は個人主義とされることになる。同じことは集団主義についてもあてはまり、同じ集団主義に分類される日本、韓国、台湾、シンガポールの間にもその程度には差異がみられるであろう。

ところで、ある国（文化）を個人主義・集団主義のいずれかに位置づけるといった文化レベルでの理論枠組みに対し、個人レベルでこれらの傾向をとらえる試みが提案されている（Triandis et al., 1985）。これは individualism-collectivism に対応させて、idiocentric-allocentric（個人志向性・集団志向性）と概念化されている。そして、allocentric 傾向の強い者は、協力、平等、正直といった価値を強調することなどが見いだされている。

個人主義・集団主義の議論を、国（文化）レベルでの比較から、個人レベルに置き換えて議論するのに重要な役割を果たしたのが、マーカスとキタヤマ（Markus & Kitayama, 1991）による文化的自己観の概念である。文化的自己観とは、ある文化において歴史的に共有されている自己についての前提であり、相互独立的自己観と相互協調的自己観の 2 側面からとらえられる（北山, 1998；Markus & Kitayama, 1991）。前者は個人主義社会で、後者は集団主義社会で共有されている人間観を意味しており、個人主義・集団主義の枠組みに対応する。相互独立的自己観は自己を他者から分離した独自なものとしてとらえ、欧米文化に典型的にみられる。相互協調的自己観は自己を他者と互いに結びついた人間関係の一部としてみる考え方で、アジアの文化において一般的である。そして各個人は相互独立的自己観と相互協調的自己観の双方にもとづく自己スキーマをもち、その相対的な優勢度により個人差が生じる（高田, 2000）とされる。相互独立的自己観・相互協調的自己観という考え方は、比較文化的視点からの検討にも、さまざまな心理過程の文化内比較においても有効であるため、これまで多くの研究で採用されてきた。

なお、この概念と有能感との関連については、仮想的有能感ではなく自尊感情をとりあげて検討した例がみられる。黒田ら（2004）は、日本の大学生の自尊感情と文化的自己観の関連を、本節で紹介する研究と同じ尺度を用いて検討している。そして相互独立性が高いほど自尊感情が高く、相互協調性が高いほど自尊感情が低いという相関関係を確認している。

(2) 日本における個人主義的傾向の浸透

伝統的に和を強調する文化を維持してきた日本において、近年、個人主義化を嘆く声は多い。たとえば、先にとりあげた産経ニュースの連載「溶けゆく日本人」第

5部では，2008年2月4日より「蔓延するミーイズム」がテーマとしてとりあげられていた（産経新聞取材班，2008参照）[*3]。「キレる大人たち：増え続ける"暴走"」「"自子中心"の保護者」などと題した記事が毎回紹介された。ミーイズム（meism）とは「自分以外のものには目を向けない自己中心主義」を意味する（新村，2008）。もちろん，集団主義が良く，個人主義が悪い，というように絶対的に判断されるものではないのであるが，集団主義的価値を維持してきた日本社会においてこうした記事がとりあげられるのは，個人主義的な価値が浸透しつつあることへの警鐘にほかならない。

トリアンディス（Triandis, 1995）は，文化的な豊かさや複雑性，社会的・物理的移動性の高さ，家族の小ささ（核家族化）などが，個人主義への転換の一因となりうることを指摘し，日本の集団主義に関していえば，戦後，変遷がみられ，個人主義的な方向への移行もみられるとしている。戦後の経済成長により豊かさを獲得し，諸外国からの多様な文化の流入もあって価値観も多様化・複雑化していること，そして，技術進歩が共同作業の必要性を減少させたこと，個々の家族そしてその各構成員が自分らしい生き方を求め，個人個人を大事にする風潮が強くなったことからも，日本では個人主義化が進んでいる可能性が考えられる。

対人行動に関する比較文化的な実証研究においてもこれを支持する結果がみられる。たとえば，コミュニケーション方略に関する日米比較においては，予測される文化差，すなわち日本人は直接的なコミュニケーションを嫌い，間接的な方略を好むが，西洋人は直接的な方略を好むという結果がみられないことが指摘されており（Dunn & Cowan, 1993；Gudykunst et al., 1996；Miyamoto-Tanaka & Bell, 1996），その原因を日本人が個人主義化したことに求めている。

これに対し高井（2002）は，このような結果は，方法論上の問題により生じた結果である可能性を指摘している。具体的には，対人コミュニケーションの状況や相互作用相手を特定せず，コミュニケーション行動一般を調査している点に問題があり，日本人のコミュニケーションを検討するうえでは的確ではないと述べている。日本人は自分のコミュニケーションについて一般的な傾向を尋ねられると，あいまいな回答となりがちであるが，具体的な状況を提示して尋ねられれば，より正確な回答ができるというのである。そしてこのような配慮のもと行った研究では，外集団に対しては間接的なコミュニケーションを採用するなど，従来から指摘される日

---

*3　WEB公開は終了しているが，掲載内容は産経新聞取材班（2008）による新書『溶けゆく日本人』に再編されている。

本的なコミュニケーション方略に一致する結果が示される傾向にあることを示している。ただしこの結果は，依頼・断りという一部の状況での行動規範を示したものであり，近年の日本が個人主義化している可能性を完全に否定するものとはいえない。

また，2005年の世界価値観調査における「国民の暮らしに責任を持つべきは国か個人か」という質問への回答は，日本や韓国では国が個人を上回るが（国の選択率はそれぞれ71.4％，80.4％），アメリカ合衆国では個人が54.8％と，国42.5％を上回る（電通総研・日本リサーチセンター，2008）。かねてから集団主義的とされてきた日本や韓国においては，依然集団の価値を重んじる傾向が垣間みられる。これは各国において20歳以上の男女約1,000人を対象に調査したものであり，現代日本人の価値意識を反映していると考えられるが，現代青年の価値観とは限定しきれない。

そこで，個人主義あるいは集団主義文化に属する国の間で仮想的有能感の違いを検討するにあたり，まず各国（文化）の個人主義および集団主義の程度の違いを確認することとする。また，個人主義化と仮想的有能感の関連を調べる際には，国（文化）レベルでの比較に加えて，個人レベルでの検討を行う。このために筆者らの研究では，高田（2000）による文化的自己観尺度を使用し，いずれの観点からの分析も行うこととした。

なお，文化的自己観を測定する尺度はこれ以外にも存在する。国内の研究者によるものでは木内（1995）による尺度があげられる。しかし，高田（2000）は木内（1995）による尺度が2つの自己観の相対的優位性を一次元的に測定していることを問題視している。高田（2000）の指摘にもあるように，いずれの自己観も高いあるいは低いという事例が存在することなどを考えると，これらを独立に測定できる高田（2000）の尺度の使用が本研究では望ましいと判断した。この尺度で測定された個人差は，社会的表象である文化的自己観と区別され，相互独立性・相互協調性と呼ばれている（高田，2002a）。以降での結果の記述もこれにならう。

(3) 日本の大学生と他国の大学生データにもとづく検討

前述のように，速水（2006）は，個人主義化を仮想的有能感が生みだされる背景として仮定している。しかし，仮想的有能感という概念は，日本の現代青年の観察にもとづき提案された概念であり，これまでのところ研究対象は日本人に限定されたものがほとんどである。仮想的有能感形成における個人主義化の影響を検討する

うえでは，日本の青少年のみならず，他の国々（文化）の青少年との比較を行うことも必要である。

そこで本項では，同じ東アジア圏にあり文化的に近い隣国である大韓民国（韓国）と台湾，東南アジアにあるシンガポールの青年のデータを日本の青年のデータと比較することにより，個人主義と仮想的有能感の関連を検討することにする。しかし，韓国，台湾，シンガポールのいずれの国も個人主義の程度は日本よりも低く（Hofstede, 1980, 2001），集団主義文化として知られている。よって，これらと対照的な個人主義文化とされている北米圏のアメリカ合衆国とカナダの青年のデータも比較対象に加え，仮想的有能感が日本の青年に特有なのか，それとも普遍的であるのかについて，個人主義・集団主義との関連から吟味する。個人主義文化に属する北米圏の青年および，より集団主義の要素が強いとされる韓国や台湾・シンガポールの青年を対象とすることにより，文化の影響をより深く検討することが可能になると考えられる。

検討にあたっては，まず各国（文化）の集団主義・個人主義傾向の位置づけを確認し，さらに，他国でも仮想的有能感概念および ACS-2 が適用可能であるのかを検討したのち，各文化における仮想的有能感の様相を比較する。個人主義化が仮想的有能感の形成に寄与する要因であるとするならば，個人主義文化の代表格ともいえるアメリカ合衆国，そしてその隣国のカナダの青年においては，日本の青年よりも高い仮想的有能感をもつと考えられる。逆に，個人主義的な傾向が低い国の青年においては，仮想的有能感も高くはないであろう。

また，個人主義・集団主義は，個人レベルでの測定もなされる。そこで検討に際してはさらに，文化間比較のみならず，これらの価値観を特性レベルでとらえた検討も行う。

①本項で紹介するデータ

大学生を対象とした仮想的有能感の国際比較研究（木野・速水，2009）では，日本，韓国，シンガポール，アメリカ，カナダの大学生を対象に質問紙調査を実施している。これに，台湾の大学生データを追加し，再分析した結果を以下でとりあげる。いずれの国においても大学生の年齢は 18 ～ 24 歳に限定し，留学生の回答は分析データから除かれた。よって，日本 962 名，台湾 365 名，韓国 359 名，シンガポール 406 名，アメリカ 134 名，カナダ 167 名のデータを分析した。シンガポールの大学生の民族構成は，中国系 64.6%，マレー系 21.7%，インド系 8.5%，その他 5.2% であった。また，アメリカの大学生の人種構成は，ヨーロッパ系白人種 81.3%，

アジア系8.2%，ヒスパニック系7.5%，アフリカ系1.5%，その他1.4%，カナダの大学生の人種構成は，ヨーロッパ系白人種31.7%，アジア系47.3%，ヒスパニック系1.8%，アフリカ系1.2%，その他18.0%であった。

　文化比較研究において，国を文化と読み替えた検討が多いが，厳密には一対一対応ではない。1つの国にも言語・宗教の違いなどにより，多様な文化が存在する。ことに，多民族から構成される北米圏は，文化の多様性も顕著であると考えられる。そこでカナダおよびアメリカの北米圏データについては，国ごとの比較ではなく，より文化の違いを反映するように，東洋的な思想背景をもつと考えられるアジア系と典型的な西洋思想の影響を強く受けていると考えられるヨーロッパ系白人種をそれぞれ抽出し，アジア系北米人データ（90名），白人系北米人データ（162名）としてとりあげることとする。

　調査用紙では，ACS-2，自尊感情尺度（山本ら，1982），および文化的自己観尺度の短縮版（高田，2000）について5段階評定を求めた。調査用紙は台湾では台湾語版，韓国では韓国語版，シンガポール・北米圏では英語版を使用した。

②各文化の位置づけ

　アジア文化では相互協調的自己観が優勢とされているが（Markus & Kitayama, 1991），同じアジア文化圏に属する文化間でもその様相が異なることが示されている。たとえば，成人を対象にした調査では，ベトナムでは中国・日本より，中国では日本よりも相互独立性が高いが，相互協調性にはこれらの文化間に差がみられない（高田，1997，1998）。そこでまず，各文化における文化的自己観（相互協調性，相互独立性）の様相を検討した。

　図3-12に示したのは文化的自己観尺度の各下位尺度得点の平均値である。相互協調性は，台湾で最も高く，続いて日本・韓国，続いてシンガポール・アジア系北米人，そして最も得点が低かったのは白人系北米人であった。また，相互独立性は，日本・台湾ではそれ以外の文化に比べて得点が低かった。したがって，これらの文化間では，台湾が最も集団主義的で，次いで日本・韓国，続いてシンガポール・アジア系北米人，最後に白人系北米人が最も集団主義的ではないことが示された。また，日本・台湾は最も個人主義的ではない様子がうかがわれた。

　さらに，相互独立性と相互協調性の相対的程度をみると白人系北米人において相互独立性が優位であり，日本と台湾においては相互協調性が優位であることがみてとれる。日本や台湾，北米人におけるこれらの結果は，ホフステード（Hofstede, 1980）による報告と整合する。しかし，シンガポールは個人主義の程度が低く，集

6節　文化の影響

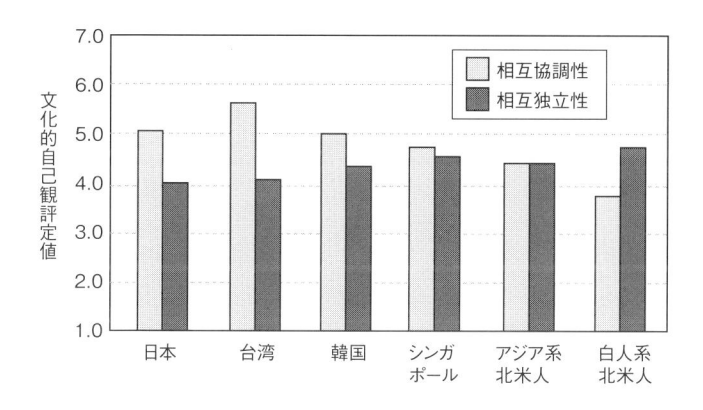

図3-12　各文化の大学生における文化的自己観の様相
（高田，2000にならい，1～5点の評定値を1～7点に変換した）

団主義的と位置づけられてきたが（Hofstede, 1980），今回の結果では様相を異にした。本データでは，シンガポールは相互独立性も相互協調性も高く，個人主義的でもあり集団主義的でもあった。このような相違が生じるのは，シンガポールは多民族国家であることやサンプルの違い（ホフステードは社会人を対象とし，本研究は大学生を対象としていた）がおもな理由として考えられるが，シンガポールではこれらの影響が顕著に表れたのかもしれない。さらに，シンガポールは英語を公用語の1つとしており，また，英語の識字能力が将来の社会階層を左右する可能性の認識もあってか，家庭での英語使用も増えているという（斎藤, 2002）。英語という言語の使用が個人主義的思考を促進する方向に何らかの影響を与えているのかもしれない。これらの点については，今後再検討が必要である。また，アジア系北米人においては相互協調性は白人系北米人に比べて高く，相互独立性は日本・台湾に比べて高かった。これは，オーストラリア，カナダの学生，カナダのアジア系学生，日本の学生間で文化的自己観の比較を行い，西欧とアジアの双方の文化的背景をもつカナダのアジア系学生は相互独立性と相互協調性の双方が高いことを示した高田（1999）の結果と同様の傾向といえる。本研究のアジア系北米人の結果も，高田（1999）同様，アジアで優勢な相互協調的自己観と西欧で優勢な相互独立的自己観の双方が自己スキーマに反映された結果と理解されよう。

③ ACS-2の他文化での適用可能性

　仮想的有能感を比較文化的に検討するにあたり，まず，これまで日本人を対象に使用されてきたACS-2について，他国の大学生に利用した場合でも同様に一次元

性と信頼性が確保されているのかを検討する。

ACS-2の11項目について文化ごとに因子分析（主成分解）を行った結果（表3-6），いずれの文化においても1因子性が認められた。因子負荷量は韓国人データの項目9，10および白人系北米人データの項目10においてやや低い値であったが，関連の方向（符号）は他の文化と同様であった。因子寄与率は31～37％の範囲内であった。α係数はいずれの国でも，.75以上の値を示した。したがって，ACS-2はいずれの文化においても同様に一次元の尺度として利用可能であり，信頼性も確

表3-6 ACS-2の因子分析結果（因子負荷量）とα係数，および自尊感情尺度との相関

No.	項目	日本	台湾	韓国	シンガポール	アジア系北米人	白人系北米人
(1)	自分の周りには気のきかない人が多い	.62	.31	.68	.58	.46	.43
(2)	他の人の仕事を見ていると，手際が悪いと感じる	.60	.59	.64	.70	.71	.57
(3)	話し合いの場で無意味な発言をする人が多い	.61	.65	.70	.64	.46	.62
(4)	知識や教養がないのに偉そうにしている人が多い	.66	.67	.73	.67	.54	.56
(5)	他の人に対して，なぜこんな簡単なことがわからないのだろうと感じる	.65	.70	.72	.71	.73	.71
(6)	自分の代わりに大切な役目をまかせられるような有能な人は，私の周りに少ない	.59	.61	.45	.50	.57	.47
(7)	他の人を見ていて「ダメな人だ」と思うことが多い	.69	.75	.44	.72	.69	.72
(8)	私の意見が聞き入れてもらえなかった時，相手の理解力が足りないと感じる	.56	.58	.43	.56	.37	.54
(9)	今の日本を動かしている人の多くは，たいした人間ではない	.47	.59	.20	.39	.46	.47
(10)	世の中には，努力しなくても偉くなる人が少なくない	.39	.32	.29	.39	.47	.28
(11)	世の中には，常識のない人が多すぎる	.57	.54	.54	.70	.70	.68
固有値の減衰状況		3.81	3.81	3.41	4.06	3.61	3.50
		1.21	1.26	1.41	1.21	1.37	1.21
		1.04	1.01	1.20	0.93	1.18	1.12
		0.75	0.86	0.85	0.90	0.96	0.96
		…	…	…	…	…	…
因子寄与率（％）		34.64	34.64	31.00	36.91	32.82	31.82
α係数		.81	.80	.75	.81	.78	.77
自尊感情尺度との相関		.01	.00	-.08	-.09	-.08	-.15
相関係数算出に用いたデータ数		932	342	352	398	89	159

保されていると判断した。

次に，ACS-2 と自尊感情尺度の関連は，いずれの文化でもほぼ無相関で（表3-6），これまでの日本人データを主とする分析結果と一貫している（たとえば，Hayamizu et al., 2007）。

以上の結果は，ACS-2 および仮想的有能感という概念の他文化での適用可能性の一部を補償するにすぎないが，その可能性を否定するものではない。したがって現段階では，本尺度を用いて他の文化での仮想的有能感の様相についても言及することを可とする。

ただし，今後も他の文化のデータを用いた信頼性や妥当性の検討は必要であろう。妥当性に関しては，たとえば，自己愛的有能感など他の概念との関連の検討があげられる。また，仮想的有能感は自己の直接的な経験とは関連がないことが仮定され，実証されている（速水ら，2005；Hayamizu et al., 2004）ことから，ポジティブ（成功）経験・ネガティブ（失敗）経験との関連も，他の文化のデータを用いて比較検討されるべきであろう。

④自尊感情と個人主義・集団主義

各文化の大学生における自尊感情の尺度得点をみると（図3-13），自尊感情は，台湾・日本の大学生において最も低く，白人系北米人の大学生において最も高かった。日本人よりもアメリカ人のほうが自尊感情が高いことは多くの研究において指摘されており，53か国からのデータを提供している研究結果（Schmitt & Allik, 2005）では，日本人の得点が最も低く，台湾・韓国，カナダ，アメリカの順に得点

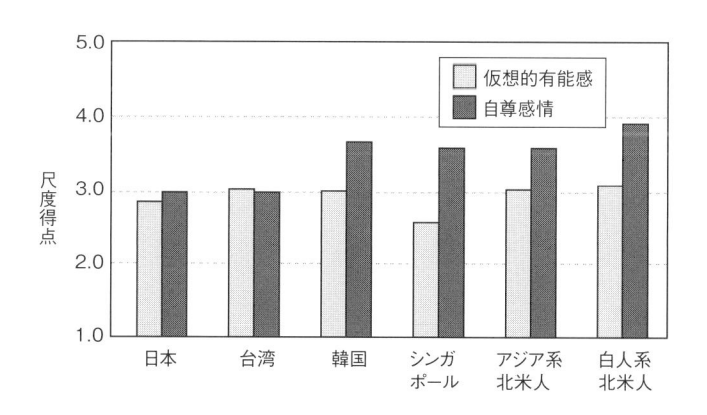

図3-13 各文化の大学生における仮想的有能感と自尊感情の尺度得点
（各尺度得点を項目数で除算した値を用いた）

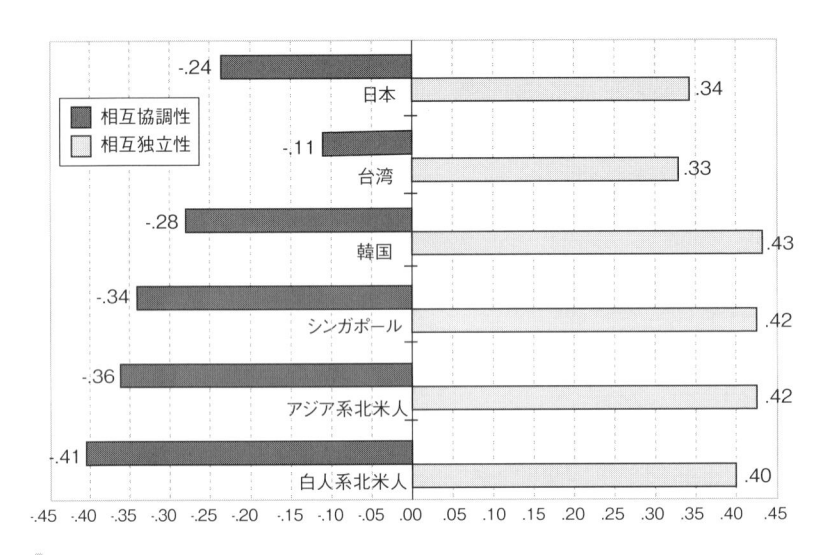

3章 仮想的有能感形成の背景要因

図3-14 自尊感情尺度と文化的自己観尺度得点の相関係数

文化	相互協調性	相互独立性
日本	-.24	.34
台湾	-.11	.33
韓国	-.28	.43
シンガポール	-.34	.42
アジア系北米人	-.36	.42
白人系北米人	-.41	.40

が高くなっている。台湾に関する結果は傾向が異なるが，これを除けば本研究は先行研究と同様の傾向を示した。また，趙ら（2009）の研究においてみられた，韓国の大学生よりも日本の大学生の自尊感情が低いという結果とも一致する。

　以上，自尊感情に関する個人主義・集団主義の枠組みを用いた比較文化的検討から，相互独立性の高い文化つまり個人主義傾向の高い文化において自尊感情が高い傾向にあることがわかる。また，先述のとおり，相互独立性と相互協調性の相対的程度をみると白人系北米人において相互独立性が優位であり，日本と台湾においては相互協調性が優位である。したがって，本研究のデータのなかでは白人系北米人を個人主義の代表，日本と台湾を集団主義の代表であるとすると，個人主義的な文化では集団主義的な文化よりも自尊感情が高いことが顕著に表れているといえよう。

　個人レベルでの分析結果として，文化ごとに自尊感情と文化的自己観の関連をみると，自尊感情尺度と相互独立的自己観尺度得点の相関係数は .33 ～ .43 であり（図3-14），いずれの文化においても相互独立性すなわち個人主義的傾向が高いほど自尊感情も高い傾向にあることがわかった。これは図3-13に示した文化間比較の結果とも整合する。一方で，相互協調性すなわち集団主義的傾向と自尊感情の関連は，全体に負の方向の関連であった（相関係数は -.11 ～ -.41）。日本人大学生に関するこれらの関連は，前述の黒田ら（2004）による研究結果とも一致していた。

6節　文化の影響

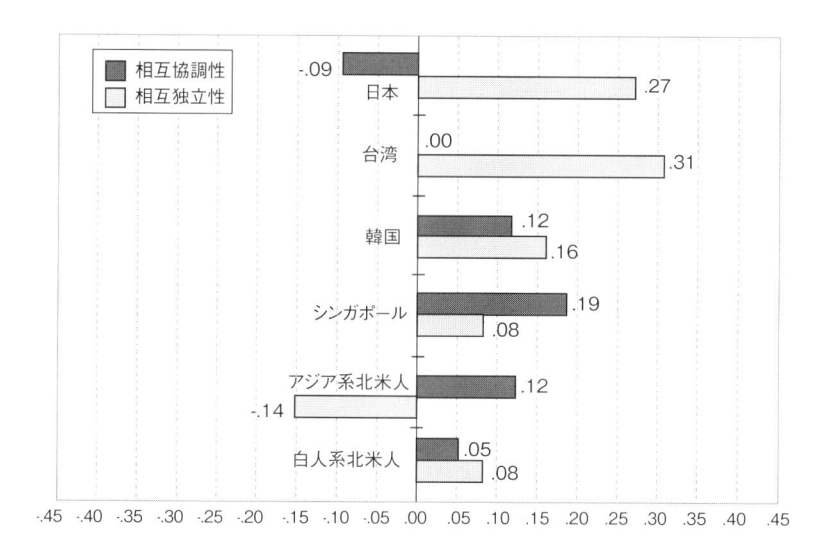

図3-15 仮想的有能感得点と文化的自己観尺度得点の相関係数

文化	相互協調性	相互独立性
日本	-.09	.27
台湾	.00	.31
韓国	.12	.16
シンガポール	.19	.08
アジア系北米人	.12	-.14
白人系北米人	.05	.08

⑤仮想的有能感と個人主義・集団主義

　仮想的有能感についてみると，シンガポール，日本の大学生は，他の文化の大学生に比べて ACS-2 得点が低かった。相互独立性の低い日本において仮想的有能感が低く，相互独立性の高い白人系北米人において高いことは，アメリカの大学生（人種構成は，ヨーロッパ系白人種 74.4％，アジア系 10.1％，ヒスパニック系 5.9％，アフリカ系 4.2％，その他 5.4％）を対象とした速水ら（2010）の研究報告とも一致する。これらから，相互独立性の高いすなわち個人主義傾向の高い文化において仮想的有能感が高いことは一部支持されたといえる。しかし，個人主義的傾向において両者の中間にあるシンガポールで仮想的有能感が最も低得点であったこと，個人主義的傾向の低い台湾において仮想的有能感が高得点であったことは，想定外の結果であった。これは仮想的有能感という概念が，文化の枠組みとしての個人主義・集団主義と，自尊感情ほどには単純な対応関係をもたないことを示しているのではないだろうか。むしろ，各文化に属する個人個人がどの程度これらの傾向を有しているかという観点からの分析が必要なのかもしれない。

　そこで，個人レベルの分析結果として，相互独立性と仮想的有能感の関連（相関係数）をみると，日本と台湾では，それぞれ .27，.31 と弱い正の相関を示したが，他の文化では -.14～.16 であり，ほぼ無相関であった（図3-15）。相互協調性

との関連は，いずれの文化でもほぼ無相関であった（相関係数は -.09 〜 .19）。速水ら（2010）のアメリカ人大学生データにおける同様の分析でも無相関（相関係数は相互独立性で .04，相互協調性で .05）であり，本研究の北米データと一致した結果が得られている。

　速水ら（2010）はこの結果を日本では弱いながらも正の相関がみられたこと（木野・速水，2009）と比較し，日本とアメリカでは相互独立性のとらえ方が異なることに起因する可能性を指摘している。つまり，日本では利己主義的ととらえられがちであるのに対し，アメリカでは個人の責任性というようなより肯定的意味づけがなされがちであるためであるというのである。本研究でみられた日本・台湾とそれ以外の文化の差異についても同様に考えることができよう。さらに，以上のような相互独立性と相互協調性の関連における文化間の差異については，中学生を対象としたデータでも同様の傾向がみられている。日本とシンガポール（中国系）の中学生を対象に同様の調査を行った木野ら（2008）の報告によれば，日本では相互独立性と仮想的有能感の間に正の関連があり（相関係数は .23），個人主義的傾向が仮想的有能感の形成にかかわっている可能性が示されている。一方，シンガポールでは関連が認められていない（相関係数は .03）。したがって，相互独立性についてのとらえ方の差異は，少なくとも初期青年期からみられることが示唆される。

　なお，個人における集団主義的傾向を測定する集団主義尺度の改訂版（個人よりも集団の目的を優先する傾向を測定するもの，Yamaguchi et al., 1995）と ACS-2 の関連を検討した結果，両尺度得点間に弱いながらも有意な負の相関がみられた（相関係数は -.25，データ数は 169；2004 年に実施，未発表データ[*4]）。これは友人集団を想定して回答させた結果であるが，集団主義的ではないほど仮想的有能感は高い傾向があることを意味する。個人主義と集団主義は必ずしも一次元的に対比される概念ではないため，個人主義的傾向との関連を直接述べることは困難であるが，この結果から，友人集団において集団主義的な度合いが低くなる，つまり，個人よりも集団を大切にする意識の低下が仮想的有能感と結びつく可能性が示された。

　相互独立性・相互協調性が自己高揚・自己卑下に及ぼす影響を検討した高田（2002b）は，日本人の場合，相互独立性の効果は相互協調性の効果よりも顕著であったことから，「一方の自己観が圧倒的に優勢である状況下では，その自己観が個人に反映された程度が個人の行動を規定する余地は少ない一方，それと拮抗する

＊4　同時に自尊感情尺度との関連を検討したところ，負の弱い相関がみられた（相関係数は -.21，データ数は 173）。

他方の自己観の内面化の程度こそが，個人レベルの影響の程度を左右する可能性」を示唆している。つまり，相互協調性が優勢な日本において，相互協調的自己観ではなく，各個人が相互独立的自己観をどの程度内面化しているのかが，その人の行動を左右するというのである。

これは本研究の結果を理解するうえで有用な示唆といえる。日本と台湾は相互協調性が優勢な文化であったことを考慮すると，相互協調性が優勢な文化すなわち集団主義的な傾向が高い文化において，相互独立性が高い，すなわち個人主義的な傾向が高いことは，他者を見下すことにより反映的に仮想的有能感を得ることを助長するものである可能性を示すものといえる。しかし，相互独立性が優勢な文化，つまり個人主義的な白人系北米人においては，個人レベルでの個人主義的な傾向の高さは，個人の行動を規定する余地は少なく，他者を見下すことで仮想的有能感を得ることとは無関連であったのではないかと考えられる。

⑥有能感タイプの文化間比較

速水（2006）では，本来的な有能感である自尊感情が低く，他者を軽視することにより，反映的に仮想の有能感を得ているものをもって，仮想的有能感の典型的タイプ（仮想型）としている。そこで，自尊感情と仮想的有能感の高低の組み合わせ（有能感タイプの分類）から，仮想的有能感をもつ典型的タイプ（仮想型）の出現率を各文化で検討した。この際，有能感タイプの分類基準はハヤミズら（2007）の研究に従った。分析の結果を図3-16に示す。

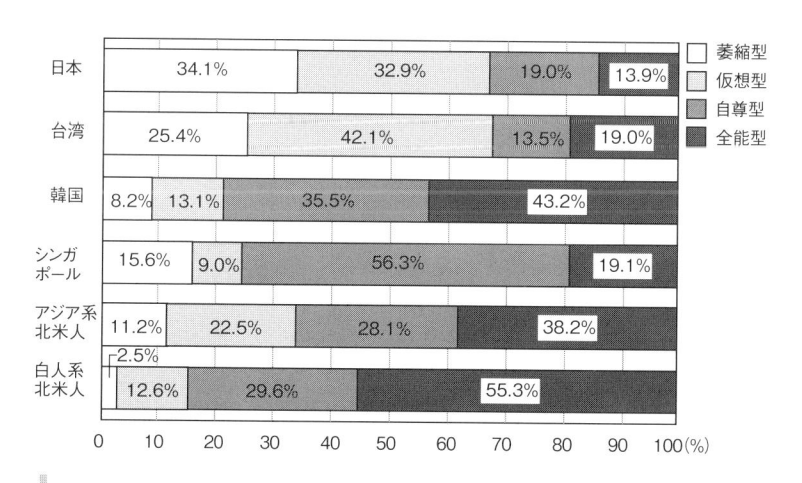

文化	萎縮型	仮想型	自尊型	全能型
日本	34.1%	32.9%	19.0%	13.9%
台湾	25.4%	42.1%	13.5%	19.0%
韓国	8.2%	13.1%	35.5%	43.2%
シンガポール	15.6%	9.0%	56.3%	19.1%
アジア系北米人	11.2%	22.5%	28.1%	38.2%
白人系北米人	2.5%	12.6%	29.6%	55.3%

図3-16　各文化の大学生における有能感タイプの出現率

仮想型の学生の比率が高いのは，台湾と日本においてであった。個人主義と仮想的有能感の関連についての個人レベルでの分析結果の解釈でも述べたが，相互協調的自己観が優勢な国において相互独立性を高めた者は，相互独立的自己観の影響を受けやすい。また，日本も台湾も高い自尊感情を得にくいことが示されている。したがって，高い自尊感情を得ることに失敗したがゆえに，見知らぬ他者を一方的に見下すことにより反映的に仮想の有能感を得ることにつながっている可能性がある。

　仮想的有能感が高いもう1つのタイプである全能型の比率が高かったのは，白人系北米人，韓国，アジア系北米人である。なかでも白人系北米人でその出現率が高い。これらは ACS-2 得点の高さのみならず，自尊感情得点も高かったことによる。しかし，仮想型がまったく出現しないわけではなく，典型的な仮想的有能感をもつ人はいずれの文化にも存在しうることを示している。アメリカ人大学生を対象とした速水ら（2010）での同様の分析でも，上記と同じく全能型（67.07％）が多いが，わずかながらも仮想型（9.15％）もみられている。

　なお，シンガポールにおいて自尊型が多いことも本データでみられた特徴の1つである。これも自尊感情得点の高さおよび ACS-2 得点の低さ（図3-13）を反映した結果といえる。ただし，シンガポールのデータに関しては，サンプルの偏りの可能性が考えられる。シンガポールの大学生は教師を目指す学生たちに偏っていたことや，シンガポールの公教育システムを考慮すると大学に進学している学生であることが有能感に偏りを生じさせている可能性がある。後者については，6節3項で紹介するシンガポールの公教育システムの特徴からみたシンガポールの中等学校の生徒の有能感の検討が参考資料となろうが，後述するようにサンプルの問題点は今後の検討課題といえる。

　以上から，仮想的有能感はいずれの文化の学生も一定程度有しているが，タイプ別に検討すると仮想型の学生の出現率は日本や台湾において顕著であることが示された。これらは集団主義的な文化特徴をもつ文化にあって，個人主義的な傾向をもつことと関連がある可能性が示唆された。

　ここで，今一度日本人の個人主義について考えてみたい。日本人の個人主義は「自分さえよければよい」ということのみが前面に押し出された未成熟なもののように見受けられる。山口（1999）は「個人主義的な人は，個人の自由意思の相互尊重に動機づけられ，必要以上の競争は抑制し，合理的ならば協同も積極的に行う」としており，一方的に自分の権利を主張する利己主義的なものとは異なることがわ

かる。速水ら（2010）でも指摘されているように，現代日本で問題視される個人主義は，本来の個人主義とは異質なものであると考えられる。

仮想型から抜け出すためには，本来の有能感つまり自尊感情を高めることが必要であるとすれば，そして，個人主義における自尊感情の高さを考えれば，個人主義的傾向をもつこと自体は悪いことではないはずである。むしろ，未成熟な個人主義に問題があるのではないだろうか。より成熟した個人主義を目指すことが望ましいと考えられる。

さらに，山口（1999）は「集団主義的な人は，集団が意識される状況では協同を強く志向する反面，群集状況のような集団の枠組が意識されない状況では，一転して過度に競争的，利己的にふるまう傾向が高い」との説明も加えている。また，山岸（2008）は，集団主義的な社会では，相互監視・相互制裁のしくみによって「安心」が保障されており，そのため人々は集団主義的な行動をとる，としている。つまり，個人個人が協調的な心をもっているかどうかではなく，社会のしくみのなかに集団主義がある，というのである。しかし，経済のグローバル化や高度な情報化社会に直面した現在の日本社会では相互監視・相互制裁にもとづく「安心」は崩壊しつつあることも指摘している。これらを考え合わせると，集団主義的な社会の枠組みが揺らぎ，その秩序が乱れゆくことにより，集団主義的傾向を示す日本人は利己的な思考や行動を行いがちになったととらえられよう。現在の日本で指摘される未熟な個人主義化はむしろ，社会の枠組みの揺らぎにより，集団主義的価値が有効に機能しなくなった結果ともいえるのではないだろうか。

山岸（2008）によれば，集団主義的な社会では本質的に「信頼」を必要としないが，個人主義的な社会では必要とする。そして，日本社会は他者との協力関係を構築していく「信頼社会」への転換期にあり，このような社会で必要とされる能力は，他者を信頼する力であるという。しかし山岸は，日本人は他者一般に対する信頼感が低い傾向にあるという問題も指摘し，他者への信頼感を高めるためには，トライアンドエラーで前向きに他人と協力関係を結ぼうと努力する姿勢が大切であるとしている。また，社会のレベルで対応すべき点としては，道徳教育や賞罰による監視・統制よりも「正直者がトクをする社会」をつくることが有効だという。個人主義的な価値は拒絶すべきものではなく，個人主義的な価値を重んじる社会を生き抜く力を発揮できるしくみを考えていくべきであることが説かれている。

(4) 比較文化研究の問題点

　本研究では，個人主義・集団主義の理論的枠組みをもって仮想的有能感の文化比較を試みたが，近年この理論の批判が展開されている。トリアンディス（Triandis, 1995）は，文化を単純に2極化することに疑問を呈されたことに対して，さらに権力格差の次元を個人主義・集団主義に取り入れ，垂直的・水平的な個人主義・集団主義の分類を提案した。つまり，同じ個人主義であっても，個人間の地位や権力の格差を容認するか（垂直的），それとも民主主義的な平等性を原則とするか（水平的）によって，個人主義・集団主義文化を細分化することを可能とした。トリアンディスは，日本および韓国とその他東アジアの国の大半は垂直的集団主義であり，アメリカは垂直的個人主義であると主張している。一方，大学生を対象とした最新の研究では，日本および（シンガポールの隣国である）タイはこの4分類のうち，水平的集団主義によって最も特徴づけられている一方，アメリカは水平的個人主義得点が最も高いことが明らかにされている（McCann et al., 2010）。このことは，学生のサンプルとおそらく社会人を想定しているトリアンディスの見解との乖離があることを意味している。

　比較文化研究における学生のサンプリングが問題点として多くの議論を呼んでいる（Gudykunst et al., 1996 を参照）。学生の社会的位置づけがそれぞれの文化によって異なり，サンプリングにおける文化的等価性が実現されていない可能性がある。たとえば，日本では高校から直接大学に進学する者が多く，また進学率自体が高いことから（2007年は54.6％，文部科学省，2011），高等教育の大衆化がうかがえる。欧米では進学率が高くても（アメリカは2004年に63.8％，文部科学省，2011），大学生は自活しており，自分で学資を稼ぐ者が多く，そのため平均年齢と社会経験が日本よりも高い。一方，他の国と比較して，経済的に発展していないシンガポールでは進学率が日米の半分程度（Singapore News, 2011）であり，大学進学はエリート層に限定されており，大学生は富裕層に属するといえよう。同じ大学生でも，決して等質な社会層が反映されているとはいえず，また特定の文化全体の人々を，学生がどの程度代表しているのかについても異なる。こうした質的差異が比較文化研究の結果の解釈に影響を及ぼしていた可能性がある。

　本研究が用いたもう1つの理論枠組みは，マーカスとキタヤマ（1991）の文化的自己観であったが，仮想的有能感との相関が文化間で一様ではなかったことから，この理論の妥当性に議論の余地がうかがえる。レヴィーンら（Levine et al., 2003）は比較文化研究における文化的自己観理論の予測性を疑問視し，その原因は測定器

具にあると強い批判を展開した。メタ研究を実施した結果，文化的自己観の概念を測定する既存の尺度には妥当性を十分に備えているものがないという結論に至った。本研究で用いた高田（2000）の尺度も日本人をもとに開発されているため，比較文化の目的に，内容的妥当性の面などで適しているかどうかは定かではないところがある。

　有能感タイプの出現率の比較から，日本と台湾が類似しており，また韓国と北米人が似ていることが明らかになった。このパターンを説明するのに，前者は文化的自己観によって説明できるものの，後者，およびシンガポールの独特性については文化的自己観では十分に解釈できない。これに関しては，上述の個人主義・集団主義の垂直性・水平性による検討が役立つかもしれない。また，実際のデータではトリアンディスが予想するそれぞれの国の垂直性・水平性に合致していないことが明らかにされているが，個別のアジアの文化対アメリカの比較よりも，アジア地域内の国際比較が必要である。それぞれの文化の垂直性・水平性，個人主義性・集団主義性を調べることにより，類似した文化の群をもとに有能感のパターンをより精細に説明できるかもしれない。

　まとめると，今後の研究の発展としては，学生のサンプルの問題点の改善，理論的枠組みの見直し，および各国語への翻訳の問題も含めて測定尺度の検討が必要である。今後はより多くのアジア地域の文化のデータによる比較を実施することにより，今回の研究で得られた差異についてより正確に説明できるようになるであろう。

2．コミュニケーション頻度との関連

（1）現代日本青年への注目

　仮想的有能感形成の背景要因として文化の影響を考えるにあたり，ここまでは個人主義・集団主義との関連について多様な文化からのデータを用いて検討を試みた。これは仮想的有能感の背景の1つに個人主義の浸透が想定されていたためである。速水（2006）では，個人主義化により仮想的有能感が生じる理由として，個人主義化が人間関係の希薄化につながり，他者の能力を他者とのかかわりのなかで多面的に評価することができないためではないかとしている。そこで以下では，現代日本青年の他者とのかかわりの様相の一指標として身近な人とのコミュニケーション頻度に注目し，仮想的有能感との関連を検討する。これは現代社会・文化の変化の事例として指摘される具体的な行動と有能感の関連を検討することを意味するもので

あるが，これに先立ち，仮想的有能感が現代日本社会の変化の影響を受けやすい青年だけに特有の現象なのかを，他の年齢集団との比較結果により確認しておくこととする。

(2) 青年と他の年齢集団の有能感の比較

　現代日本青年の特徴として提唱された概念が，はたして青年に特有の現象であるのかについては，1章2節4項において，日本人の他の年齢集団を対象にした調査結果（Hayamizu et al., 2007）をもとに検討されている。その結果を簡単にふりかえると，自尊感情は大学生以降年齢とともに上昇すること，一方で，仮想的有能感は，中学生・高校生で高く，大学生でいったん低下するが，その後再び上昇傾向にあり，55歳以上の成人で中学生・高校生と同程度の値に達することがわかる。いずれの得点も，大学生前後で大きく変化するといえる。また，有能感タイプについては，仮想的有能感が高く自尊感情が低い仮想型は，中学生・高校生に顕著であり，55歳以上の成人にも多くみられる。仮想的有能感が高いもう一方のタイプ，自尊感情を伴った仮想的有能感の高さを示す群（全能型）が年齢とともに増え，その逆のいずれも低いタイプ（萎縮型）は24歳以降，年齢とともに減少することがわかる。そして，自尊型は，中学生・高校生では少なく，大学生から54歳までの成人で多い。これらは，仮想的有能感と自尊感情得点の平均値を反映しているが，タイプ分けにより変化の様相がより顕著になったといえる。

　以上の結果は，仮想的有能感の高さ，そして仮想的有能感を典型的にもつタイプ（仮想型）が初期青年期に特有であることを示すものであった。一方で，55歳以上の成人においても仮想的有能感の高さが認められた。タイプ分けによる結果で，自尊型が青年期以降増加したこと，そして55歳以降で自尊型が減少し全能型が多くみられたことをあわせて考えると，55歳以降の回答者にとって，ACS-2により測定されたものは，青年にとっての意味とは異なる可能性が示唆されている（Hayamizu et al., 2007）。一定の社会経験を経ているこの世代では，他者批判・軽視が自身の経験に裏打ちされた本来的な有能感を伴うものであり，他者軽視により自信のなさをうめあわせる仮想的有能感とはいいがたい側面もあると考えられる。そして，青年期にみられた自尊感情が低く仮想的有能感が高いという特徴は，低い自尊感情を補償するために他者を見下すことにより反映的に有能感を得ようとしていることを左証するものといえよう。

　ところで，1章2節4項の最後に述べられているとおり，調査時点で成人であっ

た回答者の，青年期についてのデータを得ることはできないため，仮想的有能感が，個人主義が未成熟なままに浸透してきた「現代の」青年のみに特有であるのかには議論の余地がある。この点を厳密に確認するためには，縦断的な研究が必要である。しかし，現時点では困難であることを考えると，別の観点からの研究により，議論の余地を狭めていくよりほかない。この意味で，前項の個人主義傾向の異なる他の文化の青年との比較や，個々人の個人主義化の程度との関連を検討することには一定の意義があったといえる。さらなる検討として考えられるのは，個人主義化との関連から想定される他の要因との関連を明らかにすることである。そこで次に，コミュニケーション頻度と有能感の関連をみる。

(3) コミュニケーション頻度との関連

　青年の対人関係の希薄化が指摘されはじめて久しい。近年では，インターネットや携帯電話などの情報機器の発達と普及により，メールでのやりとりが増え，他者と直接対話する必要のある場面が減少していること，コンビニエンスストアなどの普及により，店員との会話がなくても買い物ができるなど，他者とのかかわりの機会が減少していること，少子化や自由な遊び時間・場の減少により，子どもが仲間とかかわる機会の絶対数量が減少していることをあげ，総じて他者とのかかわりが希薄になっているとし，これらが子どもたちの社会性低下の背景にあるとの意見もみられる（青木ら，2010）。この他にも核家族化や地域社会のつながりの弱体化などが希薄化の背景にあげられよう。そして，これらは他者とのコミュニケーションの問題といいかえることができる。つまり，コミュニケーションの問題は現代社会の変化の一要素としてとりあげるべき内容といえる。

　木野と速水（2010）は，大学生を対象に家族，友人，教師とのコミュニケーション頻度と有能感タイプとの関連を検討した結果を報告している。とりあげられたコミュニケーションの内容には，挨拶をする，雑談をする，相談をするなどが含まれていた。分析の結果は図3-17に示すとおりである。教師とのコミュニケーション頻度は全体に低いため，有能感タイプによる差異が認められない。しかし，家族や友人とのコミュニケーション頻度には有能感タイプによる差異が認められており，いずれも仮想的有能感を有する典型例である仮想型において，理想的な有能感タイプと考えられる自尊型よりもコミュニケーション頻度が低いことが示されている。最近の日本青年における，コミュニケーション頻度の少なさが有能感と関連することを実証したといえる。

3章 仮想的有能感形成の背景要因

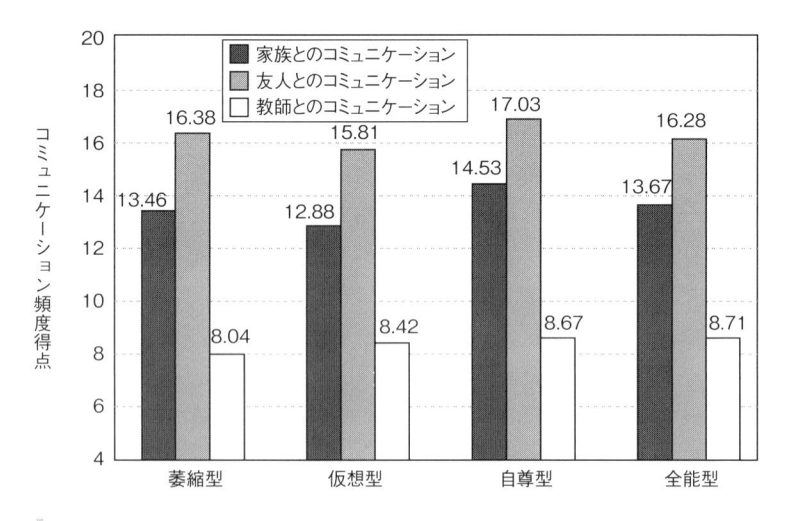

図3-17 対象別コミュニケーション頻度得点の有能感タイプ間比較
（木野・速水，2010より日本人大学生のデータを抜粋し作成）

　さらに，この研究では報告されていないが，同時に収集されたデータには，人の話をしっかり聞いているか，人に心からお礼を言うか，という，他者と交流する際の真摯な態度をたずねる項目も含まれていた。これらに関する分析の結果，仮想型に比べて自尊型のほうがこれらをよく実行できていることが示された。他者とのかかわり方に関する示唆は，インターネット利用と仮想的有能感の関連を検討した宮川（2005）からも得られる。宮川（2005）によれば，インターネットの閲覧頻度が高いことは仮想的有能感の高さと関連するが，インターネット閲覧頻度が高くても，他者とのかかわりをもとうとする場合は，仮想的有能感をもちにくいという。
　これらの結果から，他者とのかかわりを回避しようとする心性や，他者とのかかわりの少なさ，および，かかわる際の不敬・不遜な態度の強さが，他者をよく知る機会を失わせ，安易に他者を軽視することにつながり，仮想的有能感の生起にかかわっていることが考えられよう。このような他者とのかかわりのあり方は，未成熟な個人主義とも関連するのではないだろうか。
　以上，仮想的有能感形成における文化の影響を検討するにあたり，コミュニケーション頻度との関連を検討してきた。本結果から，仮想的有能感を低める手近な手だての1つとして考えられるのは，他者とのコミュニケーションを増やすということであろう。もちろん，これは単純に回数を増やせばいいというものではないのは

いうまでもない。正しく他者を理解しようとする姿勢に結びつくこと，また多様な考え方を理解するために幅広く関心をもとうとすることにつながるものである必要があろう。

3. 競争的な教育環境との関連

(1) シンガポールの中学生データへの注目

　大学生の仮想的有能感に関する文化間比較データにおいて，シンガポールの大学生は自尊型の出現率が非常に高く，仮想型の学生は少ないという，特殊な傾向を示したのは本節1項でみてきたとおりである。その理由については明確ではないが，背景の1つにはシンガポールでは実力主義の考えにもとづき，人材育成のための教育に力が入れられていること，そして子どもの頃からそのような環境で学び大学に進学した学生からのデータにもとづく結果であったことが考えられよう。つまり，シンガポールの大学生は一定の競争を勝ち抜いてきたエリートであり，その特徴が色濃く現れていた可能性がある。

　後述するが，シンガポールの学校教育システムでは，子どもたちは小学5年生の段階からその学力に応じたコースに配属される。配属コースごとにその学力レベルに応じた授業内容が組まれるため，学習者のレベルに合わせた教授が可能となるが，その後の試験において下位コースの子どもが上位コースの内容に挑戦する機会はほぼ失われることになる。したがって，教育内容の質的・量的な差は，子どもたちの将来を左右する重大事であり，より高い学力のコースへの配属を求めての競争激化の種となる可能性もあろう。また，学習者個人にとっては，自己の学力を明確にされることとなり，低レベルコースへの配属は，劣等感を生みだす可能性がある。以下ではこのような環境が，青少年の仮想的有能感に及ぼす影響について，シンガポールの中学生を対象に行った調査（Tan et al., 2009）にもとづき検討する。

(2) シンガポールの教育システム

　実力主義が，シンガポールの公教育システムの基本原則である。シンガポール教育省（Ministry of Education）は，すべての子どもについて子ども自身が潜在的にもつ能力を開花させ，同時に，家族，社会，ひいては国家に対する責任感をもったよき国民を育てることを目的として，すべての子どもの能力に柔軟に対応できるような教育システムを推奨している。このシステムの特徴の1つが，学力別コースに

児童・生徒を配置することである。1979年から始まったストリーミング・システム（streaming system）は多くの議論を巻き起こしたが，シンガポール独自の教育指針としては最も成功した部類といえる。

　シンガポール政府は，日々変動する経済状況のなかで，この競争社会を勝ち残れる人材を開発することを強く推進している。それは，シンガポールは天然資源に乏しく，人材こそが唯一の資源であるからである。政府には，教育の質が国家の将来に重要な役割を果たすということが共通見解としてある。すなわち，人材強化の最善策は教育の質であるという理解がある（Chan, 1990）。そこで，すべての社会階層の人々に利するシステムの構築がなされた。このシステムは，生産性の向上や経済成長を目指すには不可欠なものであった。このような取り組みが功を奏してか，近年の就学状況についての調査では，中等教育を終えられない生徒の数は2001年の4.3％から2005年の2.6％まで減少し，その後も中等後教育を受ける比率は上昇してきた（Balakrishnan, 2007）。

　ところで，このシステムを推奨する理論的根拠は，学力に応じた学びの欲求を満たし，同時に，学力が低い生徒の自信を失わせないことである（Ng, 2008）。学業レベルの高い生徒にはもっと厳しいカリキュラムを，学業レベルで劣る生徒にはゆとりのあるカリキュラムを提供するのである。

　しかし，コース分けの過程で，生徒の学力を見きわめる必要がある。そのための最も理にかなった方法は試験を行うことである。このため公教育において試験は大変に重視されている。結果として，このシステムは，競争を激化させ，また親の子どもに対する期待を増幅させるものといえる。

　コース分けは初等学校（Primary School，日本の小学校に該当）[*5]のオリエンテーション段階（5・6年生）から始まるが，このコース分けの基準となるのが4年生まで（基礎段階）の学業成績である。そして，初等学校6年生の終わりには初等学校修了試験（Primary School Leaving Examination: PSLE）があり，この成績にもとづき，中等学校（Secondary School）[*6]では学力別の4コースに分けられる。能力の高いコースから順に，特別コース（Special Course）約10％，高速コース（Express Course）約50％，標準コース（普通課程）（Normal Academic Course）約25％，標準コース（技術課程）（Normal Technical Course）約15％で

[*5] シンガポールの教育システムに関する用語の日本語訳は斎藤（2002）を参考にした。
[*6] 斎藤（2002）によれば，日本の中学校と高等学校を併せたものに該当するが，修学年数は4〜5年と日本より短い）。

ある。特別コースと高速コースは学力の高い生徒向けであり，GCE-O レベル試験（Singapore-Cambridge General Certificate of Education Ordinary-level national examination，シンガポール – ケンブリッジ一般教育証書の中等教育終了上級資格の試験）に備えた4年間のコースである。この試験での成績が，中等後教育機関（ジュニアカレッジなど）の入学者選抜で最も重要な資料となる。標準コースも4年間のプログラムであるが，終了時に受験できるのは通常，GCE-N レベル試験（Singapore-Cambridge General Certificate of Education Normal-level national examination，シンガポール – ケンブリッジ一般教育証書の中等教育終了普通資格の試験）である。GCE-N レベル試験で一定の基準に達すれば5年生に進学でき，GCE-O レベル試験を受験できる。5年生に進学しなかった場合は，職業教育を受けることになる。標準コースのうち，普通課程は GCE-N レベル試験に備えたコースであり，技術課程は将来職業教育を受けるための準備コースである。

このようにシンガポールの生徒たちは，初等学校の段階から自分の学業レベルを査定する試験にさらされており，その試験結果によって受けられる中等教育の内容が異なり，さらには将来の選択肢が制限されることになる。このような状況は，過剰な競争志向を生みだす原因となり，また，試験のたびに子どもたちのストレスを増幅させると考えられる。

(3) ストリーミング・システムと仮想的有能感

ストリーミング・システムのなかで学業成績指向への傾倒は，試験のためにだけ学校教育が行われるようになっていく危険性をはらむ。このような厳しい競争のなかでの勉強は，子どもの自己効力感，特に大器晩成型の子どもの自己効力感に大きなダメージを与える（Johnson et al., 1993；Midgley et al., 2001）。

シンガポールのストリーミング・システムが自尊感情に及ぼす効果について論じた研究はほとんどない。そのようななか，その結果は複雑な様相を呈しているとしながらも，興味深い結果を示している縦断研究がある。この研究では（Liu et al., 2005），学業に関する自己評価は中等学校1～3年生へと学年を追うに従って，下がることが示された。ただし，低学力コースの生徒では，3年後には自己概念が肯定的になっていることを示している。そして，この理由を社会的比較の範囲が同じ学業レベルのコースメンバーとなることに求めている。その結果，低レベルコースに配属されることは，学業に関する自己評価を高めるというのである。

しかし，低レベルコースへの配属を心から望む生徒はいないであろう。ほとんど

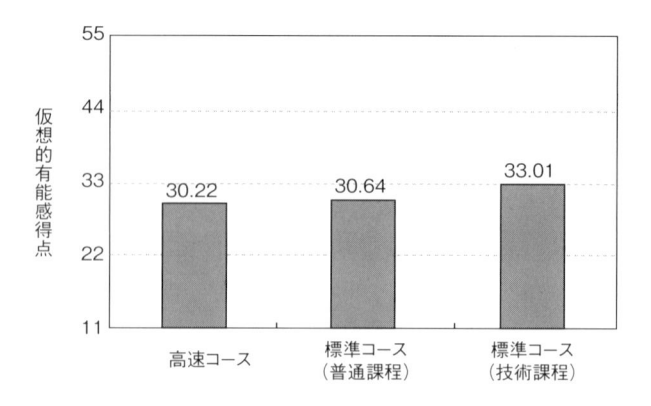

3章　仮想的有能感形成の背景要因

図3-18 シンガポールの中学生におけるコースごとの仮想的有能感得点の平均値（得点可能範囲は 11 ～ 55）（Tan et al., 2009 のデータをもとに作図）

- 高速コース：30.22
- 標準コース（普通課程）：30.64
- 標準コース（技術課程）：33.01

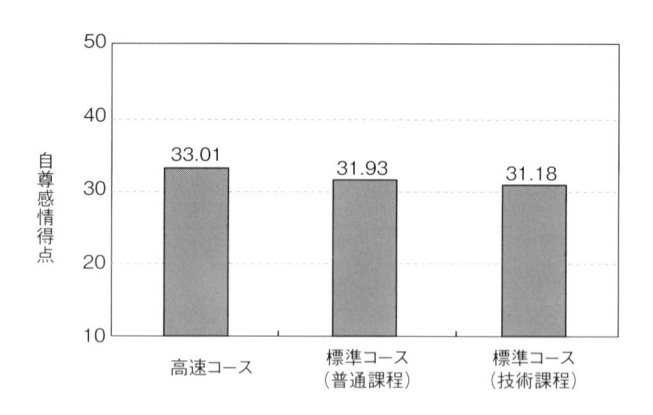

図3-19 シンガポールの中学生におけるコースごとの自尊感情得点の平均値（得点可能範囲は 10 ～ 50）（Tan et al., 2009 のデータをもとに作図）

- 高速コース：33.01
- 標準コース（普通課程）：31.93
- 標準コース（技術課程）：31.18

すべての生徒がより高い学力のコースへの配属を望むと考えれば，シンガポールの教育現場では競争とプレッシャーから逃れられないといえよう。そして，全人的教育（nurturing the whole person）が公教育の最も重要な目的の1つであるならば，学業的な自己概念以外の自己概念とストリーミング・システムとの関連も検討されるべきである。

そこで，シンガポールの中等学校の生徒に，有能感に関する調査を実施したのがタンら（Tan et al., 2009）の研究である。1年生から3年生の665名を対象に英語版の ACS-2 および自尊感情尺度への回答を求めた。人数が少なかった特別コース

6節　文化の影響

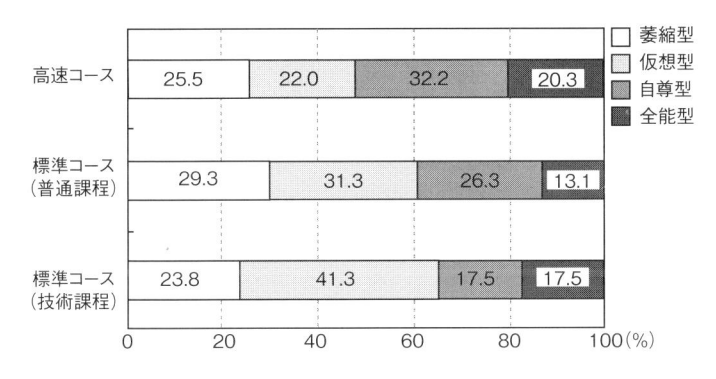

図 3-20　シンガポールの中学生におけるコースごとの有能感タイプの出現率（タイプ分けの基準は Hayamizu et al., 2007 に従った）（Tan et al., 2009 のデータをもとに作図）

コース	萎縮型	仮想型	自尊型	全能型
高速コース	25.5	22.0	32.2	20.3
標準コース（普通課程）	29.3	31.3	26.3	13.1
標準コース（技術課程）	23.8	41.3	17.5	17.5

の生徒たち6名のデータは分析から除き，高速コース437名，標準コース（普通課程）111名，標準コース（技術課程）111名のデータを分析対象とした。分析対象者の民族構成は，中国系が436名（66.2%），マレー系が175名（26.6%），インド系が10名（1.5%），その他が17名（2.6%），無回答が21名（3.2%）で，男女構成は男子345名，女子313名，性別不明1名であった。分析の結果，仮想的有能感については，標準コース（技術課程）の生徒は他の2コースの生徒よりも得点が高く，その一方で，自尊感情については，標準コース（技術課程）の生徒は高速コースの生徒に比べて得点が低かった（図3-18，図3-19）。また，有能感タイプに関する結果は，これらの尺度得点の結果を反映するものであり，標準コース（技術課程）で仮想型が多く，高速コースで自尊型が多いことが示された（図3-20）。

　最も学力の低いコースで，仮想的有能感得点が高く，自尊感情得点が低いこと，そして仮想型の比率が高いことは，憂慮すべき結果である。学年を追っての縦断研究ではないため，本研究の結果をストリーミング・システムの影響とただちに結論づけることはできない。しかし，学力の低いコースへの配属は，進路選択の幅を狭めることにつながる重大な失敗経験と認識されうるものであり，将来への希望もくじくことにつながりかねない。つまり，競争社会での敗者であることを，生徒たちに確認させ，自信をも失わせることになる。そして，他のコースへ移る機会はシステム上では閉ざされていないが，コースにより学習内容が異なるため，実際には困難と考えられることから，失った自信を回復する術がたやすくは見つけがたい。このため，低下した自尊感情を補償すべく他者を見下すことにより有能感を得ようと

している可能性が考えられる。このような補償の仕方は応急的なものであれば許容可能であろうが，長期的には好ましいものではない。シンガポールの公教育システムは，学力に応じた適正な処遇を施すことにより，人材育成という点で大きな成果を上げていると考えられる。しかし，もし，仮想的有能感を生みだすことがこのシステムの否定的側面であるならば，低学力コースに配属された生徒たちには特に，本当の有能感を回復し，育てる手だてを提案していく配慮が学校教育の課程でも求められよう。

4章 仮想的有能感と問題行動

1節 いじめ

1. 現代社会といじめ

　子どもたちのいじめが社会問題になって30年近くになる。1980年代から今日まで，いじめの研究や対策は国をはじめ多くの研究機関や民間団体などで取り組まれてきた。その成果は膨大な著作や論文，報告書として蓄積され，現代日本のいじめ研究のレベルは世界のなかでも有数の先進国にまで成長した（滝, 2008；森田, 2010）。

　日本におけるいじめとは，「当該児童生徒が一定の人間関係のある者から，心理的・物理的攻撃を受けたことにより，精神的な苦痛を感じているもの」を指し（文部科学省, 2007），被害を受けた子どもたちには不登校や精神的・身体的不調，自殺企図などさまざまな悪影響が懸念されている。また，いじめは，たとえ解消したとしても被害者に長期にわたって精神的・身体的に影響を及ぼすことが示されており，憂慮すべき問題であるといえる。

　では，現代の日本にはいじめの被害にあった，またはあっている子どもたちがどれくらいいるのだろうか。文部科学省（2010）によると，2009（平成21）年度のいじめ発生認知件数は7万2,778件であり，ここ数年減少傾向にある（図4-1）。

4章 仮想的有能感と問題行動

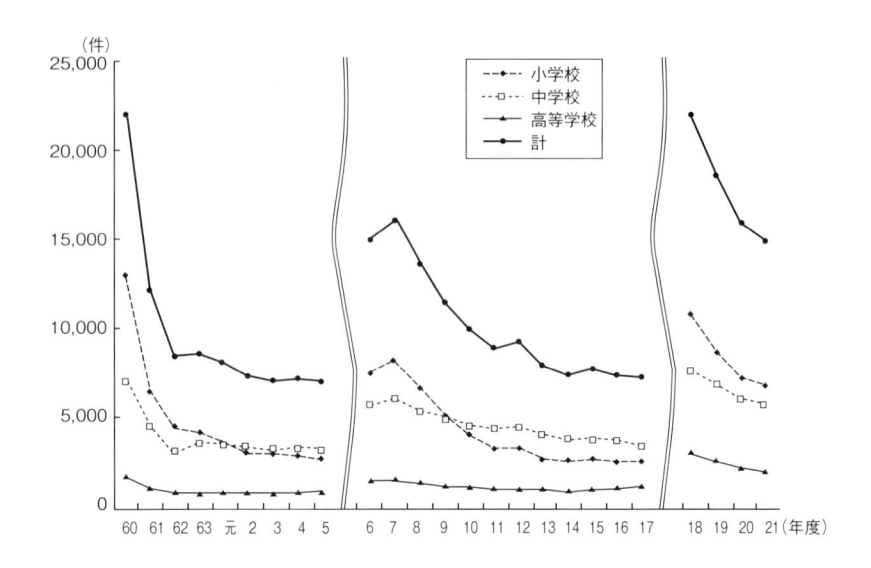

図4-1 いじめの認知(発生)件数の推移（文部科学省，2010）
(注) ①平成5年度までは公立小・中・高等学校を調査。平成6年度からは特殊教育諸学校，平成18年度からは国・私立学校も調査。
②平成6年度および平成18年度に調査方法等を改めている。
③平成17年度までは発生件数，平成18年度からは認知件数。

　しかし，この調査結果からいじめ問題が改善に向かっていると判断するのは早計であろう。この結果は，ただ単に学校で捕捉できた数値であり，実際に被害にあった，またはあっている子どもたちの数を反映しているかは甚だ疑問である。また，いじめは常に起こりうるものであり，いじめのない学校環境は存在しないこと（Olweus, 1993），いじめは力関係の場の力学のなかで影のように忍び寄る現象であり，これを根絶やしにすることは不可能に近いこと（森田，2010）なども指摘されており，この発生認知件数がいじめの全体像を把握しているとはいいがたい。しかも，インターネットや携帯電話などが普及した社会で生きている現代の子どもたちのなかでは，24時間いじめに晒されるネットいじめが蔓延し，いじめの数はよりいっそう把握しにくいものになっている。
　つまり，いじめ研究の先進国である日本においても，いじめで苦しんでいる子どもたちが私たちの予想をはるかに上回る数存在しており，いまだに深刻な状況であることには変わりはない。そのため，いじめの様相を把握し，原因や関連する要因を検討することが急務であるといえる。
　いじめの様相に関して，1980年代後半以降，質的に変貌したことが指摘されて

いる（鈴木，1995）。以前のいじめと比較すると，現代のいじめは悪質で陰湿になり，発覚しないような巧妙な工夫がなされるようになった。さらに，インターネットや携帯電話による事実無根の誹謗中傷が事実であるかのように扱われ，いじめ行為が正当化されるようにもなった（山脇，2006）。そして，深刻ないじめはどの学校にも，どのクラスにも，どの子どもにも起こりうるものであり，学校で起こるいじめのほとんどが普通の子どもによって行われているのである。また，加害者と被害者の関係は固定されたものではなく，誰もが常に被害者に陥れられたり，加害者に変身したりすることもある。実際に香取（1999）は，一方的ないじめ被害あるいは加害経験よりも被害かつ加害経験をもつ子どもが一番多いことを指摘しており，現代のいじめは複雑かつ深刻な様相を呈していることがうかがえる。

このようないじめの深刻化の原因について，蜂屋（1986）は，「他者との下方比較過程」による攻撃行動を強く助長する社会的条件の出現（慢性的欲求不満状態，耐性欠如，他者の痛みへの無関心）と社会的コントロール・システムの減少（いじめを抑制する機能の喪失）をあげている。また，宮原（1983）は現代のいじめの本質について，自己の周りにある均質な集団的雰囲気に同化しない者への差別・嫌悪・無関心の表現であり，均質集団から自分一人が脱落することへの恐怖感の表現でもあると述べている。文部省（現文部科学省，1996）の調査結果においても「仲のよかった友だち」をいじめるというケースが多くみられるように，子どもたちのなかには自分が集団から逸脱しないためには，他者がどうなろうと関係ないといった自己中心的な考えがあることがうかがえる。このような自己防衛的な要素の他に，いじめの根底には，他者を不当に扱うことによってみずからの威厳を維持あるいは回復したり，他者よりも優位に立ちたいという心の表れがあると考えられる。

つまり，いじめることは，自分の立場を安定させると同時に，被害者を見下し，自分が優位であることを認識できる機会となりうるのである。このような他者の存在を軽視し，自身の根拠のない有能感を高める傾向は，まさに仮想的有能感そのものである。

2. 仮想的有能感といじめ

それでは，いじめと仮想的有能感はどのような関係があるのだろうか。まず，仮想的有能感が高い人の特徴といじめ加害者，被害者の特徴を整理したところ，いくつかの類似点があることがわかる（表4-1）。たとえば，仮想的有能感が高い人は，

表4-1 仮想的有能感といじめとの関連

		いじめ加害者	仮想的有能感	いじめ被害者
感情	①怒りや攻撃性	恨みや猜疑心といった他者への敵意的攻撃性を抱きやすく、暴力や暴力的手段に対して肯定的態度を示す（古市ら，1989；本間，2003；Olweus, 1984）	仮想型や全能型は個人的出来事に対して怒りやすく、社会的出来事に対しては怒りも悲しみも感じない（Hayamizu, et al., 2007）	攻撃性と正の相関がある（神原・河井，1985）
		怒りの感情が攻撃性へ転化する（堀尾，2008）	怒りを表出しやすく、攻撃性も高い（速水ら，2004；高木，2006）	
			非行少年のなかでも特に仮想的有能感をもつ者は攻撃的である（Kono, 2008）	
	②協調性や共感性	協調性が低く、いじめ被害や被害者への道徳・共感的な認知や感情が低い（古市ら，1986；古市ら，1989；本間，2003）	協調性や共感性が低い（速水ら，2004；高木，2006）	協調性が低い（古市ら，1986；神原・河井，1985）
			共感性のなかでも「視点取得」では仮想型が萎縮型や自尊型に比べて有意に低く、「共感的配慮」では全能型や仮想型が低い（Kono, 2008）	
	③劣等感	内面に抱える劣等感が強い（堀尾，2008）	仮想型はエリクソンの第Ⅳ段階の勤勉性（対劣等感）が4つの型のうち最も低い（伊田，2007）	劣等感が強い（古市ら，1986；古市ら，1989）
精神的健康		比較的高いストレス状態（不機嫌や怒り・無気力）にある（岡安・高山，2000）	仮想型の人は日頃から感情的に不安定で強い抑うつ感情や敵意感情を抱いている（小平ら，2007）	ストレス全般が高く、情緒不安定である（古市ら，1986；岡安・高山，2000）
		心身の健康状態が悪い（Rigby, 1998）	情緒不安定であり、不安感が強い（山田・速水，2004）	抑うつ・不安傾向が高く、精神的身体的不調を強く訴える（岡安・高山，2000；Rigby, 1998）
学業場面		被害者ほどではないが、学業に関するストレッサーの経験頻度が高く、嫌悪的に感じている（岡安・高山，2000）	学業の不快感情と有意な正の相関がある（速水ら，2004）	学業に関するストレッサーの経験頻度が高く、嫌悪的に感じている（岡安・高山，2000）

	いじめ加害者	仮想的有能感	いじめ被害者
対人関係 ①友人関係	友人関係は良好である（本間，2003）	友人関係の不快感情と有意な正の相関，友人関係満足度と有意な負の相関がある（速水ら，2004）	級友への適応の悪さと関連している（古市ら，1989）
	仲間集団内での人気は中位である（Olweus, 1984）	仮想型は友人関係の信頼や楽しさが他の3つの型よりも有意に低い（高木ら，2006）	孤立傾向が高い（神原・河井，1985；Olweus, 1984）
②教師との関係	教師との関係が良好ではない（岡安・高山，2000）	仮想型は自尊型に比べて教師関係安定性が有意に低い（高木ら，2006）	加害者と同程度，教師との関係に関するストレッサーの経験頻度が高く，嫌悪的に感じている（岡安・高山，2000）
	教師への反抗的姿勢が強い（富士原・松井，1986）	教師が生徒理解しようとかかわった生徒の仮想的有能感は低下するが，教師がかかわろうとしなかった生徒に関しては仮想的有能感が高くなる（山本ら，2008）	
③家族関係	家庭不適応である（古市ら，1986）	家族関係の快感情と有意な負の相関がある（速水ら，2004）	家庭不適応である（古市ら，1986）
		仮想型は自尊型に比べて父親への親和性が有意に低い（高木ら，2006）	

（注）（　）内は研究例

攻撃性が高く，協調性や共感性，学校生活，友人関係の満足度が低いといった特徴がある（速水ら，2004）。加害者の特徴としては，恨みや猜疑心といった他者への敵意的攻撃性を抱きやすく，協調性の低さやいじめ被害や被害者への道徳・共感的な認知や感情が低い傾向があげられる（古市ら，1986）。さらに，被害者の特徴としては，攻撃性や学業に関するストレッサーの経験頻度が高く，協調性が低く，級友への適応が悪いことなどがあげられている（岡安・高山，2000）。つまり，いじめの加害者も被害者も仮想的有能感が高い人の特徴と関連している。

そこで，松本ら（2009）は，高校生約1,000名を対象に仮想的有能感といじめとの関連について検証した。いじめについては加害経験と被害経験の両側面をとりあげ，いじめの種類としては身体的いじめ（たたく・けるなど），言語的いじめ（悪

口を言うなど），間接的いじめ（無視するなど）の3種類に分けて経験の有無を尋ねた。その結果，仮想的有能感は3種類のいじめの加害，被害いずれの経験とも有意な正の相関を示した。同様に，松本ら（2009）のデータを用いて自尊感情との組み合わせによる有能感タイプに分類して検討したところ（仮想的有能感；$M = 31.41$, $SD = 7.40$, 自尊感情；$M = 28.30$, $SD = 6.10$），仮想的有能感の低い自尊型・萎縮型では身体的，言語的いじめ加害経験者が少なく，仮想的有能感が高い全能型・仮想型では身体的，言語的いじめ加害経験者が多いことが示された。間接的いじめ加害経験においても，自尊型では経験者が有意に少なく，全能型・仮想型では有意に多いことが示された（図4-2）。またいじめ被害経験においても，自尊型では身体的，言語的，間接的いじめ経験者が有意に少なく，仮想型では有意に多いことが示された（図4-3）。これらの結果から仮想型は加害，被害ともにさまざまな種類のいじめを多く経験していることが明らかにされた。

さらに，仮想的有能感が高い人は過去にどのようないじめを経験したのであろうか。それを調べるために松本ら（2009）と同様の高校生を対象に小学生，中学生のときのいじめ加害経験，被害経験の有無を尋ねた。その結果，図4-4（速水ら，2011）に示すように萎縮型では小学校のいじめ加害経験者が少なく，全能型では経験者が多いことが示された。中学校のいじめ加害経験においても，自尊型では経験者が有意に少なく，全能型では有意に多いことが示された。またいじめ被害経験に

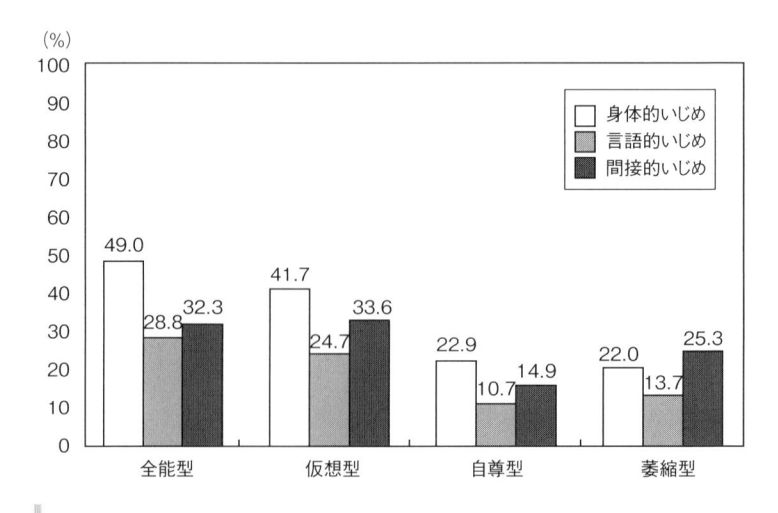

図4-2　有能感タイプごとのいじめ加害経験

おいては，自尊型では小学校と中学校のいじめ経験者が有意に少なく，仮想型では有意に多いことが示された。

つまり，仮想型は小学校や中学校のときにはいじめを受けている経験が多いが，現在では被害経験だけではなく，加害経験も多いことが明らかにされた。

さて，ここまでいじめには仮想的有能感が強く関連していることが示された。

では，実際に仮想的有能感が高い子どもたちは，学校生活のなかでどのようにいじめとかかわっているのだろうか。コロローソ（Coloroso, 2003）が示したいじめっ子の7つのタイプ，①自分に自信があるいじめっ子（タイプ1），②社交的ないじめっ子（タイプ2），③完全武装のいじめっ子（タイプ3），④多動性のいじめっ子（タイプ4），⑤いじめられっ子でもあるいじめっ子（タイプ5），⑥いじめっ子グループ（タイプ6），⑦いじめっ子ギャング（タイプ7）を踏まえて，筆者のこれまでの教職経験と仮想的有能感研究の知見をもとに，現代のいじめっ子像を考察していきたい。

【タイプ1】　1つ目のタイプは，たとえば廊下を歩く行為1つとっても，肩を怒らせながら歩き回り，教師や周囲に関係なくいばり散らすような，膨張したエゴをもっているものである。自信過剰で，軽微な暴力（こづく，はたく，押す）が好きで，他人を常に見下しているだろう。そうすることで，自分が他の人間より勝っていることを常に感じていないと落ち着かないと感じられる。

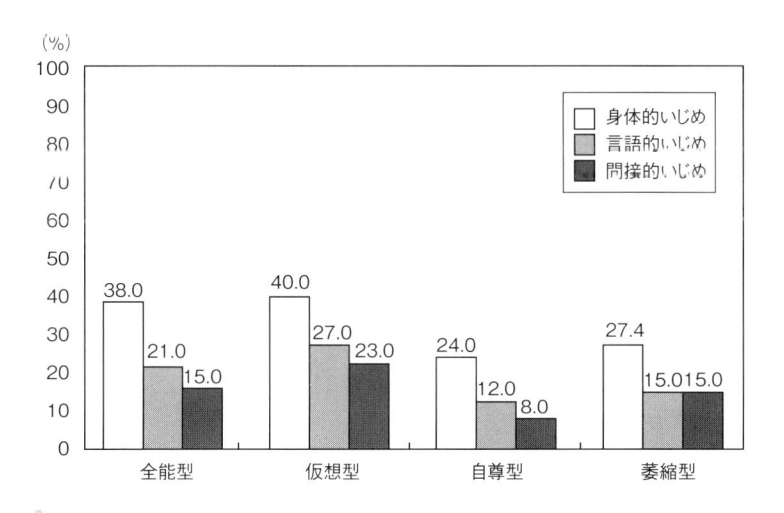

図4-3　有能感タイプごとのいじめ被害経験

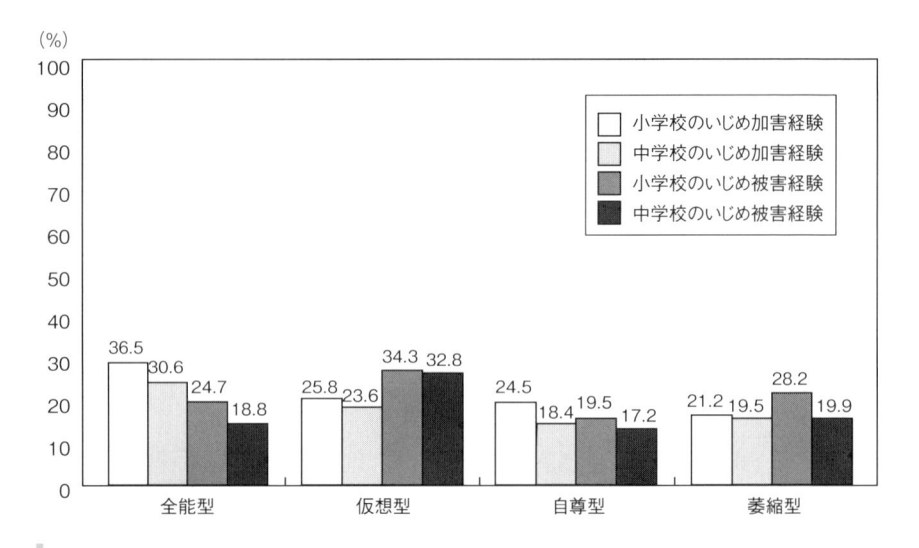

図4-4 有能感タイプごとの過去のいじめ経験

グラフデータ:
- 全能型: 小学校のいじめ加害経験 36.5、中学校のいじめ加害経験 30.6、小学校のいじめ被害経験 24.7、中学校のいじめ被害経験 18.8
- 仮想型: 25.8、23.6、34.3、32.8
- 自尊型: 24.5、18.4、19.5、17.2
- 萎縮型: 21.2、19.5、28.2、19.9

【タイプ2】 2つ目のタイプは,言葉の暴力(脅す,悪口を言う,からかうなど)で,相手を愚弄したり罵倒することで,意図的に他者との上下関係を確立しようとするものである。他人の長所を妬み,周囲からの好意を素直に受けいれない。本当は,自分に自信がなく不安感に満ちているが,それをひた隠しにするために周囲とはうちとけないようにしている。ずるくて,ごまかしがうまいため,周囲からはなかなかわかりづらいかたちでいじめを行うだろう。

【タイプ3】 3つ目は,自尊感情が高く周囲からも一目置かれているタイプである。しかし,その深層部は冷淡で感情を表出しにくく,自己中心的あるため,一度怒らせると執念深く追ってくる。周囲からわかりにくいときをねらって,いじめを実行するタイプだともいえよう。誰も,彼がいじめをするような人間ではないと思っているため,周囲からも気づかれにくいタイプかもしれない。

【タイプ4】 4つ目は,もともと人とのつきあいや勉強が苦手で,劣等感がものすごく強いタイプである。そのため,友人関係がうまくいかず神経質になりすぎるあまり,周囲の何気ないひそひそ話や行動に,敵意感情を抱く。さらに怒りを生起しやすいので,非常に周囲としては厄介である。もとは自分から仕掛けた問題行動も,「俺は何も悪くない,あいつが俺の悪口を言ったからだ」と自分の非を認めず自分を正当化することも多々あるとみられる。

【タイプ5】 5つ目は，過去にいじめを受けた経験があり，他者に対する恨みや猜疑心が強くその劣等感から逃れるため，つまり過去に痛めつけられた体験を癒そうとするメカニズム（内藤，2009）が働くことで，他者を見下すようになったタイプである。自分を傷つけた人間や弱者に対して，理不尽に痛めつけることで少しでも過去の呪縛から解放されようとするのである。

【タイプ6】 このグループは，自分一人なら絶対にしないようなことを，グループを形成することによって，いじめ加害者へと発展していくタイプである。自分一人であれば，特定他者に対しての怒りや軽蔑，非難などのネガティブな感情を心のなかに抑圧することができ，比較的「いい子」を演じることができるだろう。しかし，そのネガティブな感情に同調してくれる友人が集まることで，一人ひとりが内に抑圧していたネガティブな感情を解放しやすくなり，いじめ加害者へと発展してしまうと考えられる。反対に，批判されればいじめは発生しないだろう。

【タイプ7】 このタイプは，仲間意識や友情が厚い友だちグループではなく，学校に適応できなかった子どもたちによって形成されたグループである。グループを形成し，他者を攻撃することで，自分たちの存在意義や自尊感情を簡単に高めることができる。また，一人という孤独感からも解放される。初めのうちは，みんな一緒にいることで自分たちはグループのメンバーから守られている，認められていると感じるが，本質的に自己中心的で猜疑心が強い集まりのため，時間の経過とともにそれほど長く続かないだろう。ひとたび，内部分裂や裏切り行為が発生すれば，非常にもろく崩れてしまうグループである。

このように，コロローソ（Coloroso, 2003）の示したすべてのタイプに仮想的有能感の特徴が現れており，仮想的有能感といじめには密接な関係があることはいうまでもないだろう。次項では，仮想的有能感といじめの関連をもう少し詳細に考察していきたいと思う。

3. 仮想的有能感からいじめを読み解く

人はなぜいじめるのか，その問題について筆者なりの答えを述べたいと思う。前項では，仮想的有能感が高いほど，いじめの加害者にも被害者にもなりやすいことを明らかにしてきた。同様に，自尊感情との組み合わせによる有能感タイプにおいても仮想的有能感の高い全能型・仮想型ではいじめの加害経験者，被害経験者が有意に多く，仮想的有能感の低い自尊型・萎縮型ではいじめの加害経験者，被害経験

者が有意に少ないことを示してきた。

　そこで，本項では仮想的有能感からみたいじめについて考えていきたい。まず，もともと仮想的有能感が高い子どもが学級集団に入った場合にどのようにいじめとかかわっていくのかについて考えたい。仮想的有能感が，発達過程のなかで最も高くなるのは中学・高校時代である（Hayamizu et al., 2007）。また，いじめもそのような時期の子ども社会を中心とした社会問題である。子ども社会は制度や組織の構造が未分化で曖昧なところが多く，おのずと生徒文化のなかのインフォーマルな秩序にもとづく優劣関係（力のアンバランス）とその乱用が生じるため，いじめが発生しやすい環境である（森田，2010）。仮想的有能感が高ければ，当然アンバランスな力関係が成り立ってくるに違いない。もし，仮想的有能感が高い子どもが，学校・学級集団，または個々との関係のなかで優位な立場になった場合，その地位を安定させるためや蓄積したストレスを緩和させるために，その力を乱用する可能性が非常に高いと考えられる。そのなかでも仮想型の場合は，全能型と違い自尊感情が低いのに仮想的有能感が高い，つまり，本来の自分の能力には目を向けず他者の失敗や落ち度に対しては厳しい態度をとるという矛盾した態度（言っていることと実力が伴っていない状態）が周りに受けいれてもらえず，「異質な存在」と認識されてしまうリスクがある。さらに，自尊感情が低いぶん，全能型ほど人をひきつける力がない可能性もある。そのため，仮想型の子どもは，いじめの加害者にも被害者にもなりやすいと考えられる。

　次に，学校・学級集団，または個々との関係のなかで仮想的有能感が形成され，いじめに発展していく場合を考えてみたい。たとえば，中学校のときに規範意識や自尊感情が高く，良好な対人関係を確立していたA君が，進学先の学級環境が，真面目＝イン（陰）キャラ，正直者＝バカといった雰囲気であったり，担任の規範意識が低く公平性を欠く態度であった場合，A君は自分を学級に適応させるために，担任に対し「教師として失格だ，この学校の教師はすべてクズばっかりだ」，クラスメイトに対し「お前らとはレベルが違うんだ，バカどもが」というように，無意識に生じる自己防衛として仮想的有能感が形成されていくかもしれない。また，中学時代にある部活の強豪校でスタメンとして活躍していたB君が，進学先の部活が弱小チームで，顧問も専門性に欠け，たよりない存在であり，所属する部員たちも協調性がなく彼の実力を承認することのない環境であれば，B君は顧問に対し「オレのほうが優秀だ，顧問の指示なんか聞く必要なんてあるものか」，仲間に対し「なぜそんな簡単なことができないんだ，使えねえな」というように，これまで培

ってきた自尊感情を保つために，仮想的有能感が形成されていくかもしれない。仮に，A君もB君も，他者を批判的に見ていることが周囲にわかりやすいかたちで表出されれば，いじめの加害者にも，また周囲の支持を集められなければ，被害者になってしまうことも十分考えられる。

　最後に，いじめ集団から見た仮想的有能感についても触れておきたい。いじめ集団には被害者，加害者だけではなく，観衆（周りではやしたり面白がって見ている人たち），傍観者（いじめを見て見ぬふりをしている人たち）が存在する。ハヤミズら（2007）の研究では，仮想的有能感が高い人は，個人的な負の出来事に対して怒りやすく，メディアを通して報道されるような災害や事件など社会的な出来事に対しては怒りも悲しみも感じにくいことが示されている。仮想的有能感が高い人は，自分のことだけに関心が強く，他人のことには関心が薄い。そのため，直接的にかかわりのない問題には自分が支払うコストを考えコミットしようとしないのである（速水，2006）。また共感性も乏しいため，目の前でいじめが起きていたとしても被害者の感情を共感できないので手を差し伸べるようなことはしない。他人事として傍観者となるか，自分のストレスのはけ口として観衆となるか，仮想的有能感が高い人はどちらの可能性も秘めているといえる。ただし，いじめの観衆や傍観者は固定された役割ではなく，被害者にも加害者にも立場が入れ替わることがある。仮想的有能感が高い子どもが，観衆や傍観者の立場になった場合，自分が次のいじめの標的にならないよう，そしてそのいじめが教師や大人に見つかっても自分に不利益にならないように行動していくはずである。もし，そこにスクールカーストの上昇（学級のなかで自分の地位が高くなる）という報酬が加わった場合，いじめによる自分の不利益（謹慎や訓戒などの罰則）と比較し，観衆や傍観者，はたまた加害者にも変身する可能性がある。いずれにせよ，仮想的有能感が高い子どもがいじめを止めに入る「仲裁者」となる可能性はきわめて低いといわざるをえない。

　ここまで，仮想的有能感という概念を用いていじめを読み解いてきた。人はなぜいじめるのか，加害者たちの心理に少なからず仮想的有能感が影響していることは間違いない。昨今，いじめの早期発見に向けた取り組みやいじめを生まないよりよい集団づくりを目指して全国でさまざまな取り組みがなされている。教育によって，いじめを減らすことは可能である。それは断言できる。ただし，いじめが減少したからといってそれで終わりではない。子どもたちの心の奥底に仮想的有能感が潜んでいたら，また別のかたちでいじめが繰り返されるだろう。そして，今度こそは親や教師に見つからないようにと，よりいじめが巧妙になることも十分に考えられる。

4章　仮想的有能感と問題行動

どんなかたちであれ，いじめにかかわってきた子どもたちを含めた多くの子どもたちがいじめと真摯に向き合い，互いを助け合えるように教育していくためには，子どもたちの仮想的有能感の程度を把握することが非常に大切なのかもしれない。仮想的有能感は，いじめの早期発見やいじめを生まない集団づくりなど今後のいじめ対策において重要な役割を果たす概念であると期待できる。その第一歩として，多くの人が仮想的有能感の存在を「知る」ことが大切であろう。

2節　おもに共感性との関連からみた非行少年の仮想的有能感

1．非行少年と仮想的有能感

　本節では，非行少年の仮想的有能感について論じる。速水（2006）は，その著書のなかで，「現代の若者に社会的迷惑行為が多いのは，自分自身を監視する注意力が発達していないからであろう。さらに社会的迷惑行為が生じるのは，現代の若者が，自分に直接関係のない人間を軽く見ているという心性の表れではないか」と述べ，仮想的有能感の高まりと罪悪感の薄さを現代の青年の心理的特徴の1つとしている。
　社会的迷惑行為とは，地下鉄のなかで携帯電話をかける，他人の傘を勝手に持っていくなど，犯罪というほどではない些細な反社会的行動やルール違反のことを指す。単純に考えるならば，非行は，他者に対して，社会的迷惑行為よりもさらに直接的に，さらに多大な被害と苦痛を与える行動といえる。速水の指摘からすれば，非行という手段を選ぶ人々は，より仮想的有能感が高く，罪悪感も薄い，まさに現代を象徴するような人たちといえそうである。では実際はどうなのだろうか。非行少年と高校生のデータを比較することで，その一端を論じてみたい。

2．今なぜ共感性なのか

　3章では，一般の大学生の仮想的有能感と共感性の関連性が詳しく議論されている。そこで本節では，特に非行少年についてとりあげたい。
　昨今，非行・犯罪分野で，共感性は1つの大きなトピックスとなっている。非

行・犯罪行為のなかでも，相手にけがをさせる，命を奪う，強引に金銭を奪うといった暴力的手段を用いる者は，再犯が行われた場合の社会に与える影響が非常に大きい。また，相手を直接・間接的に傷つける非行・犯罪行為をする者は，そもそも共感性が低いのではないかとも考えられる。そのため，矯正施設では，数年前から，被害者の命を脅かした犯罪者や性犯罪を行った者に対して，共感性を高める，被害者の気持ちを理解できるといったことをテーマに，おもに認知行動療法をベースとした働きかけが行われている（名執, 2006）。

しかし一方で，「非行・犯罪者が愛他的な行動をしたというエピソードはそれほど珍しいものではない」（岡本, 2005）との指摘もある。愛他的な行動は，相手への何らかの共感がベースとなって現れる。岡本の指摘がある以上，非行・犯罪者は共感性が低いといってしまうことはできないのではないだろうか。非行・犯罪者は共感性が高い／低いといった議論のみでなく，もう少し違った要因との関連から彼らの共感性を検討し，そのうえで，適切な援助方法や援助プログラムを考えることが必要だろう。

常識的に考えて，被害者となる他者に（共感とはいわないまでも）何らかの配慮ができるならば，非行・犯罪行為はできないはずである。他者に対する配慮，あるいは共感よりも，自分のなかの非行・犯罪遂行への衝動のほうが優先されてしまう，それが非行・犯罪者ともいえよう。

非行・犯罪行為は，他者との関係性のなかで起こる。仮想的有能感は，ある個人の，他者に向き合ったときの態度あるいは感覚を説明した概念で，「他者を軽視する行動や認知に伴って，瞬時に起こる」（速水, 2006）。また，一般の大学生では，仮想的有能感が高いとみなされる人ほど共感性が乏しいことがわかっている。本書の3章5節では，仮想的有能感が高い人ほど，他者指向的な共感性は乏しいが，自己指向的な共感性は高いことが報告されている。これらの概念にのっとれば，非行・犯罪者は，非行・犯罪行為出現の背景に，被害者や他者に対する軽視傾向と，反社会的行動によって自分をよく見せたい，力を誇示したいという思いを，より強くもっていると仮定できよう。だからこそ，被害者に共感したり配慮したりすることができず，犯行に及んでしまうのではないだろうか。

非行・犯罪者は，自分以外の他者と対峙したとき，どのような心の動きを体験するのか。仮想的有能感と共感性との関連を検討することで，非行・犯罪者の心理的メカニズムを解明する重要な知見が得られるかもしれない。

3. 共感性との関連から非行少年の仮想的有能感をみる

　少年鑑別所入所中の男子少年（非行群／220名）と県立高校に通う男子生徒（一般群／134名）とに，ACS-2と自尊感情尺度（Rosenberg, 1965），デイヴィス（Davis, 1983）を邦訳した桜井（1988）の多次元共感測定尺度を実施した。

　多次元共感測定尺度は，「共感性は認知的要素（他人の内的状態すなわち思考や感情，知覚，意図についての認知的な気づき）と情動的要素（他人についての代理的な感情的反応）の統合体である」（Hoffman, 2000）との考え方をもとに，それぞれを測定する下位尺度からなる。認知的要素は視点取得（perspective-taking）尺度，情動的要素は共感的配慮（empathic concern）尺度，空想（fantasy）尺度，個人的苦悩（personal distress）尺度で構成される。視点取得尺度は，「他者の立場に立って物事が考えられる程度」，共感的配慮尺度は，「他者に対して同情や配慮をする程度」，空想尺度は，「小説や映画などの架空の世界の人と同一視する程度」，個人的苦悩尺度は，「緊張する対人状況で不安や動揺を感じる程度」とそれぞれ定義されている。

（1）非行少年は仮想的有能感が高いのか

　まず，そもそも非行少年は高い仮想的有能感をもつのかどうかを検討しておく必要があろう。そこで，ACS-2の得点を，非行群と一般群とで比較した。非行群の平均得点は31.88，一般群は35.33であり，検定の結果，有意な差があることが示された。ただし，1章で示した高校生の群（32.03）と比較して，ここで対象とした一般群の仮想的有能感はかなり高い値を示している。それを勘案すれば，非行少年の仮想的有能感は一般群と同等か，それ以下であり，それ以上ではないといえる。つまり，高校生の仮想的有能感の強さを基準にすれば，非行少年は仮想的有能感が相対的にやや低い集団といえる。この結果をどう考えるか。他人の迷惑を顧みずに悪いことをするという行動に注目すると，この結果は実態とズレているような感もある。しかし，非行少年たちの別の場面での行動を考えれば，筆者にはある程度理解できるような気もしてくる。

　少年たちは，同年齢の子どもたちで構成される通常の向社会的なコミュニティでは適応できず，独特の文化をもった反社会的集団を形成する。彼らは，自分たちの集団が，それ以外の人々から容認されていないことは承知しており，だからこそ，反社会的な価値基準を取り入れ，そのなかで認められることを求める。向社会的な

集団に適応することをあきらめた少年たちにとって，自分が所属する集団の評価が何にもまして重大な関心事となっても決して不思議ではない。上級生に万引きを強要されて実行してしまうのは，拒否したときの報復が怖いからでもあるが，万引きをすること，そして成功させることで，集団内の自分の地位が上がる可能性があるからでもある。この様子からして，彼らの目は，自分たちの集団を構成するメンバー，つまり，よく見知っている他者にのみ向けられているといえはしまいか。

　速水（2006）では，仮想的有能感をもつ人は，「自分の体面を保つために，周囲の見知らぬ他者の能力や実力をいとも簡単に否定する」「本質的に自己中心的であり，自分のことにだけは関心が強いが，他人のことには関心が薄い」といった特徴があるとされる。非行少年たちは，確かに自分の体面を保つために行動する。しかしそれは，「見知らぬ他者」を否定することとセットにはなっていないのではないだろうか。むしろ，「見知らぬ他者」という存在自体が，彼らの視野のなかに，感覚のなかに，判断基準のなかに入っていないように思われるのである。また，少年たちは，当然，自分のことに対して強い関心をもっている。しかし同時に，自分が所属する集団のメンバーの目も気にしており，認めてくれないメンバーを見下すのではなく，認めてくれるよう，さらなる反社会的な"努力"を重ねるように行動する。彼らにとっては，それこそが，自分の力を確認し，誇示することにつながるからである。つまり，今回の結果は，非行少年たちの視野の狭さや，「他者」といわれたときに想定できる範囲の狭さが反映されたのではないかと思う。

(2) 有能感タイプ別からみる非行少年の特徴
①非行群と一般群を有能感タイプで分けるとどうなるか
　ハヤミズら（2007）に従って，非行群・一般群をそれぞれ全能型・仮想型・自尊型・委縮型の4つに分類した。その際，仮想的有能感得点は31.23，自尊感情得点は32.35を基準とした。図4-5は，各群の有能感タイプに含まれる人の比率である。検定の結果，非行群には委縮型が多く，仮想型や全能型が少ないことが示された。
　小平ら（2007）は，大学生の仮想的有能感と抑うつ感情・敵意感情との関連性に注目し，他者軽視をする傾向が強いほど日常から強い敵意感情を経験する傾向にあること，自尊感情の低さは経験される抑うつ感情の強さと関係していることを指摘している。また，ハヤミズら（2007）は，全能型と仮想型は，自尊型と委縮型よりも悲しみを感じにくく，怒りを体験しやすいとしている。これらの先行研究からは，自尊感情が低く仮想的有能感ももたない委縮型は，抑うつ的で，かりそめにでもみ

4章　仮想的有能感と問題行動

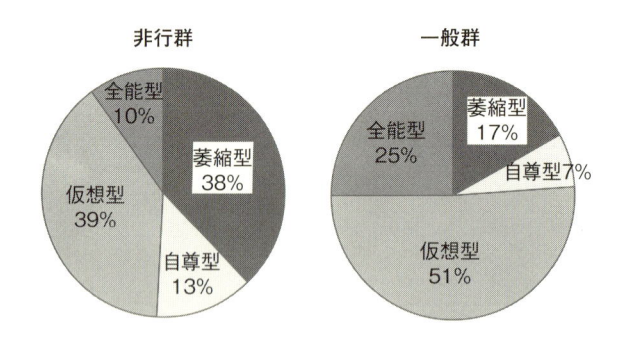

非行群
- 全能型 10%
- 萎縮型 38%
- 仮想型 39%
- 自尊型 13%

一般群
- 萎縮型 17%
- 自尊型 7%
- 仮想型 51%
- 全能型 25%

図4-5　各群における4つの有能感タイプの人数比

ずからの力を確認しようとあがくことさえできなくなっている人のようにみえてくる。そして，図4-5によれば，非行少年には，そういう人物が占める割合が，一般の少年に比べて高いことになる。

　非行少年には委縮型が多い。また，(1)で述べたように，仮想的有能感も低い。これらの結果をみて，非行と聞いたときに思い浮かぶ攻撃的で居丈高なイメージとあまりにもかけ離れていて驚いてしまった読者もいるかもしれない。

　非行行動は，暴力行為であっても窃盗であっても，自分や他者を傷つける行為である。また，こういった反社会的行動は，その個人の心理状態が行動に置き換えられて発露したものである。筆者は，非行少年やその家族との心理面接を実施した経験から，表向きは強がり，自分や他者を顧みない傍若無人な態度をとっていても，実はそれが自分自身の悲しみや抑うつ感を解消するための代償行動となっている少年はかなりの割合で存在すると考えている。非行行動が，自分の本当の姿を隠す隠れ蓑の役割をしている少年は確かに存在するのである。今回の結果は，行動とは裏腹に，内面は委縮した非行少年の姿を表しているという意味で，実態に即したものと考えることも十分可能であろう。

②有能感タイプ別で共感性の特徴をみるとどうなるか

　次に，各群・有能感タイプごとに，共感性の4つの下位尺度の平均得点を算出し，どのような違いがあるのかを検討した。図4-6は，各群の有能感タイプごとの平均値である。

　その結果，共感的配慮得点は，有能感タイプにかかわらず，非行群のほうが高いこと，個人的苦悩得点において，非行群・一般群にかかわらず，委縮型が全能型よ

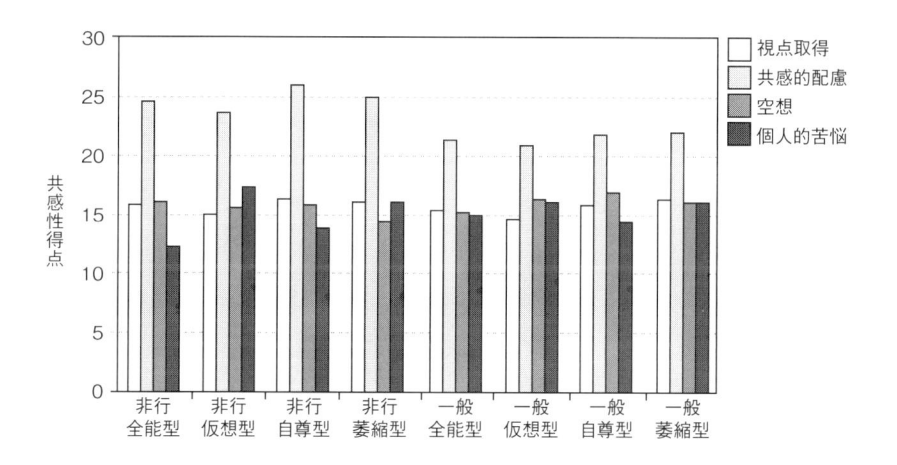

図4-6 各群における有能感タイプ別の共感性の平均値

り高く，仮想型が自尊型と全能型より高いことが示された。

非行少年の共感的配慮得点の高さについては後に述べるとして，やはり興味深いのは，個人的苦悩と有能感タイプとの関係である。委縮型も仮想型も，自尊感情が相対的に低いという特徴をもつ。個人的苦悩とは，相手の反応や状況の影響を受けて，内面がかき乱され，自分が混乱に陥ってしまうことである。この得点が高い者は，被害者の苦しげな表情や反応を目のあたりにするなど危機的な状況に遭遇すると，自分が援助の手を差しのべるべき場面であっても，その場から逃げだしてしまう傾向が強いともいわれる。今回の結果は，非行群であろうと一般群であろうと，自尊感情の低い者は，個人的苦悩得点が高いといいかえることができる。

相手の苦しみと，それによって発生する自分の感情とは，本来区別されるべきものである。しかし，個人的苦悩得点が高いと，この区別がむずかしくなる。自尊感情は，相手の感情と自分の感情を区別し，相手のことを考えて適切な援助行動を起こすときに，何らかの重要な役割を果たしているのかもしれない。

(3) 非行少年の仮想的有能感の強さが共感性に及ぼす影響

一般に，少年鑑別所に入所するような少年たちは，通常の社会生活を送っている同世代の少年たちと比較して，個人が抱える問題は深刻だと考えられる。通常の生活を送り，さまざまな知識や経験を得ることが最優先される時期において，施設収容を優先せざるをえないと公的機関によって判断されているからである。一度非行

少年となった者が，何らかの社会的制裁を受けると，その者が再び適応的な社会生活を送ることができるようになるまでには，さまざまな側面でかなりの困難が伴う（河野，2009参照）。非行・犯罪者を再犯に陥らせないために，共感性にアプローチする必要があるのならば，個人の仮想的有能感を操作し，その結果共感性のある側面が促進されるというような方法を模索することも重要なのではないか。そこで，非行少年であることや仮想的有能感の強さ自体が，共感性にどのような影響を与えているのか検討することにした。

ここでは，4つの下位尺度得点それぞれを目的変数とし，群（非行群・一般群），ACS-2で測定した仮想的有能感，群と仮想的有能感の交互作用の3つを説明変数にした。

その結果，以下の3つが示された。

・非行群のみにおいて，仮想的有能感が高いほど視点取得得点が低くなること
・一般群よりも非行群のほうが共感的配慮得点は高いこと
・群には関係なく，仮想的有能感が高いほど共感的配慮得点が低くなること

これらは何を表しているのだろうか。

①非行少年は仮想的有能感が高いほど他者の立場に立って物事を考えられなくなる

まず，非行少年は，仮想的有能感が高いほど視点取得得点が低くなることについてである。視点取得とは，他者の立場に立って物事を考える程度を意味する。仮想的有能感の高い非行少年は，「自分が相手であったらどう思うか，どう考えるか」といった自分とは違う状況を想定してさまざまに思いを巡らせることができにくいことになる。

これは，再犯防止のための効果的なアプローチを考える際，非常に重要な示唆となろう。特に矯正施設では，再犯防止を目的にさまざまな教育を行う。そのなかには，被害者の立場に立って，自分が被害者であったなら，あるいは被害者の家族・遺族であったなら，ということを非行・犯罪者に考えさせるものも少なくない。仮想的有能感の高い少年は，他者の視点に立つことがむずかしいわけだから，彼らにとって「自分が被害者であったなら」と仮定すること自体がむずかしいと推測される。それに加えて，「他者軽視傾向の強い者は日常的に強い敵意を感じやすい」（小平ら，2007）との指摘からすれば，仮想的有能感の強い非行少年は，自分の非行行動を振り返る際に，自分に敵意を感じさせ，加害行為にいたらしめた相手に非があると考えやすい可能性もある。仮想的有能感の高い者には，通常の教育プログラムに入る前に，敵意を感じやすい，被害的になりやすいなど，みずからの陥りやすい

認知傾向や行動パターンの把握に重点を置いた教育を十分に実施する必要があろう。
②非行少年は他者に対して同情や配慮をしやすい

　次に，一般群よりも非行群のほうが高い共感的配慮得点を示すことについてである。前述の，有能感タイプ別に共感性を検討した際も同じ結果となったことから考えると，今回のデータにおける非行少年の共感的配慮得点の高さは，特徴的なものと判断できる。共感的配慮とは，他者に対して同情や配慮をする程度を示す。非行少年は，高校生よりも，他者の不運な感情体験や苦しみに対して同情的で，何らかの配慮や援助をすることに方向づけられやすいことになる。

　なぜこのような結果となるのか。実はまだよくわかっていない。奥平ら（2005）は，「共感的配慮得点の高さが非行少年たちの特徴の一つ」とするが，その背景要因やメカニズムについては論じていない。筆者個人としては，非行・犯罪者は，相手との関係性の質や心理的距離の違いによって，共感性が発動されたりされなかったりする可能性はあると考えている。自分にとって，親密で，心理的な距離も近い他者の感情をくみ取ることは容易だが，自分と直接的な接点のない他者や世の中の事象に対しては，極端に共感することができなくなるのである。とはいえ，非行・犯罪者の共感性を多次元的に扱った研究は，暴力犯罪者を対象としたもの（岡本・河野，2010），少年鑑別所に入所中の少年を対象としたもの（渕上，2008）など数えるほどしかなく，結論は今後を待たねばならない。

　ただ，少なくとも，少年たちのある種の行動にあてはめると，①と②はまったく矛盾しない。たとえば，非行少年たちは，自分の友だちが誰かにけがさせられたようなとき，けがをさせた相手に報復措置をとり，その結果，自分が警察につかまったり補導されたりすることがある。この場合，少年たちは，自分の友だちの痛みに共感していると思われる。報復をしようとするほど，彼らの思いは強い。ここに，共感的配慮の高さがある。しかし，報復するとどのようなことが起こるのかにまでは思いが至ってはいない。自分が報復措置をとることで，友だちをけがさせた相手が今度は被害者となり，自分が大切に思う友だちと同じように傷つくこと，自分が報復しようとしている相手にも，自分と同じように悲しむ人がいること，自分の行動によって，友だちに精神的負担を強いることになるのではないかなど，さまざまに思い巡らせるなかで，いくつか選択肢をあげ，行動を決めていくことができなくなっている。このあたりに，視点取得得点の低さが表れているように思われる。
③ 仮想的有能感が高いほど他者に対して同情や配慮ができなくなる

　最後に，非行群であろうと一般群であろうと，仮想的有能感が高いほど共感的配

慮得点が低くなることについてである。仮想的有能感とは，「他者を軽視する行動や認知に伴って，瞬時に本人が感じる『自分は他人に比べてエライ，有能だ』という習慣的な感覚」(速水，2006) である。速水のいうように，自分の将来の適応のために自動的，あるいは無意識的に発生するものであり，プライドを得たいという願望を含むものであるとするならば，仮想的有能感の強い者は，他者との比較のなかで自分の位置づけをより高いものにすることに必死になっている状態と考えられる。このような状態では，他者に配慮するような心理的余裕はないであろう。自分が相手へ何らかの配慮をすることで相手が力を蓄えれば，それは相対的に自分が弱くなることを意味しており，仮想的有能感をもつことによって得られるメリットがなくなってしまうからである。

　愛他的行動は，相手にとっても自分にとっても良い影響を及ぼす，非常に高度な援助行動である。仮想的有能感の強い者は，他者を軽視して自分の位置づけを下降させまいとする方法に拘泥してしまうがゆえに，円滑な対人関係の構築や自己成長の機会を，みずから逃しているともいえそうである。

4. 仮想的有能感と非行―検討する意義と研究遂行上の留意点―

　仮想的有能感は提唱されたばかりの概念であり，今後さらなる検討を重ねていかねばならない。しかし，この概念を用いることで，非行少年の共感性のあり方を理解するうえで新たな視点を得ることができそうな気がする。今回の調査でも，効果的な再犯防止につなげるためには，まず，自分の仮想的有能感の特徴を，少年たち自身が理解する必要があると示唆された。今後の矯正教育のあり方を考えるうえで，重要な知見が得られたといえるだろう。

　ただし，これらの結果を見る際，頭の片隅に置いてもらいたいことがある。これは，非行・犯罪者を対象にした研究をする際に常に問題となる点だが，質問紙調査には限界があるということである。前にも述べたとおり，本節における非行少年とは，少年鑑別所に入所中の少年のことを指す。彼らは，プライバシーには十分配慮されているものの，矯正施設に収容されているという状況下で調査に協力してくれている。どのような矯正施設であっても，多かれ少なかれ，みずからの非行事実について考えたり，それが周囲に及ぼす影響を見つめ直したりなどのかかわりがなされるため，施設入所中は，日常生活を送っているときよりも，考えたり落ち込んだりする機会も増えることが推測される。研究結果が，そういった特殊な状況の影響

を受ける可能性は否定できない。データ収集上のさまざまな理由により，どうしても起こってくるこの種の問題の影響を，できるだけ排除しつつ研究を深めるにはどうすればよいのかということは，われわれが常に直面する大変大きな課題なのである。

3節　就職活動・労働意欲

1．若年者の就労問題とミスマッチ

　雇用・労働は，経済社会の基盤であり，われわれの生活において不可欠な要素である。加えて近年は，景気後退に起因する「就職難」「内定取り消し」「派遣切り」といった事象が多く報道され，雇用や労働に対する関心が高まっている。

　若年者の就労に関しては，雇用者側と労働者側のミスマッチが問題としてとりあげられることが多い。就職に関していえば，就職希望者に占める就職者の割合である就職率の低迷（図4-7）がしばしばクローズアップされるが，近年では絶対的

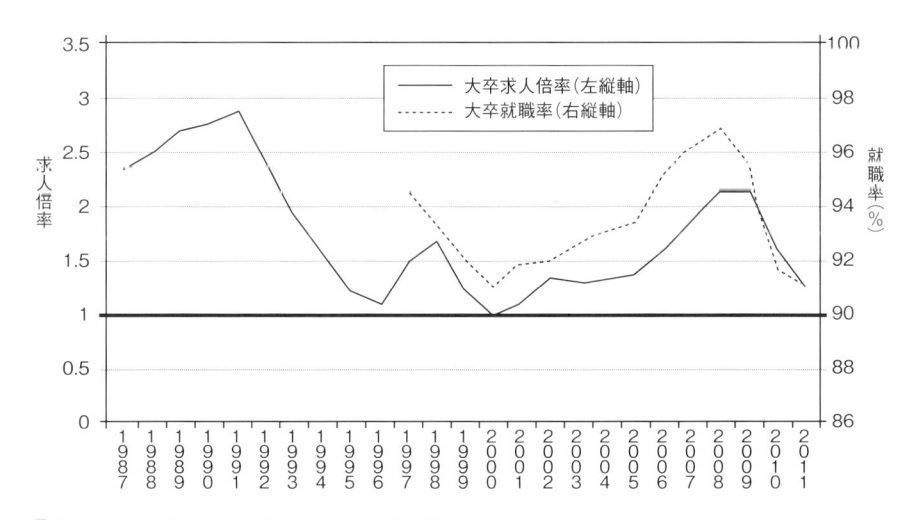

図4-7　大学新卒者の就職率と求人倍率の推移
　　　　（厚生労働省，2011，および（株）リクルート　ワークス研究所，2010をもとに作成）

な求人数は不足していない。(株)リクルート ワークス研究所(2010)によれば,大卒の求人倍率は,厳しいといわれた2011年3月卒者に関しても,選択の余地がある状況であった(図4-7)。高卒に関しても同じような傾向にあり(厚生労働省,2010a),求職者側の希望と求人側の希望との間に,不適合があることがうかがわれる。

就職時の問題に加えて,早期での離職率の高さもミスマッチの現れとされる。新卒で就職した人の離職率は一般に「7・5・3」と呼ばれる。これは就職後3年間で,おおよそ中卒が7割,高卒が5割,大卒が3割離職することを意味している。「平成22年版 子ども・若者白書」(内閣府,2010)によれば,この割合は,近年大きくは変化していない(図4-8)。

早期離職の理由から,ミスマッチの要因を検討すると,仕事の内容,待遇条件,組織体制といった雇用者側の問題が浮かび上がる(独立行政法人 労働政策研究・研修機構,2007)。一方,雇用者側は,若年者に対して,職業意識・勤労意欲の不足を感じており,多くの企業はそうした意識を組織内で育成する必要があると考えている(厚生労働省,2010b)。

ここでは,こうしたミスマッチの生起要因の1つとして,働く側の仮想的有能感に着目し,以下では,仮想的有能感と就職活動および労働意欲との関連を中心に検討する。

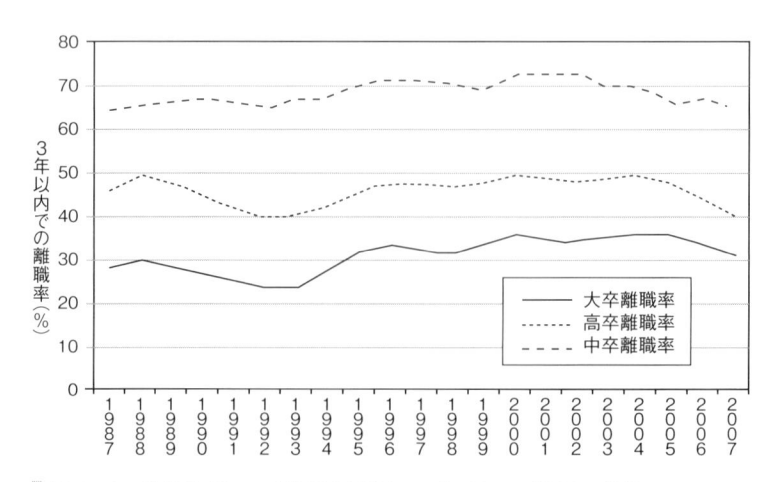

図4-8 学校種ごとでの新規学卒就職者の3年以内での離職率の推移
(内閣府,2010をもとに作成)

2. 仮想的有能感と働くこととのかかわり

　前項で概観したように，求人・雇用者側と求職・労働者側とのミスマッチは，大きな課題である。個人に対する取り組みとしては，各種学校でのキャリア教育が近年広く展開されてきている。キャリア教育の対象となる個人変数は，勤労観や求められる人材像に対する理解度などが中心と思われるが（たとえば，文部科学省，2006），実際にはさまざまな個人変数が，就職活動や労働意欲に影響すると考えられる。本項では，仮想的有能感の影響を検討することにする。

　1章1節にあるように，仮想的有能感は，自己の直接的なポジティブ経験と無関係に，他者を軽視する傾向に付随して生じる有能さの感覚である。就職活動は他者からの厳しいフィードバックを受ける可能性がある活動であり，真の有能感が低く，仮想的有能感が高い人にとっては，避けたい状況と考えられる。また，就職後の就労に対しても，仮想的有能感は影響を及ぼすと予測される。多くの仕事の達成には同僚との協調が要求されるが，他者を軽視する傾向は，そうした行動を抑制・阻害する可能性があると考えられるからである。

　ここでは，仮想的有能感と，①就職活動との関連，そして②就職後の労働意欲との関連を中心に検討を行う。

(1) 就職活動との関連

　仮想的有能感は，働くことに対する考え方である「就労観」や就職に対する自信に媒介されて，就職活動に対する意欲に影響する可能性が高いという結果が得られている（植村，2006）。この研究では，大学生，短大生，計321名（男性137，女性182名，不明2名；1年生156名，2年生84名，3年生64名，4年生12名，M1生3名，聴講生1名，不明1名；平均年齢19.29歳，$SD = 1.40$）を対象として，ACS（速水ら，2004），8つの下位尺度から構成された就労観尺度（表4-2），就職に対する自信尺度（「希望する職種につく自信がある」の1項目）を実施している。また，就職活動に対する意欲に関しては，「自分には現在，将来つきたい職種，職業がある」「はやく働いてみたいと思う」「希望職種に就くために，就職活動はしっかりやるつもりだ（あるいは，すでに行っている）」，そして「就職に関する具体的な情報（例：採用数，企業規模，OBの在籍者数）を集めている」の4項目によって測定された。

　低学年グループと高学年グループとに分けてパス解析をした結果，次のような比

表4-2 勤労観尺度における下位尺度名と項目例（植村, 2006, 2009をもとに作成）

就労観 （植村, 2006） 下位尺度名	勤労観 （植村, 2009） 下位尺度名	尺度概念の内容	項目例
自己実現・やりがい	自己実現	自分が好きなあるいは自己の適性にあった仕事を選び，能力を発揮することを重視する	自分が面白いと思える職に就くことが重要だ
社会的報酬獲得	社会的報酬獲得	名声や，大きな成功を得ることを重視する	仕事によって名声を得ることは重要だ
就労価値	就労価値	働くことそのものを重視する	働くうえでは，まずは地道に続けることが重要だ
金銭獲得	経済的資源獲得	金銭等の経済的な資源を得ることを重視する	働くうえでは，たくさんの報酬をもらうことが重要だ
他者・社会志向	社会的自己実現	社会のため，他者のために役立つことを重視する	少しでも社会のためになれることが，仕事の重要なところだ
関係構築	関係構築	仕事のなかでの対人関係や，集団的な達成を重視する	仕事を通して，人とふれあうのが好きだ
就労軽視	労働軽視	労働に大きな価値を置かない	働くことを，面白いとは思えない
就労義務	―	就労の義務的な側面を重視する	成人で働いていない人は，一人前とはいえない

較的解釈が容易なモデルを得ている（図4-9）。ここでは有意なパスについてだけ言及する。低学年においては，仮想的有能感は「就職に対する自信」を経由して，「就職活動に対する意欲」にポジティブな効果を及ぼしていた。仮想的有能感が高い人は「就職に対する自信」が高まり，自信の高まりは「就職活動に対する意欲」を高めるという影響関係が示された。また，パス係数がやや低いが，「社会的報酬獲得」を経由したポジティブな効果も見いだされた。仮想的有能感が高い人は，社会的な地位や成功を重視する程度が高くなり，それが「就職活動に対する意欲」を高めるという影響過程が示された。なお，「就労軽視」が「就職活動に対する意欲」にネガティブに影響していた。

一方高学年グループでは，仮想的有能感が，「就労軽視」に有意な効果を及ぼし，それが「就職活動に対する意欲」にネガティブな効果を有することが見いだされた。

3節　就職活動・労働意欲

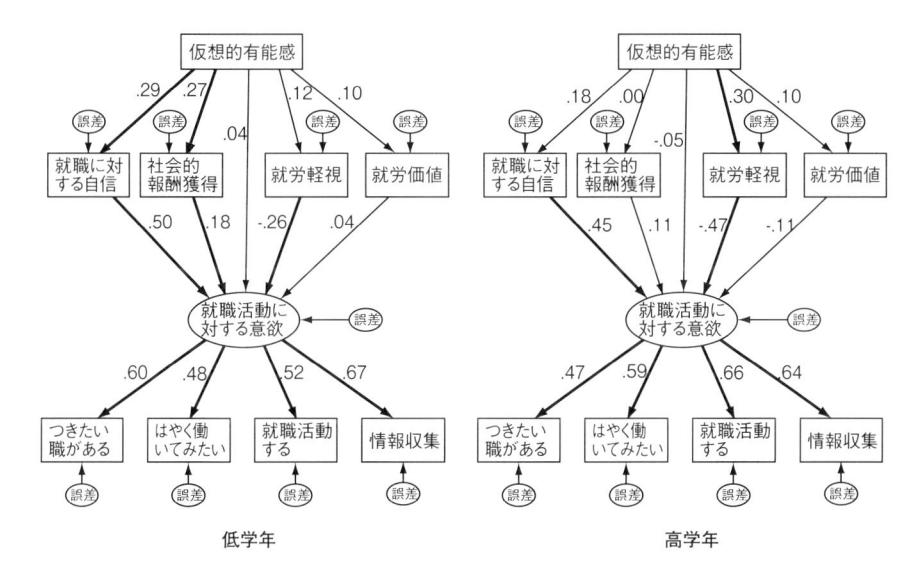

図4-9 仮想的有能感から就職活動に対する意欲へのパス図（植村，2006をもとに作成）

（注）有意なパスは太線にした。
「つきたい職がある」は「自分には現在，将来つきたい職種，職業がある」，「はやく働いてみたい」は「はやく働いてみたいと思う」，「就職活動する」は「希望職種につくために就職活動はしっかりやるつもりだ（あるいはすでに行っている）」，「情報収集」は「就職に関する具体的な情報（例：採用数，企業規模，OBの在籍者数）を集めている」を意味している。

仮想的有能感が高いことは，「就労軽視」を高め，「就労軽視」は「就職活動に対する意欲」を低下させるということである。また，「就職に対する自信」は「就職活動に対する意欲」にポジティブな効果を有していた。なお，このモデルの適合度は，十分とはいいがたい（RMSEAが.055，CFIが.82）[*1]。また，縦断調査によって得られた結果ではないので，学年層間の違いの一般化には限界がある。こうした課題はあるものの，要因間の関係について一定の傾向を反映した結果と解釈し，この結果について仮想的有能感からの影響を中心に考察を進めることにする。

①学年による影響の違い

仮想的有能感が高い人は，学習において努力回避傾向が相対的に高いことが知られている（速水・小平，2006）。仮想的有能感が高い人は，「働く」ということを現

---

*1　RMSEAとCFIは共分散構造分析におけるデータとモデルとの適合度の指標である。田部井（2001）によれば，RMSEAは0.05未満の場合にモデルの当てはまりがよいと判断し，CFIは1に近いほど適合度が高いことを意味する。

実的な実感をもってイメージしにくい段階では，その有能感の高さによって，就職に対する自信を高めたり，社会的成功を重視したりすることで，就職活動に対して積極的な態度を形成するのであろう。一方，「働く」ことが現実味を帯びてくる段階になると，その努力回避傾向が就労軽視につながり，それが就職活動に対するコミットを抑制するのだと推測される。同じ特性が，状況によって違った効果を生むので，仮想的有能感が高い人の周囲の人々は，同じ人の態度の変化にとまどうことになるかもしれない。

②仮想的有能感の潜在性

また，仮想的有能感の影響は間接的であるので（図4-9），仮想的有能感の存在は潜在化しやすい。仮に高学年時に就職活動に対する意欲が低い学生がいるとして，その原因を探ったところ，就労を軽視していることが一因だとわかったとする。そこで，就労の重要さ，面白さを理解させるために，そういった内容のガイダンスに参加させたり，個別面談を行っても，その就労軽視の背景に仮想的有能感があった場合，その試みからは期待するような効果は得られないであろう。仮想的有能感が間接的な影響を就職活動に対する意欲に及ぼしているとすれば，その間接性故に仮想的有能感は潜在的な要因となってしまう。キャリア支援といった実践の場では，仮想的有能感の潜在的な影響力があることを知っておくのは有益であると考えられる。

(2) 労働意欲に対する影響

労働意欲は，人の行動を解明するという観点からだけでなく，企業等の組織の業績を左右する要因として経営的な視点からも多く検討されている。なかでも代表的なものには，期待理論（Vroom, 1964）に関する研究があげられる。期待理論の基本的な枠組みでは，動機づけは，結果の誘意性と期待との積とされる。すなわち，①個人的努力は高いパフォーマンス達成につながるという期待，②そのパフォーマンス達成は報酬獲得につながるという期待，そして③報酬の誘意性とによって，動機づけは決定されるとするものである。他にも，自分自身の仕事や，組織の目標などについて未来の見通しを有していることが，従業員の職務満足度を高め，退出願望（離職願望）を抑制するという研究もある（高橋，2004）。

これらの研究は，個人の職場環境の認知に焦点をあてているが，それとは別に，労働意欲には，仲間関係へのコミットメント，他者との関係に対する重視度などといった人間関係にかかわる要因も関係していると考えられる。植村（2010）で述べ

られているように,「働く」という行為は,他者と協同して,仕事の対象となっている人や集団に何らかの利得を提供し,そのことで報酬を得ることである。仕事には,必ず他者が介在している。こうした観点から,他者軽視がその概念の中心にある仮想的有能感は,働く意欲を考えるうえで,重要な意味をもつと考えられる。

植村(2010)は,仮想的有能感と労働意欲および勤労観との関連を探索している。その研究は次のようなものであった。調査対象は,看護教員ないし看護師として勤務している社会人45名(男性3名,女性42名;平均年齢37.33, SD=4.88)だった。職業,性別に偏りがあり,全体としてのサンプル数も十分とはいえないが,傾向を探索することは可能と考えられる。

実施尺度は,ACS-2 (Hayamizu et al., 2004),邦訳された自尊感情尺度(Rosenberg, 1965),独自に作成された労働意欲に関する12項目の尺度(「一生懸命,仕事に取り組んでいる」など),そして7つの勤労観(植村,2009)の重視度を回答させるかたちでの勤労観尺度(7つの勤労観の概念については表4-2参照)であった。なお,ここでの勤労観は前出の就労観(植村,2006)と概念的にはほぼ同じものである(表4-2)。労働意欲については因子分析(主因子解・プロマックス回転)結果にもとづき次の3つの下位尺度が構成された。第1は,「今の仕事にやりがいを感じている」「自分の今の仕事が好きだ」といった項目が含まれた「仕事へのコミット」尺度であった。第2は,「自分の今の職場が好きだ」「職場内での仲間関係は良好である」などからなる「職場へのコミット」尺度であった。第3は,「同僚と話をしたりといったコミュニケーションをとる機会は多い」「上司などの上役と直接話をする機会は少ない(逆転項目)」などからなる「コミュニケーション」尺度であった。

本データの仮想的有能感および自尊感情,それぞれの平均値(26.69, 32.34)を分割点に,高群と低群とを組み合わせて,4つの有能感タイプ(1章2節参照)を生成した。なお,ACS-2と自尊感情尺度との相関係数は-.22と低かった。

この4タイプ間で,3つの労働意欲得点と7つの勤労観得点を比較したところ,労働意欲のうち「職場へのコミット」に,そして勤労観のうち「自己実現」および「関係構築」において統計的に有意な差が見いだされた。「職場へのコミット」および「関係構築」に関する結果を図4-10に示した。「職場へのコミット」については,自尊型に比して全能型と仮想型は低かった。「自己実現」については,自尊型に比して萎縮型が高く,さらに全能型は他の3つのタイプよりも高いことがわかった。「関係構築」については,仮想型に比して自尊型と萎縮型が高いことがわかっ

4章　仮想的有能感と問題行動

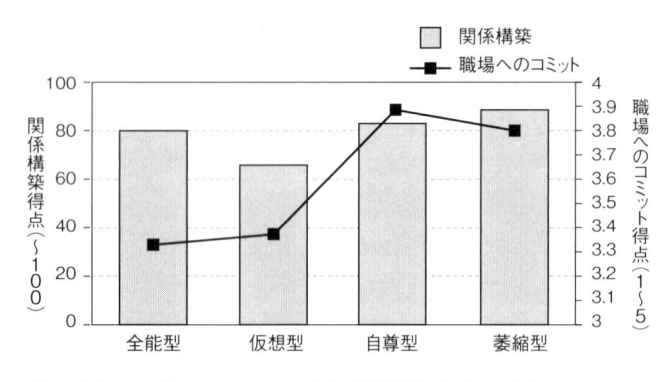

図4-10 有能感のタイプごとでの「職場へのコミット」および「関係構築」の違い
（植村，2010をもとに作成）

（注）右縦軸が職場へのコミット，左縦軸が関係構築の目盛りに対応

た。仮想的有能感が高いことは，職場へのコミットの低さ，そして関係構築の重視度の低さと関連をもつ傾向が明らかとなっている。

仮想的有能感を中心に考えると，この結果は仮想的有能感が高いことが職場へのコミットを下げ，働くうえでの「関係構築」を軽視する方向に作用すると解釈できる。サンプルサイズが小さく，しかも看護関連職につく人に限定されていることから，一般化には限界があるが，他者との関係に特に影響するという点で，仮想的有能感の概念と整合する傾向が見いだされている。離職に大きく影響する「職務不満足」は，職場の人間関係の良好さに大きく影響されるといわれている（Herzberg, 1966）。仮想的有能感が，仕事のうえでの人間関係の軽視，そして職場に対するコミットの抑制に影響するとすれば，最終的には離職行動にも影響すると考えられる。離職と仮想的有能感との関係に関する直接的なデータはないが，これまでに得られた研究から，そうした可能性を指摘することは可能であろう。

3. 仮想的有能感と労働

ここまでみてきたように，仮想的有能感は，就職活動に対する意欲や労働意欲にネガティブな影響を与える可能性があるといえる。本節の冒頭で，近年の雇用環境のなかで雇用者と求職者・労働者とのミスマッチが課題となっていることを述べた。仮想的有能感は，そうしたミスマッチを助長している可能性が高いといえよう。も

3節　就職活動・労働意欲

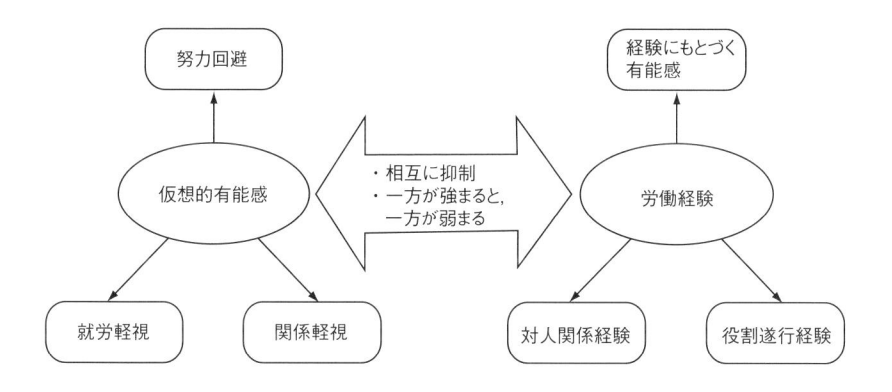

図4-11　仮想的有能感と労働経験との相互抑制関係に関する仮説的模式図

　もちろん，労働市場におけるミスマッチは，景気変動，企業をとりまく経営環境の変化，社会的な風潮など，さまざまな要因によって複雑に構成されていると考えられる。仮想的有能感は，そうした要因の1つとして，ミスマッチに関与していると推測される。

　では，労働は仮想的有能感にどのような影響を与えるのであろうか。ここでは，仮想的有能感と労働との相互関係について考えてみる。

　運動能力を含めた学力による評価によって，学校時代に劣等感を抱いた経験は多くの人が有しているだろう。中学生・高校生が各年代のなかで特に仮想的有能感得点が高いという結果（木野ら，2004）は，このこととおおいに関連していると考えられる。多くの人は無力な自分を認めたくないのだ。

　従来，働くという経験は，こうした学校時代の劣等感そして仮想的有能感を緩和する機能をもっていたように考えられる。職場で責任と役割を与えられ，それを達成していくことで自尊感情が高まる。役割遂行経験が自尊感情に重要であることは，速水（2006）でも指摘されている。また，同僚，上司，顧客あるいは取引先といった人々と否が応でも関係をもつことで，対人関係が充実する。仮想的有能感は，友人や教師との関係が良好になると低下する可能性があるといわれている（松本ら，2008）。労働経験は，仮想的有能感を抑制する要因をそのなかに多く含んでいるといえる（図4-11）。なお，冒頭で触れたキャリア教育は，仮想的有能感にどのような影響を与えるのであろう。植村（2010）は，大学におけるキャリア教育科目の

193

受講前後で，仮想的有能感を測定し，前後で有意な変化がなかったことを報告している。研究例が少ない段階ではあるが，この結果から，知識よりも実際の労働経験が，仮想的有能感の抑制には効果的であることが推測できる。

一方，仮想的有能感は，先に述べたように，就職活動に対する意欲，そして職場へのコミットや，働くうえでの対人関係に対する重視に抑制的な効果を及ぼす傾向が見いだされている。

つまり，仮想的有能感は労働の場に入っていくことや継続的に働くこと，すなわち労働経験に抑制的に働く反面，労働経験によって低減する可能性もある。仮想的有能感と労働経験とは互いを抑制し合う関係にあるといえる（図4-11）。

近年の労働環境では，まじめにしっかり働いていても「リストラ」や「派遣切り」にあったり，就職活動において希望する企業から内定を得られなかったりといった努力と随伴しない失敗経験をすることが多い。このような状況は，労働を経験することによる仮想的有能感の低減を阻害し，仮想的有能感を助長する可能性が高い。それはさらなる労働現場の劣化，ひいては仮想的有能感の増長に結びつくおそれがある（図4-11参照）。

社会の礎は労働であり，労働を支えるのは人であることを考えれば，目先の社会的コストを恐れず，若者を雇用しながら育てていける雇用環境の創出が必要だと考察される。安定して働く機会を若者たちに提供し，労働経験を積ませることで，彼ら・彼女らの真の有能感を発達させていくことが，結果的に質の良い労働そして安定した社会をつくり出す一助になると考える。

5章 ほんとうの有能感を求めて

1節 仮想的有能感の現状と評価

1. 若者の仮想的有能感は変化しているか

　本研究が開始されてから，さまざまな目的で多くの人々に仮想的有能感と自尊感情の測定を行ってきた。そしてすでに10年近くが経過しようとしている。その間に政治的にも経済的にも多様な変化が生じ，人々の心も何らかの影響を受けているものと思われる。そこで2002年度～2009年度までに日本人を調査協力者として得たすべてのデータについて仮想的有能感の変化をみてみることにした。この調査協力者数は表5-1のとおりである。この8年ほどの間に16,000名以上の方々に協力いただいたことになる。なお仮想的有能感は ACS-2 を用いたものだけをとりあげているし，大学生のデータは24歳以下を対象として，それ以外は分析から除外している。また成人の2003年度のデータは2002年度から2004年度にかけて得られたものである。まず，すべてのデータでの仮想的有能感の平均値は30.75（$SD = 7.14$），自尊感情の平均値は29.35（$SD = 6.58$）であった。

　特に若者だけをとりあげ，しかも専門学校，鑑別所，日本人学校のデータは単年度だけのものであるため除外して，中学生，高校生，大学生について男女のデータを合わせて，仮想的有能感の経年的変化をみるために平均値をプロットしたものが

5章 ほんとうの有能感を求めて

表5-1 ACS-2の年度別にみた調査協力者数

		2002年度	2003年度	2004年度	2005年度	2006年度	2007年度	2008年度	2009年度	全体
中学校	男性	102	76			169	579			926
	女性	94	74			191	580			939
高校	男性		316	230	126	255	784		215	1926
	女性		338	163	145	219	879		281	2025
大学	男性		169	105	1078	940	929	585	631	4437
	女性		351	99	969	1359	857	657	1031	5323
成人※	男性		342						3	345
	女性		661						42	703
専門学校	男性		2							2
	女性		77							77
少年鑑別所	男性							261		261
	女性							36		36
日本人学校	男性						206			206
	女性						187			187
総和	男性	102	905	335	1204	1364	2498	846	849	8103
	女性	94	1501	262	1114	1769	2503	693	1354	9290

※ 成人2003年度データは，2002〜2004年度にかけて得られたものである。

図5-1である。

まず，中学生であるが，データは2002，2003年度および2006，2007年度の4年分しかない。経年的変化として，2006<2002, 2006<2003, 2006<2007で差がみられた。[*1] つまり2006年度で顕著に低くなっており，翌2007年度には，また少し高くなっているが，2002，2003年度ほどではない。

次に高校生と大学生の経年的変化に関しては，高校生では2003年度から2007年度までの5年分のデータと2009年度の全部で6年分のデータがあり，2009<2003, 2009<2004, 2009<2007で差がみられた。[*2] 最も高かったのが2003年度，最も低かったのが2009年度であり，これはおおまかには年度を追うごとに減少傾向になるといってよい。つまり，仮想的有能感は漸次，やや弱まっているといえる。大学生は最も多くのデータがそろっており2003年度から2009年度まで7年分のものがあ

---

*1 一元配置分散分析およびTukeyのHSD検定による多重比較による。
*2 Welchの検定の拡張およびGames-Howellの多重比較による。

1節　仮想的有能感の現状と評価

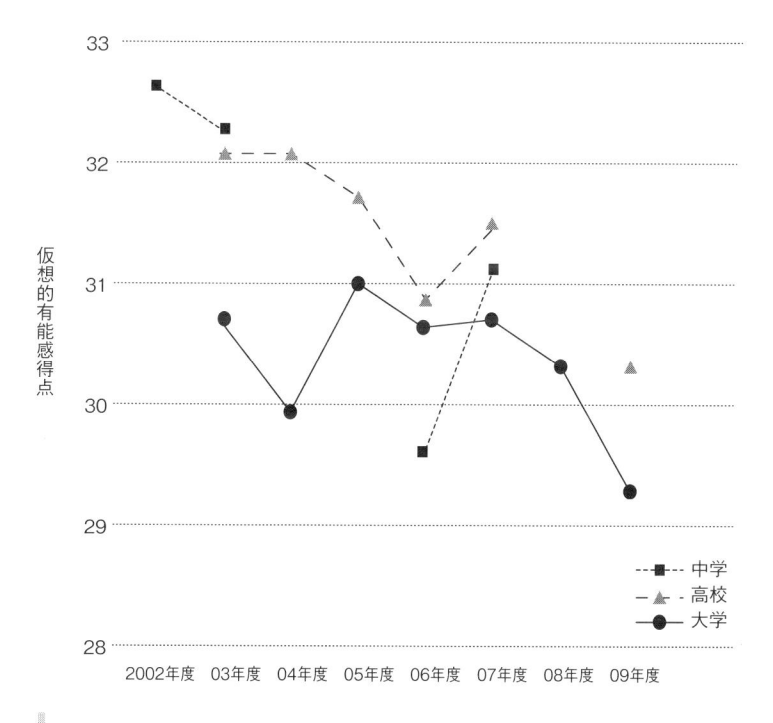

図 5-1　年度・学校別仮想的有能感得点の平均の変化（得点可能範囲は 11 〜 55）

る。そして経年比較において，2009<2003，2009<2005，2009<2006，2009<2007，2009<2008 で差がみられた。大学生では年によりやや上下の変動はあるものの，最近の 2009 年度が最も低くなっており，2005 年度をピークにして減少傾向にあるといってよい。中学生や高校生と同じく，仮想的有能感は微少だが弱まる傾向にある。しかし，他の年齢層に比較して中・高校生は依然として仮想的有能感が相対的に高いのは変わらない。

他方，自尊感情についても同じような方法で年度間の比較を行った（図 5-2）。なお，調査協力者数は先の表 5-1 に近似している。その結果，まず中学生では 2007<2002，2006<2003，2007<2003 で差が認められた。2003 年度が顕著に高いが，2006 年度，2007 年度ではかなり低下している。高校生では，どこにも差は認められなかった。大学生では 2006・2008・2009<2004，2006・2008・2009<2005，2006・2008・2009<2007 で差がみられた。相対的には 2004 年度，2005 年度，2007 年度が高いことになる。自尊感情も最近の 2008 年度，2009 年度はやや低くなって

197

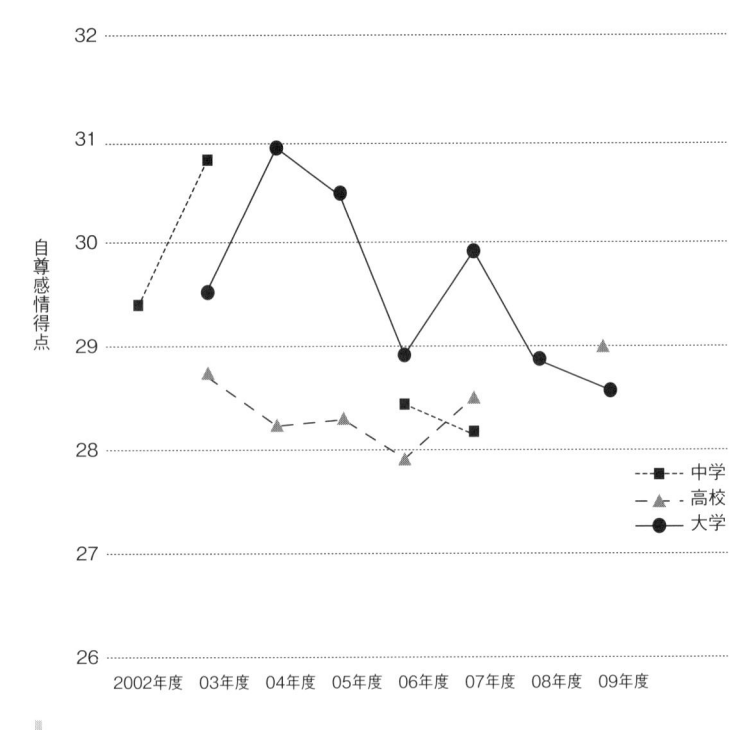

図5-2 年度・学校別自尊感情得点の平均の変化（得点可能範囲は10〜50）

いるといえる。

　おおまかに中・高・大学生の仮想的有能感も自尊感情も，この7, 8年の間にやや低下傾向にあるように思われる。これは，有能感タイプでいえば，萎縮型が多くなっていることを意味していよう。

2. 仮想的有能感は肯定されるか

　さて，本書では「仮想的有能感」という概念に対して，比較的一貫して負の意味をもつものとしてのみ扱ってきたが，必ずしもそのような受け止めをする人ばかりではない。まず，現代にあって仮想的有能感が生じるのはやむをえないとする考え方がある。現実に世の中に競争が厳然として存在する以上，競争の敗者になる人は当然生じることになる。努力してもどうしても突破口が開けない場合，彼らは周りを批判し始める。しかし，そのまま自分の負けだけを受けいれていれば，それこそ

自分がうつになりつぶれてしまう。その防衛手段として，自分以外はバカというような態度で周りを批判するのである。筆者らはそれが無意識的に行われると想定しているが，彼らがそれを完全に無意識で行っているかどうかは定かではない。むしろ，自分のしていることが解決につながらないことはうすうす承知したうえでの行動かもしれない。だとすれば彼らは自分の心が徹底的に崩壊するのを避けるため，自分を守るために必要な行為をしているとみなす人たちがいても不思議ではない。

また，本書でも動機づけとの関係で実証研究から明らかにされたように，仮想型は萎縮型に比べたら相対的動機づけは高い。自尊感情だけでなく，仮想的有能感が低い萎縮型になってしまうと，あらゆる動機づけが低い状態になり，極端な場合は生存すら危ぶまれることがあろう。

筆者は大学生に仮想的有能感をもつことの是非について尋ねたことがあるが，「自尊感情を保つための1つの手段として容認されてもよいのではないか，自分自身で自尊感情を保つ方法が他に見当たらない」というような意見も少なくなかった。また，「仮想的有能感は必要なのかもしれない。ただし，それを理由に行動を起こさなかったり，相手の前で，その人を軽視するのはいかがなものか」という見方もあった。これは心理的にはやむをえないものとし，だからといって行動には出すべきではないとするものである。さらに仮想的有能感をもつことに肯定的な意見として，「必ずしも仮想的有能感をなくす必要はないのではないか。なぜなら仮想的有能感があることによって自分自身を保つことができるからである。もちろん，仮想的有能感が高いことで他者を傷つけることは許されないが，現代ではコミュニケーション能力，人間力，社会人基礎力など多くの能力をつけることが期待されている。そのようななかで，一生懸命がんばっても，上には上がいるので苦しくなるばかりである。だからこそ，自分を心理的に安定させるためにこの感情をもつことで，かえって，あいつでもやっているのだから自分もやらなきゃという意欲も生まれる」という見解もあった。

このように現代の若者のなかには仮想的有能感そのものを忌むべきものとしてでなく，「やむをえないもの」「必要なもの」という認識をもつ人たちがいることも事実である。

3. それでも「仮想的有能感」は抑制すべきもの

数年前，実証的研究も十分蓄積されないうちに筆者が「仮想的有能感」に関する

一般向けの本を上梓したのは，このまま時代が進行していけば，巷には「仮想的有能感」が氾濫し，人間関係が悪化して人と協調できない，敵意や嫉妬で衝突を繰り返すのっぴきならない社会に至るのではないかという危機感を抱いての警鐘のつもりであった。

1章でみたように「仮想的有能感」は確かに中学生や高校生の若者で高いものの，成人で特に低いわけでもなく，定年を迎える頃には若者並みに再び高くなる傾向もみられた。これは，仮想的有能感が多少の量的差異はあれ，世の中に蔓延していることを意味している。前項でみたようにこのところ仮想的有能感はやや減少傾向がみられるものの，この傾向が持続されるかどうかはまったく予断を許さない。

そこで再度，人が「仮想的有能感」をもつことの意味について考えておくことは意義があろう。その，仮想的有能感の量的増減とは別に，このような心性が行動として顔をだすような出来事は現在も頻繁に生じていることは事実だからである。

今，日本は2008年のリーマンショック以来，経済的な落ち込みが激しく，若い人たちの間にも働きたくても働けない状態が強まっている。しかし，すべての間口が狭いわけでもない。医療や福祉のように人手を必要としている分野では，自分の自己実現ができないとか，仕事がきつく給与が少し安いというような理由から多くの人が短期間の間に辞めていくという。ややつらい状況に出会うと，すぐに退散し，それを自分のせいでなく他人のせいにするようなことが頻繁に生じている。もっと悪質なものもある。最近，学生時代に借りた奨学金を返さない人が増えている。なかには，家族が一定程度以上の収入があるにもかかわらず，奨学金を借入れし，住宅ローンに回すようなこともなされているようだ。彼らはおそらく，自分以外はみんなバカと仮想的有能感を感じているにちがいない。

このような自分勝手な人たちが多くなれば世の中が住みにくくなることは必然であるし，何ごとも連携して行うことができなくなる。現在，日本はさかんにジャパンシンドロームという言葉が使われ，人口の減少に伴い，経済力も低下して厳しい時代に突入していくことが懸念されている。豊かな時代からの降下は仮想的有能感を増殖させる要素を含んでいるように思われる。しかし，このような時代だからこそ，相互に思いやり協力して難局を乗り越えていくことが期待される。そこで，本書の最後に仮想的有能感をどのようにしたら低減させていけるのかについて考えてみたい。

2節　ほんとうの有能感に近づくために

1. 経験の違いとしての2つの有能感

　有能感というのはあくまで基本的には主観的なものである。だからこそ，他者軽視にもとづく仮想的有能感というようなものが仮定される。これは偽りの有能感には違いないが，では，ほんとうの有能感とは何かと問われると，主観的なものであるだけに定義はむずかしい。しかし，有能感が本来，主観的なものであるとはいえ，ほんとうの有能感というのは，ある程度の客観性をもつ，すなわち，多くの人からみて，有能感の持ち主だと考えられた場合に，本人がほんとうの有能感をもつといえよう。本節では，仮想的有能感とほんとうの有能感を2つの対比的な有能感ととらえ，どのような経験の違いが，それぞれの有能感の形成に寄与するかについて検討する。

　ただし，従来の有能感（コンピテンス）は認知的な概念であった。つまり人に備わった潜在的能力の意味が強かった。さらに環境との相互作用のなかでみずからの有能さを追求しようとする動機づけの面も加えて考えられる場合が多い。しかし，仮想的有能感の概念は認知的な側面というよりは社会的，感情的な側面が強調されている。このように対比的な概念ではあるが，相反する概念というよりはやや次元を異にしていることも注意すべきである。ほんとうでない有能感には他者軽視にもとづく仮想的有能感だけでなく，たとえば楽観的有能感とか悲観的有能感というものがあるのかもしれない。したがって，特にここでほんとうの有能感という場合は，仮想的有能感のもつようなネガティブな感情的側面を伴わないという意味を強調している。

2. 直接・間接の成功－失敗経験

　前述の仮想的有能感の定義では，仮想的有能感は成功・失敗（ポジティブ・ネガティブ）経験に関係なく形成されるとしている。ただし，1章で検討したように，現実には人間関係に関連したネガティブ経験が仮想的有能感と関連することが証明されている。これについてはまた後で述べることにする。

　ほんとうの有能感は生まれつきの才能とか素質とかに無関係とはいえないが，そ

の有能感の重要な形成要因はさまざまな事態での成功経験であろう。同じ事柄に対して，成功経験をより多く積んだ人のほうが成功経験の乏しい人よりは有能感は高いものと考えられる。また，ここでいう成功経験というのは勉強や運動だけではない，人間関係も含めた生活にかかわるすべての事象である。さらにいえば，これまで成功経験があれば自動的に有能感が向上するような言い方をしてきたが，実は必ずしもそうではない。誰もが何も努力しなくても成功できるような課題に成功しても有能感は生じない。むしろ，何度も失敗せざるをえないような困難な課題で失敗を重ね，最後に成功したような場合に有能感は大いに向上する。それは，その成功が確かに自分の努力によっているという確信をもてるからであり，何度も失敗に遭遇し，それを克服したこと自体が自信を強めるからであろう。そもそもわれわれは，成功した場合はほっと安堵することで，やる気はあまり高まらない。むしろ，予期に反して失敗すると，悔しい気持ちが生じ，「今度こそ」という気持ちになる。だからこの失敗経験時こそ重要である。それは，この時点で肯定的感情も否定的感情も同居しているからである。初めてあることで失敗したくらいで多くの人は絶望するわけではない。「しまった」と思う一方で「もう一回やればできるはずだ」という両方の感情を有しているのである。しかし，この失敗が何度も重なるようなことがあれば，学習性無力感（Seligman & Maier, 1967）の研究が証明しているように誰もが無能感をもつようになるのは当然である。したがって，失敗しても踏みとどまり，その時力を発揮して成功することこそがほんとうの有能感につながる。一方，それを乗り切れなかった場合や，早々と諦めてしまった場合には，仮想的有能感が引き起こされる可能性が高まる。なぜなら，負けの事態を避け，その不快感情を回避するために他者軽視が生じやすくなるからである。

　有能感の形成要因として次に考えられるのは，間接的な成功経験とでもいえる他者からの承認であろう。周りの人から「君は有能である」とか「君は才能がある」と言われれば，本人もその気になる。このよい例は幼児の頃，多くの親たちが，子どもができてもできなくても「良い子だ」とか「おりこうさん」などと言って承認して励ますような場合である。幼児は認知能力が未発達で自分で自分の客観的な評価が十分下せないので，他者から承認されれば，ますます「自分はできる」という有能感を増大させる。したがって幼児の多くは失敗してもそう簡単には諦めず，同じことをできるまで継続しようとする場合も多い。しかし，認知能力が高まり，他者との比較が可能になると，たとえ周りの承認があっても，それをそのまま受け取ることは少なくなる。また，周りも，幼児期においてはほめてばかりいたの

に，就学すると他の子どもの達成水準が気になり，つい叱責することのほうが多くなるので子どもの有能感が急に萎えるようなことも珍しくない。しかし，それでも，周囲が叱責ばかりすれば無能感だけが残るため，少しでもよい面を見つけて承認してやることは大切である。先述したように，失敗だと本人が思っている場合にもどこかよい点を周りの者が見つけて承認してやるかどうかが有能感維持には大切である。しかし，一方で，少子化で親が子どもに概して甘くなり，どんなことも認めてしまうという傾向もないわけではない。つまり，子どもが比較的大きくなっても幼児のときのように一貫して肯定的な対応するような場合もある。それは，確かに子どもの有能感を助長する。だが，それはほんとうの有能感ではない。これはかえって偽りの有能感を形成することになり，自分を顧みず苦しまぎれに他者を不当に低く評価する危険性がある。つまり，仮想的有能感につながる可能性がある。

　他に，間接的な成功経験と呼べるものに周りに誰か有能な人がおり，それをモデルとして行動することで当人自身が有能感をもつことがある。たとえば，親が周囲から尊敬を集める有能な人であるような場合，特に親を観察することで自分が有能だと思いこむようになる。親が特に有能な人でなくても，小さい子どもにとって大人は自分よりはるかに有能な存在に見え，自分もそうなりたいと考えるであろう。ただし，モデルとしてその行動様式を自分のなかに取り込もうするかどうかは，モデルと観察者の人間関係が重要である。つまり，親密な人間関係が成立していることが前提となる。しかし，このメカニズムによる有能感の形成は，それがほんとうの意味での有能感かどうかは怪しい。なぜなら，有能感を形成するような行動が模倣されたのか，単に結果だけを模倣しているのかわからないからである。前者の場合には，ほんとうの有能感が形成されやすいが，後者の場合には，「親が有能だから自分も有能」という表面的，短絡的な連合だけなので，むしろ仮想的有能感に近いものが形成されたことになるだろう。

3　プラスマイナスゼロの経験と他者に貢献すること

　有能感，自信，自尊感情などを育てるには，先に述べたような成功・失敗経験が重要な役割を果たすと考えられるが，そこで想定されているのはおもに子どもの学業や運動での成功・失敗である。しかし，ほんとうの有能感や自信を形成するのはそのようなものだけではない。また，学業や運動だけであるとしたらそれらの不得意な子どもたちはなかなかそれを形成できないことになる。

人間には炊事，洗濯，掃除といった家事のように生きるために繰り返して行わなければならないことも少なくない。それらは，蓄積しておくことができず，一度終わったと思っても時間がたてばまた始めねばならない仕事である。これを歌手の加藤登紀子は「プラスマイナスゼロの仕事[*3]」と表現していたが，実は家庭だけでなく学校にもそのような仕事はある。それはたとえば，掃除当番や給食当番といったものである。家事や掃除当番は目立たない仕事であり，ルーチンワークとして無意識的になされているような面もあるが，これらをきっちり行うことは，母親が食事の用意をして家族から感謝されるように，クラスメートに貢献することでもある。このようなあまり好まれない仕事をきっちり行うことができるようにすることが，ほんとうの有能感の形成の基礎になっている。だから，子どもが家で家事を手伝うこともそれにつながっている。一方，このような誰もがどこかでしなければならないことを怠ったりサボったりすることは，抜け駆けをして得をしようとすることであり，そのような行為は仮想的有能感につながるものと考えられる。プラスマイナスゼロの仕事は人が生きるために必ず常にこなしていかねばならない仕事である。2010年，『トイレの神様』（植村花菜作詞／作曲）という歌が流行したが，歌詞のなかに出てくるおばあちゃんは，トイレ掃除のようなプラスマイナスゼロというだけでなく，多くの人が嫌がる仕事を着実にこなすことが人間の基本であり，人の力や美しさの根源であることを教えたかったのかもしれない。そのような仕事を他人に押しつけ，自分だけ楽をしようとすること自体が，他者軽視を意味している。人が生きていくための仕事分担を実直に遂行するところにほんとうの有能感の最も基本的な部分があるように思われる。

　さらにもう少し目立つかたちで他者に貢献することで得られる有能感や自信の形成は，最近，中学校などの体験授業の一環として行われる職場体験のなかにもある。たとえば，中学校では成績も振るわず，アウトサイダー的な生徒が，インターンシップで保育園に出かけて行って「お兄ちゃん」「お姉ちゃん」と慕われ，明るく元気になったという話や，老人ホームなどでお年寄りの介護をすることで自信をもったという話を時々聞くが，これも自分が他者に役立つ存在であるということで自尊感情や有能感が高まったためであろう。なぜなら，有能感をもつためには本人自身が優れたことをしたとか，相応のことをしたという意識も必要だが，他者が認めてくれている，もっと広い意味では自分や自分の行為を受容してくれるという気持ち

[*3]　朝日新聞2010年12月3日夕刊　特集ワイド　「女の気持ち」より中高年女性の幸福感での近藤勝重夕刊編集長とのトークから。

が大きく作用するからである。本書でも，親の受容的な養育行動と自尊型との間に正の関係があることが示されたが，ほんとうの有能感の最も基本的な部分としては，他者に受けいれられるということがあろう。

4. 社会化と個性化

　前述したように多くの人は，幼児期にいわゆる有能感をもちやすい。それはむしろ全能感的なものに近い。とりわけ最近の親たちは独自性とか個性という言葉に弱く，それは親たちが自分の子どもにきわめて個性的な名前をつけていることからもうかがい知れる。確かにこの世には誰ひとりとして自分と同じ人物はおらず，その個性は尊重されてよい。しかし，親たちが子どもの独自性や個性を助長することは，こうした子どもたちの全能感をますます高めることになるのである。個性を尊重し，個性を伸長させようとする親たちの意図は，逆に人のもつ共通部分の軽視にもつながってしまうように思われる。ここでの共通部分とは個性化に対する社会化の部分といってもよい。子どもであっても社会のなかの一人の人間として共通に形成すべき行動様式はあり，それは礼儀であったり，道徳であったりする。しかし，少子化の影響もあり，このいわばしつけにあたる部分を最近の親たちは軽んじる傾向がある。また，概して親にとっては子どもの個性を伸ばす働きかけをすることは楽しいことである。一方，しつけをすることは，一定の行動様式を押しつけることでもあり，子どもが不機嫌になり，親子間に摩擦を生じることも多い。それゆえ，最近の親たちのこの社会化への働きかけが，いくぶん減少しているように思われる。

　そして，子どもへの独自性や個性の助長は，子どもたちに自分の特殊な技術（たとえば，ピアノ，バイオリン）の有能さを過大視させ，他の子どもをその点で見下すようなことも多くなる。個性を伸ばすこと，それ自体は決して悪いことではないが，社会化とのバランスが崩れることによって小さい頃から仮想的有能感を増長させてしまうことになろう。

　一方，この時期に規範を守ることや他人に迷惑をかけないことを教え込むことは，自分が社会のなかの一人の人間であり，他の人たちとともに生きているということを教えることである。現実の社会は，自分勝手や気ままがすべて許されるような場所ではない。逸脱した行為に対して注意や叱責を受けることは，本人を萎縮させることにつながる面もないとはいえないが，社会化されることで人は自分が他者とつながっていることに気づくことになる。つまり注意や叱責を受けることもあながち

悪いことではない。それは，社会ではどうふるまうのがよいかという基準を提示されることだからである。その基準が不明確であれば，自分の社会的行動の自己評価があいまいになり，どのようにふるまったらよいか定まらないことになる。さらに社会化は一人前の大人としての行動様式を身につけることであるから，それが身につけば大人から承認されることになる。つまり，一人の人間としてのほんとうの有能感が形成されることにつながる。

5. コミュニケーションを促進し親密化をはかる

　仮想的有能感の高い人は対人関係において失敗経験が多いことが実証されてきたが，これは他者と人間関係がうまくいかないということである。本書でも学習の動機づけでは仮想的有能感の高い人は友だちに援助を求めようとしないし，援助を求められても対応しようとしないことが明らかにされた。一言でいえば彼らは人間関係が希薄だということだろう。この人間関係の希薄化についてはすでに何年も前から現代人の一般的な特徴としても多くの人に指摘されてきた。人間関係が希薄であれば，人は一般の人々のみならず，周りの人々も容易に見下すことができるので仮想的有能感が生じやすいと考えられる。逆に人間関係が親密で濃厚であれば，一人ひとりについて熟知しているし，一定の敬意もはらっているので，おいそれと見下すことはできない。それはクラスという集団についてもいえることで，クラス内でのコミュニケーションが密で人間関係が親密であるほどクラス成員の仮想的有能感は低くなると考えられる。

　最近，中学校などではいじめの予防として，生徒相互の人間関係を親密化するような教育目標を設定して教育実践している学校も少なくない。そこで2007（平成19）年度にそのような目標を掲げ学校をあげて取り組んでいた愛知県のA中学校およびB中学校の2つを選んで，そのような取り組みで仮想的有能感の低減するものかどうかみてみることにした。A校はTグループ，ラボラトリー体験学習を用いた学級づくりを目指しており，B校は基本的には構成的グループ・エンカウンターにより子どもたちの人間関係を望ましいものにしようとしていた。これらはいずれもグループ・カウンセリングと呼ばれるものでコミュニケーションをうながし，集団の力動的機能によって自己理解と行動変容をうながすものである。ただし，両校ともそれに関連する定型の授業を週何回必ず行うというような組織的，系統的な取り組みではなく，総合的な学習の時間や道徳の授業のなかで，多分に担任の裁量

2節　ほんとうの有能感に近づくために

表5-2　1回目（行）と2回目（列）の有能感タイプのクロス表

	2全能型	2仮想型	2自尊型	2萎縮型	計
1全能型	65（44.52）	23（15.75）	45（30.82）	13（ 8.90）	146（33.11）
1仮想型	18（23.68）	35（46.05）	5（ 6.58）	18（23.68）	76（17.23）
1自尊型	15（15.46）	7（ 7.22）	46（47.42）	29（29.90）	97（22.00）
1萎縮型	13（10.66）	18（14.75）	36（29.51）	55（45.08）	122（27.66）
計	111（25.17）	83（18.82）	132（29.93）	115（26.08）	441（100.00）

（注）　数値は人数，（　）内は％

で実践されることが多かった。新しい年度が始まった夏前の時点と学年末の2，3月の時点で仮想的有能感および自尊感情の調査を2度行って，教育による変化をみようとした。A校は1年生2クラス，2年生4クラス，3年生5クラスの計11クラスであった。また，B校は各学年とも2クラスずつの6クラスであった。

　仮想的有能感の変動に関してはA校の11クラスの2回の差得点の増大が2クラス，減少が9クラス，B校では6クラスすべてで減少していた。両校をまとめると仮想的有能感1回目の平均値は29.29，2回目の平均値は28.14であり，数値としてはわずかではあるが差がみられた。ただし，この研究では統制群にあたるクラスでの調査結果がないので，これが人間関係の教育の成果であると断定することはできない。自尊感情の変動に関してはA校では4クラスが減少，7クラスが増大，B校では2クラスが減少，4クラスが増大であった。ただし，その差はわずかで，両校まとめて2回の結果を比較しても差はみられなかった。

　また1回目の両校の仮想的有能感，自尊感情の平均値をもとに1回目，2回目の有能感タイプをクロス表にしたものが表5-2である。この表をみると，これまでの他の中学生のデータに比べて両校とも仮想型が1回目も2回目も相対的に少ないという特徴がある。これは両校が前年度以前から人間関係を重視する教育を行ってきた成果なのかもしれない。2回の比較で目立つのは全能型から自尊型への変化である。すなわち，1回目で全能型の占める割合は33.11％であったが，2回目には25.17％と減少している。他方，自尊型は22.00％から29.93％に増大している。1回目の全能型の30.82％が2回目に自尊型に変化したことになる。これは自尊感情は高いが他者軽視傾向にある人が学校生活をとおして，自尊感情を保ったまま他者尊重する姿勢に変化していくことを物語っている。一方，表の対角線上の数値をみれ

ばわかるように，どの型についても半数近くは同一の有能感タイプを示しており，ある程度の恒常性もあるといえる。

　次に学校外でのコミュニケーションについて考えてみよう。他者軽視がなされるようになるのは何よりも人間関係が希薄であるためだろう。たとえば，小さな村でお互いが毎日，顔を突き合わせて生活をしているような場合は，相手の気持ちもよくわかるので，軽々に他者軽視をするようなことはない。たとえば「国民総幸福」を掲げるブータンのような国では，特に以前は，労働時間も短く午後の多くは皆でだべって過ごしていたため，お互いのことを熟知しているという。そのためか，見知らぬ人の車が故障を起こしたような場合もどこからともなく人が集まってきて援助の手を差し伸べてくれるという（今枝，2008）。おそらく，そのような国では仮想的有能感は生じにくい。しかし，現在のわが国では地域の人々の結びつきは希薄である。同じ地域に住んでいても孤独死していた人にも気がつかず，何か月かが経過してやっと発見されるというような事件もあとをたたない。

　家庭においても，両親が共働きが増えたり，子どもたち自身も習いごとや塾に通うのに忙しくて一家団欒の時間が減少している向きもある。さらに子ども部屋などが準備されることで親子の接触場所が限られる傾向にある。また，子どもを虐待する親がいたり，あるいは，認知症になった親の年金を息子や娘が勝手に使っていたという寒々とするような事件が多発しているが，これは家族内においてでさえ他者軽視が起こることを物語っている。社会のなかで自尊感情が保てないために家族の成員に向けた仮想的有能感が働いているのかもしれない。もちろんこのような事件では相手があまりに小さな子どもでコミュニケーションがとれなかったり，認知症でまともにやりとりができないということもあろう。仮想的有能感は通常，世間のあまりよく知らない人に向けられるものであるが先にあげたような例もあることを考えれば，まず，家庭内のコミュニケーションを密にする努力が必要である。家庭内のコミュニケーションは何もしなくても自然に生じるものだと考える人たちもいようが，労働のあり方や，生活時間の変化から，努力してつくり出すことも必要な時代といえよう。子どもとのコミュニケーションを増やすためには子どもと目線を合わせて話すことが肝要である。一方的に親の考えを伝えるのではなく，自分が子どもの頃，どのような行動をし，どのようなことを考えていたのかを語ることで子どもとの心理的距離が縮まるものと思われる。ギノット（Ginott., 1983）によれば，「現状を話し，人格，性格にはふれるな」がコミュニケーションを円滑にする原則であるという。たとえば，子どもがのろのろと自分の机を整理しているのをみると，

親はつい「のろまな奴だ」などと決めつけた言い方で叱ることが多い。しかし，こうすると子どもに敵意をいだかせ，コミュニケーションは途切れてしまう。「あまりゆっくりやっているとテレビをみる時間がなくなるよ」というように現状を話したほうがコミュニケーションは継続するであろう。

　さらに，子どもが大きな失敗をしたり，学校でトラブルを抱えているといったような場合，親の受容が最も必要な場面で，十分な対応ができないと，子どものほうから親とのコミュニケーションを取ろうとしなくなることもある。親にとっても子どものもつネガティブな感情を共有することはあまり楽しいことでないことは確かであるが，そこを軽く扱ったり，嫌なことを忘れさせることだけに力をいれると子どもから信頼を失うことになる。逆にそういう場合にしっかり向かい合って十分話し合うことによって，親密感が深まることになる。

引用文献

1章

American Psychiatric Association (1980). *Diagnostic and statistical manual of mental disorders: DSM-III*. Washington, D.C.: American Psychiatric Association.
Baumeister, R. F. (1998). The self. In D. T. Gilbert, S. T. Fiske, & G. Lindzey (Eds.), *The Handbook of Social Psychology*. 4th ed. Vol. 1, New York: McGraw-Hill. pp.680-740.
Baumeister, R. F., Smart, L., & Boden, J. M. (1996). Relation of threatened egotism to violence and aggression: The dark side of high self-esteem. *Psychological Review*, 103, 5-33.
Bosson, J. K., Brown, R. P., Zeigler-Hill, V., & Swann, W. B. (2003). Self-enhancement tendencies among people with high explicit self-esteem: The moderating role of implicit self-esteem. *Self and Identity*, 2, 169-187.
Bracken, B. (1995). *Handbook of self-concept: Developmental, social, and clinical considerations*. New York: Wiley.
梶田叡一・浅田 匡（監訳） 2009 自己概念研究ハンドブック――発達心理学，社会心理学，臨床心理学からのアプローチ　金子書房
Bursten, B. (1973). Some narcissistic personality types. *International Journal of Psychoanalysis*, 54, 287-300.
Crocker, J., & Luhtanen, R. K. (2003). Level of self-esteem and contingencies of self-worth: Unique effects on academic, social and fnancial problems in college students. *Personality and Social Psychology Bulletin*, 29, 701-712.
Crocker, J., Luhtanen, R. K., Cooper, M. L., & Bouvrette, S. A. (2003). Contingencies of self-worth in college students?: Measurement and theory. *Journal of Personality and Social Psychology*, 85, 894-908.
Crocker, J., & Wolf, C. T. (2001). Contingencies of self worth. *Psychological Review*, 108, 894 908.
Emmons, R. A. (1987). Narcissism: Theory and measurement. *Journal of Personality and Social Psychology*, 52, 11-17.
Foster, J. D., Campbell, W. K., & Twenge, J. M. (2003). Individual differences in narcissism: Inflated self-views across the lifespan and around the world. *Journal of Research in Personality*, 37, 469-486.
Gabbard, G. O. (1989). Two subtypes of narcissistic personality disorder. *Bulletin of the Menninger Clinic*, 53, 527-532.
Greenier, K. D., Kernis, M. H., McNamara, C. W., Waschull, S. B., Berry, A. J., Herlocker, C. E., & Abend, T. A. (1999). Individual differences in reactivity to daily events: Examining the roles of stability and level of self-esteem. *Journal of Personality*, 67, 185-208.
Greenwald, A. G., & Banaji, M. R. (1995). Implicit social cognition: Attitudes, self-esteem, and stereotypes. *Psychological Review*, 102, 4-27.
Greenwald, A. G., McGhee, D. E., & Schwarz, J. L. K. (1998). Measuring individual differences in implicit cognition: The implicit association test. *Journal of Personality and Social Psychology*, 74, 1464-1480.
原島雅之・小口孝司（2007）．顕在的自尊心と潜在的自尊心が内集団ひいきに及ぼす効果　実験社会心理学研究，47, 69-77.
波頭 亮（2003）．若者のリアル　日本実業出版社
Hayamizu, T. (2002). From a culture of sadness to a culture of anger: In pursuit of a mechanism that has brought about this change. *Nagoya Journal of Education and Human Development*, 1 59-68.
速水敏彦（2006）．他人を見下す若者たち　講談社
速水敏彦・木野和代・高木邦子（2004）．仮想的有能感の構成概念妥当性の検討　名古屋大学教育発達科学研究科紀要（心理発達科学），51, 1-8.

211

引用文献

速水敏彦・木野和代・高木邦子（2005）．他者軽視に基づく仮想的有能感—自尊感情との比較から　感情心理学研究，12, 43-55.

Hayamizu, T., Kino, K., & Takagi, K.（2007）. Effects of age and competence type on the emotions: Focusing on sadness and anger. *Japanese Psychological Research*, 49, 211-221.

速水敏彦・木野和代・高木邦子・蘭　千壽・佐藤有耕・小泉令三・櫻井茂男（2003）．「仮想的有能感」をめぐって　日本教育心理学会第45回大会総会発表論文集，S46-S47.

Hayamizu, T., Kino, K., Takagi, K., & Tan, E. H.（2004）. Assumed-competence based on undervaluing others as a determinant of emotions: Focusing on anger and sadness. *Asia Pacific Education Review*, 5, 127-135.

速水敏彦・小平英志（2006）．仮想的有能感と学習観および動機づけとの関連　パーソナリティ研究，14, 171-180.

速水敏彦・丹羽智美（2002）．子どもたちの感情はどのように変化したか—教師の目から見た特徴　名古屋大学大学院教育発達科学研究科紀要（心理発達科学），49, 197-205.

林　洋一・下仲順子・中里克治・河合千恵子・佐藤眞一・長田由紀子・成田健一（1991）．横断比較による生涯発達(5)— Self-Esteem について　日本心理学会第55回大会発表論文集，471.

袰岩奈々（2001）．感じない子ども　こころを扱えない大人　集英社

星野　命（1970）．感情の心理と教育　児童心理，24, 1445-1447.

Hunter, J. E., & Schmidt, F. L.（2004）. *Methods of meta-analysis: Correcting error and bias in research findings*. 2nd ed. Thousand Oaks, CA: Sage.

伊藤正哉・小玉正博（2005）．自分らしくある感覚(本来感)と自尊感情がwell-beingに及ぼす影響の検討　教育心理学研究，53, 74-85.

伊藤忠弘（2004）．社会的認知と自己　岡　隆（編）　社会的認知のパースペクティブ—心と社会のインターフェイス　培風館　Pp.49-65.

Jordan, C. H., Whitfield, M., & Zeigler-Hill, V.（2007）. Intuition and the correspondence between implicit and explicit self-esteem. *Journal of Personality and Social Psychology*, 93, 1067-1079.

上地雄一郎（2004）．自己愛の障害とその形成過程　上地雄一郎・宮下一博（編）　もろい青少年の心—自己愛の障害　発達臨床心理学的考察　北大路書房　pp.1-37.

Kernis, M. H.（2003）. Toward conceptualization of optimal self-esteem. *Psychological Inquiry*, 14, 1-26.

Kernis, M. H., Cornell, D. P., Sun, C. R., Berry, A., & Harlow, T.（1993）. There's more to self-esteem than whether it is high or low: The importance of stability of self-esteem. *Journal of Personality and Social Psychology*, 65, 1190-1204.

Kernis, M. H., & Goldman, B. M.（2005）. Stability and variability in self-concept and self-esteem. In M. R. Leary & J. P. Tangney (Eds.), *Handbook of self and identity*. New York: Guilford Press. pp. 106-127.

Kernis, M. H., Grannemann, B. D., & Barclay, L. C.（1989）. Stability and level of self-esteem as predictors of anger arousal and hostility. *Journal of Personality and Social Psychology*, 56, 1013-1022.

Kernis, M. H., Greenier, K. D., Herlocker, C. E., Whisenhurt, C. R., & Abend, T. A.（1997）. Self-perceptions of reactions to doing well or poorly: The roles of stability and level of self-esteem. *Personality and Individual Differences*, 22, 845-854.

Kernis, M. H., Whisenhunt, C. R., Waschull, S. B., Greenier, K. D., Berry, A. J., Herlocker, C. E., & Anderson, C. A.（1998）. Multiple facets of self-esteem and their relations to depressive symptoms. *Personality and Social Psychology Bulletin*, 24, 657-668.

Kitayama, S., & Karasawa, M.（1997）. Implicit self-esteem in Japan: Name letters and birthday numbers. *Personality and Social Psychology Bulletin*, 7, 736-742.

小平英志・青木直子・松岡弥玲・速水敏彦（2008）．高校生における仮想的有能感と学業に関するコミュニケーション　心理学研究，79, 257-262.

小平英志・小塩真司・速水敏彦（2007）．仮想的有能感と日常の対人関係によって生起する感情経験—抑鬱感情と敵意感情のレベルと変動性に注目して　パーソナリティ研究，15, 217-227.

Koole, S. L., Dijksterhuis, A., & van Knippenberg, A.（2001）. What's in a name: Implicit self-esteem. *Journal of Personality and Social Psychology*, 80, 614-627.

Leary, M. R.（2008）. Functions of the self in interpersonal relationships: What does the self actually do? In J. V.

Wood, A. Tesser, & J. G. Holmes (Eds.), *The self and social relationships*. New York: Psychology Press. pp.95-115.

Leary, M. R., & MacDonald, G. (2005). Individual differences in self-esteem: A review and theoretical integration. In M. R. Leary, & J. P. Tangney (Eds.), *Handbook of self and identity*. New York: Guilford Press. pp. 401-418.

正高信男 (2003). ケータイを持ったサル─「人間らしさ」の崩壊　中央公論新社

松本麻友子・速水敏彦・山本将士 (2008). 仮想的有能感と対人関係 (1) ─仮想的有能感の変化に影響を及ぼす要因の検討　日本教育心理学会第 50 回総会発表論文集, 246.

松本麻友子・山本将士・速水敏彦 (2010). 高校生における仮想的有能感といじめとの関連　教育心理学研究, 57, 432-441.

中山留美子 (2008). 肯定的自己評価の諸側面─自尊感情と自己愛に関する研究の概観から　名古屋大学大学院教育発達科学研究科紀要（心理発達科学), 55, 105-125.

中山留美子・中谷素之 (2006). 青年期における自己愛の構造と発達的変化の検討　教育心理学研究, 54, 188-198.

岡田　涼 (2009). 青年期における自己愛傾向と心理的健康─メタ分析による知見の統合　発達心理学研究, 20, 428-436.

Okada, R. (2010). A meta-analytic review of the relation between self-esteem level and self-esteem instability. *Personality and Individual Differences*, 48, 243-246.

大渕憲一 (2003). 満たされない自己愛─現代人の心理と対人葛藤　筑摩書房

大谷和大・中谷素之 (2010). 中学生用自己価値の随伴性尺度の作成　パーソナリティ研究, 18, 233-236.

小塩真司 (1998). 青年の自己愛傾向と自尊感情，友人関係のあり方との関連　教育心理学研究, 46, 280-290.

小塩真司 (2001). 自己愛傾向が自己像の不安定性，自尊感情のレベルおよび変動性に及ぼす影響　性格心理学研究, 10, 35-44.

小塩真司・川崎直樹（編）(2011). 自己愛の心理学─概念・測定・パーソナリティ・対人関係　金子書房

小塩真司・西野拓朗・速水敏彦 (2009). 潜在的・顕在的自尊感情と仮想的有能感の関連　パーソナリティ研究, 17, 250-260.

Park, L. E., & Crocker, J. (2005). Interpersonal consequences of seeking self-esteem. *Personality and Social Psychology Bulletin*, 31, 1587-1598.

Patrick, H., Neighbors, C., & Knee, C. R. (2004). Appearance-related social comparison: The role of contingent self-esteem and self-perceptions of attractiveness. *Personality and Social Psychology Bulletin*, 30, 501-514.

Paulhus, D. L. (1998). Interpersonal and intrapsychic adaptiveness of trait self-enhancement: A mixed blessing? *Journal of Personality and Social Psychology*, 74, 1197-1208.

Raskin, R., & Hall, C. S. (1979). A narcissistic personality inventory. *Psychological Reports*, 45, 590.

Raskin, R., & Terry, H. (1988). A principal-components analysis of the narcissistic personality inventory and further evidence of its construct validity. *Journal of Personality and Social Psychology*, 54, 890-902.

Robins, R. W., & Beer, J. S. (2001). Positive illusions about the self: Short-term benefits and long-term costs. *Journal of Personality and Social Psychology*, 80, 340-352.

Rosenberg, M. (1965). *Society and the adolescent self-image*. Princeton, NJ: Princeton University Press.

Rosenberg, M. (1986). Self-concept from middle childhood through adolescence. In J. Suls & A. G. Greenwald (Eds.), *Psychological perspectives on the self*. Vol. 2. Hillsdale, NJ: Erlbaum. pp. 107-136.

Ryan, R. M., & Brown, K. W. (2006). What is optimal self-esteem? The cultivation and consequences of contingent vs. true self-esteem as viewed from the self-determination theory perspective. In M. H. Kernis (Ed.), *Self-esteem issues and answers: A source book of current perspectives*. New York: Psychology Press. pp. 125-131.

桜井茂男 (1997). 現代に生きる若者たちの心理─嗜癖・性格・動機づけ　風間書房

桜井茂男 (2000). ローゼンバーグ自尊感情尺度日本語版の検討　筑波大学発達臨床心理学研究, 12, 65-71.

Sedikides, C., De Cremer, D., Hart, C. M., & Brebels, L. (2010). Procedural fairness responses in the context of self-uncertainty. In R. M. Arkin, K. C. Oleson, & P. J. Carroll (Eds.), *Handbook of the uncertain self*. New York: Psychology Press. pp. 142-159.

Seery, M. D., Blascovich, J., Weisbuch, M., & Vick, S. B. (2004). The relationship between self-esteem level, self-esteem stability, and cardiovascular reactions to performance feedback. *Journal of Personality and Social Psychology*, 87, 133-145.

Sheldon, K. M., Ryan, R. M., Rawsthorne, L. J., & Ilardi, B. (1997). Trait self and true self: Cross-role variation in the Big-Five personality traits and its relations with psychological authenticity and subjective well-being. *Journal of Personality and Social Psychology*, 73, 1380-1393.

Spalding, L. R., & Hardin, C. D. (1999). Unconscious unease and self-handicapping: Behavioral consequences of individual differences in implicit and explicit self-esteem. *Psychological Science*, 10, 535-539.

諏訪哲二 (2005). オレ様化する子どもたち 中央公論新社

Swann, W. B. Jr., Rentfrow, P. J., & Guinn, J. S. (2003). Self-verification: The search for coherence. In M. R. Leary & J. P. Tangney (Eds.), *Handbook of self and identity*. New York: Guilford Press. pp. 367-383.

高木邦子・速水敏彦 (2001). 悲しみと怒りの感情を分けるもの―自己責任の認知と自己愛的有能感の影響 日本教育心理学会第43回総会発表論文集, 561.

高木邦子・速水敏彦・木野和代 (2004). 仮想的有能感尺度の妥当性検討 日本教育心理学会第46回総会論文集, 33.

Taylor, S. E., & Brown, J. D. (1988). Illusion and well-being: A social psychological perspective on mental health. *Psychological Bulletin*, 103, 193-210.

Tracy, J. L., & Robins, R. W. (2007). Self-conscious emotions: Where self and emotion meet. In C. Sedikides & S. J. Spencer (Eds.), *The self*. New York: Psychology Press. pp. 187-209.

Twenge, J. M., Konrath, S., Foster, J. D., Campbell, W. K., & Bushman, B. J. (2008). Egos inflating over time: A cross-temporal meta-analysis of the Narcissistic Personality Inventory. *Journal of Personality*, 76, 875-901.

内田由紀子 (2008). 日本文化における自己価値の随伴性―日本版自己価値の随伴性尺度を用いた検討 心理学研究, 79, 250-256.

植村善太郎 (2010). キャリア教育科目受講前後での勤労観および仮想的有能感の変化 教育実践研究 18, 213-216.

脇田貴文・高木邦子・小平英志・浦上昌則・速水敏彦 (2006). 仮想的有能感尺度に対する項目反応モデルの適用と検討―仮想的有能感概念とその尺度の再検討 (1) 日本教育心理学会第48回総会論文集, 416.

Webster, G. D., Kirkpatrick, L. A., Nezlek, J. B., Smith, C. V., & Paddock, E. L. (2007). Different slopes for different folks: Self-esteem instability and gender as moderators of the relationship between self-esteem and attitudinal aggression. *Self and Identity*, 6, 74-94.

山本真理子・松井 豊・山成由紀子 (1982). 認知された自己の諸側面の構造 教育心理学研究, 30, 64-68.

山本将士・速水敏彦・松本麻友子 (2008). 仮想的有能感と対人関係 (2) ―仮想的有能感の低下と教師の関わり方 日本教育心理学会第50回総会発表論文集, 247.

吉岡 忍 (2003). 「自分以外はバカ」の時代―ばらばらの個人, 暗鬱な予感 朝日新聞2003年7月9日 (夕刊)

2章

天貝由美子 (1995). 高校生の自我同一性に及ぼす信頼感の影響 教育心理学研究, 43, 364-371.

安藤清志 (1994). セレクション社会心理学1 見せる自分／見せない自分―自己呈示の社会心理学 サイエンス社

Beach, L. R. (1990). *Image theory: Decision making in personal and organizational cantexts*. Chichester, England: Wiley.

引用文献

Butler, R.（1998）. Determinants of help seeking: Relations between perceived reasons for classroom help-avoidance and help-seeking behaviors in an experimental context. *Journal of Educational Psychology*, 64, 277-294.

Cattel, R. B., Eber, H. W., & Tatsuoka, M.（1970）. *Handbook for the sixteen personality factor questionnaire*. Champaign, Illinois: Institute for Personality and Ability Testing.

Costa, P. T. Jr., & Mc Crae, R. R.（1985）. *The NEO personality inventory manual*. Odessa, FL: Psychological Assessment Resorces.

Csikszentmihalyi, M., & Larson, R.（1987）. Validity and reliability of the Experience-Sampling Method. *The Journal of Nervous and Mental Disease*, 175, 526-536.

Elbaz, F.（1981）. The Teacher's practical knowledge : Report of a case study. *Curriculum Inquiry*, 11, 43-69.

Erikson, E. H.（1959）. *Identity and the life cycle*. New York: W. W. Norton & Company.

Eysenck, H. J.（1952）. Schizothymia-cyclothymic as a dimension of personal, *Journal of Personality*, 20, 345-384.

淵上克義（1986）. 進学意思決定に及ぼす対人的影響に関する研究　教育心理学研究, 34, 347-351.

藤島　寛・山田尚子・辻平治郎（2005）. 5因子性格検査短縮版（FFPQ-50）の作成　パーソナリティ研究, 13, 231-241.

速水敏彦（2006a）. 他人を見下す若者たち　講談社

速水敏彦（2006b）. 若者の仮想的有能感の認知と怒りおよび悲しみの情動生起との関連　平成15・16・17年度科学研究費補助金基盤研究(C)研究成果報告書（課題番号15530423）

速水敏彦・小平英志（2006）. 仮想的有能感と学習観および動機づけとの関連　パーソナリティ研究, 14, 171-180.

速水敏彦・木野和代・高木邦子（2004）. 仮想的有能感の構成概念妥当性の検討　名古屋大学大学院教育発達科学研究科紀要（心理発達科学）, 51, 1-7.

速水敏彦・木野和代・高木邦子（2005）. 他者軽視に基づく仮想的有能感―自尊感情との比較から　感情心理学研究, 12, 43-55.

Hayamizu, T., Kino, K., & Takagi, K.（2007）. Effects of age and competence type on the emotions: Focusing on sadness and anger. *Journal of Psychological Research*, 49, 211-221.

Hayamizu, T., Kino, K., Takagi, K., & Tan, E.（2004）. Assumed-competence based on undervaluing others as a determinant of emotions: Focusing on anger and sadness. *Asia Pacific Education Review*, 5, 127-135.

速水敏彦・岡田　涼・杉江修治（2007）. 有能感タイプと学業に関するコミュニケーション　日本教育心理学会総会発表論文集, 49, 552.

日潟淳子・齋藤誠一（2007）. 青年期における時間の展望と出来事想起および精神的健康との関連　発達心理学研究, 18, 109-119.

堀毛一也（1994）. 恋愛関係の発展・崩壊と社会的スキル　実験社会心理学研究, 34, 116-128.

堀野　緑・森　和代（1991）. 抑うつとソーシャルサポートとの関連に介在する達成動機の要因　教育心理学研究, 39, 308-315.

伊田勝憲（2007）. 仮想的有能感と2つの達成動機―assumed-competenceの個人差をめぐって　日本パーソナリティ心理学会第16回大会発表論文集, 158-159.

伊田勝憲（2008a）. 仮想的有能感と学習への動機づけ―第Ⅳ段階・第Ⅴ段階と課題価値の観点から　日本発達心理学会第19回大会発表論文集, 521.

伊田勝憲（2008b）. 高校生における仮想的有能感の検討―第Ⅳ段階・第Ⅴ段階および2つの達成動機に注目して　日本教育心理学会第50回総会発表論文集, 248.

伊沢秀而（1985）. 16PFの臨床的利用　日本文化科学社

菊池章夫（1988）. 思いやりを科学する　川島書店

木野和代（2007）. 社会事象に対する感情反応―有能感・共感的態度・生き方との関連　日本心理学会第71回大会発表論文集, 936.

木野和代・速水敏彦（2010）. 仮想的有能感の形成とコミュニケーション　感情心理学会第18回大会発表論文集.

木野和代・速水敏彦・高木邦子（2005）. 青年の日常的な感情経験と仮想的有能感　日本感情心理学会第13回大会プログラム・予稿集, 33.（発表要旨：感情心理学研究, 13巻, 102-103, 2006年発行）

引用文献

小林和博・谷口淳一・木村昌紀・Leary, M. R.（2006）．所属欲求尺度（the Need to Belonging Scale）邦訳版尺度作成の試み　日本心理学会第70回大会発表論文集，220．
小平英志・青木直子・松岡弥玲・速水敏彦（2008）．高校生における仮想的有能感と学業に関するコミュニケーション　心理学研究，79, 257-262．
小平英志・速水敏彦（2009）．仮想的有能感と社会観　日本心理学会第73回大会発表論文集，46．
小平英志・速水敏彦（2010）．仮想的有能感と既学習判断，成績予測　日本心理学会第74回大会発表論文集，31．
小平英志・小塩真司・速水敏彦（2007）．仮想的有能感と日常の対人関係によって生起する感情経験―抑鬱感情と敵意感情のレベルと変動性に注目して　パーソナリティ研究，15, 217-227．
久木山健一（2006）．聴くスキル尺度の作成および対人関係との関連の検討　日本教育心理学会第48回総会論文集，29．
久木山健一（2007）．社会的スキルの自己認知と他者にのぞむ度合いのズレと仮想的有能感　対人適応の関連　日本カウンセリング学会第40回大会発表論文集，120．
久木山健一（2008）．仲間との遊びからの学びと社会的スキル，自尊感情，仮想的有能感の関連　九州産業大学国際文化学部紀要，40, 127-135．
久木山健一（2010a）．自己および友人イメージと仮想的有能感・自尊感情の関連　日本心理学会第74回大会発表論文集，122．
久木山健一（2010b）．自己および友人イメージと聴くスキルの関係　日本教育心理学会第52回総会論文集，392．
Lewin, K.（1951）. *Field theory in social science: Selected theoretical paper.* New York: Harper & Brothers. 猪股佐登留（訳）1979　社会科学における場の理論（増補版）　誠信書房
松本麻友子・速水敏彦・山本将士（2008）．仮想的有能感と対人関係との関連（1）―仮想的有能感の変化に影響を及ぼす要因の検討　日本教育心理学会第50回大会発表論文集，246．
Messick, D. M., & Mackie, D. M.（1989）. Intergroup relations. *Annual Review of Psychology*, 40, 45-81.
箕浦有希久・成田健一（2009）．所属欲求は自尊心と他者軽視傾向の関係を媒介するか？　日本心理学会第73回大会発表論文集，51．
Mischel, W.（1968）. *Personality and assessment.* New York: John Wiley & Son.
宮川　純（2005）．インターネット利用と仮想的有能感の関連　名古屋大学大学院教育発達科学研究科紀要（心理発達科学），52, 249-250．
丹羽智美・速水敏彦（2007）．有能感の4タイプと愛着スタイル　日本心理学会第71回大会発表論文集，62．
丹羽智美・高木邦子・速水敏彦（2008）．仮想的有能感と対人関係（2）―他者軽視傾向と対人葛藤場面における原因帰属との関連　日本心理学会第72回大会発表論文集，37．
太平英樹（2006）．脳科学　二宮克美・子安増生（編）　パーソナリティ心理学　新曜社　pp.86-87．
Oshio, A., Kukiyama, K., & Kodaira, H.（2009）. *Description of people who undervalue others based on Big Five Personality.* Poster presented at the 10th Annual meeting of the Society for Personality and Social Psychology.（February 6, 2009, Tampa Convention Center, Tampa, Florida U.S.A.）
小塩真司・西野拓朗・速水敏彦（2009）．潜在的・顕在的自尊感情と仮想的有能感の関連　パーソナリティ研究，17, 250-260．
Rotter, J. B.（1966）. Generalized expectancy for internal versus external control of reinforcement. *Psychological Monographs*, 80, 1-28.
下仲順子・中里克治・権藤恭之・高山　緑（1999）．NEO-PI-R, NEO-FFI共通マニュアル　東京心理
白井利明（1985）．児童期から青年期にかけての未来展望の発達　大阪教育大学紀要（第Ⅳ部門），34, 61-90．
白井利明（1994）．時間の展望体験尺度の作成に関する研究　心理学研究，65, 54-60．
Spielberger, C. D.（1988）. *Manual for the state-trait anger expression inventory (STAXI).* Odessa, FL: Psychological Assessment Resources, Inc.
杉本英晴（2007）．大学生の就職活動プロセスにおけるエントリー活動に関する縦断的検討―時間の展望，就職イメージ，進路未決定，友人の就職活動状況に注目して　名古屋大学大学院教育発達科学研究

科紀要（心理発達科学），54, 81-92.
杉本英晴（2008）．大学生における「就職しないこと」イメージの構造と進路未決定─テキストマイニングを用いた検討　名古屋大学大学院教育発達科学研究科紀要（心理発達科学），55, 77-89.
杉山　崇・坂本真士（2006）．抑うつと対人関係要因の研究─被受容感・被拒絶感尺度の作成と抑うつの自己認知過程の検討　健康心理学研究, 19, 1-10.
鈴木有美（2010）．「他者を見下す若者たち」の性格的特徴─仮想的有能感と5因子性格検査の関連　瀬木学園紀要，4, 66-71.
鈴木　平・春木　豊（1994）．怒りと循環器系疾患の関連性の検討　健康心理学研究, 7, 1-13.
高木邦子（2003）．仮想的有能感と情動との関連　日本教育心理学会第45回総会自主シンポジウム「仮想的有能感」をめぐって　話題提供, s46-s47.
高木邦子（2005）．否定的対人感情の形成・変容過程と影響要因　名古屋大学教育発達科学研究科博士学位請求論文
高木邦子（2006）．仮想的有能感と性格─Y-G性格検査と自己認識欲求からの検討　東海心理学会第55回発表論文集, 55.
高木邦子（2007）．仮想的有能感と自他評価─自己評価維持モデルからの検討　日本社会心理学会第48回大会発表論文集, 688.
高木邦子（2009）．仮想的有能感尺度(ACS-2)における他者評価─軽視される「他者」とは誰か　日本心理学会第73回大会発表論文集, 23.
高木邦子（2010）．専門職養成課程の職業的社会化における現場実習経験の効果2─自尊感情および他者軽視傾向との関連について　聖隷クリストファー大学社会福祉学部紀要, 8, 83-95.
高木邦子・安藤史高（2009）．人との葛藤後の関係変化とパーソナリティ─仮想的有能感および自尊感情との関係　日本社会心理学会第50回大会 日本グループ・ダイナミックス学会第56回大会合同大会発表論文
高木邦子・速水敏彦・木野和代（2005）．有能感タイプと日常生活に対する評価─経験抽出法(ESM)による検討　日本社会心理学会第46回大会論文集, 726-727.
高木邦子・小平英志・浦上昌則・脇田貴文・速水敏彦（2006）．対自・対他評価と仮想的有能感の関係─仮想的有能感概念とその尺度の再検討(2)　日本教育心理学会第48回大会発表論文集, 410.
Takagi, K., & Niwa, T. (2009). *Reexamination of content validity of ACS-2 (Assumed Competence Scale 2nd version)*. Poster presented at the Annual Meeting of the Association for Research in Personality. 25.(Proceedings)
高木邦子・丹羽智美・速水敏彦（2008）．仮想的有能感と対人関係(1)─他者軽視傾向と対人感情の変容　日本心理学会第72回大会発表論文集, 36.
高野　明（2004）．援助要請行動─利用者から見た臨床心理サービス　下山晴彦（編著）　臨床心理学の新しいかたち　誠信書房　pp.206-208.
谷　冬彦（1998）．青年期における基本的信頼感と時間的展望　発達心理学研究, 9, 35-44.
Tesser, A. (1984). Self-evaluation maintenance process: Implications for relationships and for development. In J. C. Masters, & K. Yarkin-Levin (Eds.), *Boundary areas in social and developmental psychology*. New York: Academic Press. pp. 271-299.
Tesser, A. (1988). Toward a self-evaluation maintenance model of social behavior. In L. Berkowitz (Ed.), *Advances in experimental social psychology*. Vol 21. New York: Academic Press. pp. 181-227.
植村善太郎（2010）．キャリア教育科目受講前後での勤労観および仮想的有能感の変化　教育実践研究（福岡大学教育学部付属教育実践センター），18, 213-216.
植之原薫（1993）．同一性地位達成過程における『事象の記憶』の働き　発達心理学研究, 4, 154-161.
若林明雄（2009）．パーソナリティとは何か　その概念と理論　培風館
脇田貴文・高木邦子・小平英志・浦上昌則・速水敏彦（2006）．仮想的有能感尺度に対する項目反応モデルの適用と検討　日本教育心理学会第48回大会発表論文集, 416.
山田奈保子・速水敏彦（2004）．仮想的有能感と性格検査との関連─16PFとの関連から　日本パーソナリティ心理学会第13回大会発表論文集, 100-101.
山岸明子（1997）．青年後期から成人期初期の内的作業モデル─縦断的研究　発達心理学研究, 8, 206-

引用文献

217.
湯川進太郎（2008）．怒りの心理学―怒りとうまくつきあうための理論と方法　有斐閣

3章

Adler, A.（1929）．*The Science of Living*．岸見一郎（訳）・野田俊作（監訳）　1996　個人心理学講義―生きることの科学　一光社
Adler, A.（1930）．*The Education of Children*. Gateway．岸見一郎（訳）　1998　子どもの教育　一光社
Ainsworth, M. D. S., Blehar, M. C., Waters, E., & Wall, S.（1978）．*Patterns of attachment*. Hillsdale, NJ: Laurence Erbaum.
青木多寿子・小泉令三・戸田まり（2010）．積極的生徒指導を考える(4)：関わり合う力を育てる―学校で社会性を育む多様な実践の紹介　日本教育心理学会第 52 回総会，214- 215.
新井　肇（2008）．教師自身のメンタルヘルスのために　月刊生徒指導，2，6-10.
Aronson, E.（1972）．The social animal. San Francisco, CA: W. H. Freeman.
Balakrishnan, V.（2007，September 28）．[Address] Children our hope and future presented at the Singapore Children's Society. Retrieved December 29, 2010.
<http://app1.mcys.gov.sg/PressRoom/ChildrenOurHopeandFuture.aspx>
Bartholomew, K., & Horowitz, L. M.（1991）．Attachment style among young adults: A test of a four-category model. *Journal of Personality and Social Psychology*, 61, 226-244.
Batson, C. D., Duncan, B. D., Ackerman, P., Buckley, T., & Birch, K.（1981）．Is empathic emotion a source of altruistic motivation? *Journal of Personality and Social Psychology*, 40, 290-302.
Batson, C. D., O'Quin, K., Fultz, J., Vanderplas, M., & Isen, A. M.（1983）．Influence of self-reported distress and empathy on egoistic versus altruistic motivation to help. *Journal of Personality and Social Psychology*, 45, 706-718.
Bauer, R., & Snyder, R.（1972）．Ego identity and motivation: An empirical study of achievement and affiliation in Erikson's theory. *Psychological Reports*, 30, 951-955.
Baumrind, D.（1991）．The influence of parenting style on adolescent competence and substance use. *Journal of Early Adolescence*, 11, 56-95.
Benesse 教育研究開発センター（2009）．放課後の生活時間調査―子どもたちの 24 時間（ダイジェスト版）　<http://benesse.jp/berd/center/open/report/houkago/2009/dai/dai_03.html>（2009 年 10 月閲覧）
Bowlby, J.（1982）．*Attachment and loss. Vol.1: Attachment*. New York: Basic Books.　黒田実郎・大羽　蓁・岡田洋子・黒田聖一（訳）1991　母子関係の理論Ⅰ―愛着行動　岩崎学術出版社
Chan, C. H.（1990）．Industrial strategy and worker training: A Singapore perspective. *Adult Education and Development*, 35, 43-52.
趙　善英・松本芳之・木村　裕（2009）．公的自己意識と対人不安，自己顕示性の関係への自尊感情の調節効果の日韓比較　心理学研究，80, 313-320.
Collins, N. L., Guichard, A. C., Ford, M. B., & Feeny, B. C.（2004）．Working models of attachment: New developments and emerging themes. In W. R. Rholes, & J. A. Simpson (Eds.), *Adult attachment: Theory, research, and clinical implications*. New York: Guilford Press. pp.196-239.
Davis, M. H.（1983）．Measuring individual differences in empathy: Evidence for a multidimensional approach. *Journal of Personality and Social Psychology*, 44, 113-126.
Davis, M. H.（1994）．Empathy: A social psychological approach. Madison, WI: Brown & Benchmark．菊池章夫（訳）1999　共感の社会心理学　川島書店
電通総研・日本リサーチセンター（2008）．世界主要国価値観データブック　同友館
Dunn, K. F., & Cowan, G.（1993）．Social influence strategies among Japanese and American college women. *Psychology of Women Quarterly*, 17, 39-52.
Eisenberg, N., & Miller, P. A.（1987）．The relation of empathy to prosocial and related behaviors. *Psychological*

Bulletin, 101, 91-119.
遠藤利彦（2005）．アタッチメント理論の基本的枠組み　数井みゆき・遠藤利彦（編著）　アタッチメント―生涯にわたる絆　ミネルヴァ書房　pp.1-23.
Erikson, E. H.（1959）. *Identity and the life cycle.* New York: Norton.　小此木啓吾（訳編）　1973　自我同一性　誠信書房
Erikson, E. H.（1963）. *Childhood and society.* New York : Norton.（Original work published 1950）仁科弥生（訳）　1977　幼児期と社会1　みすず書房
Erikson, E. H.（1964）. *Insight and responsibility.* New York: Norton.　鑪　幹八郎（訳）　1971　洞察と責任　誠信書房
Erikson, E. H.（1968）. *Identity : Youth and crisis.* New York: Norton.　岩瀬庸理（訳）　1973　アイデンティティ―青年と危機　金沢文庫
Erikson, E. H.（1982）. *The Life Cycle Completed.* New York: Norton.　村瀬孝雄・近藤邦夫（訳）　1989　ライフサイクル，その完結　みすず書房
Fenigstein, A., Scheier, M. F., & Buss, A. H.（1975）. Public and private self-consciousness: Assessment and theory. *Journal of Consulting and Clinical Psychology*, 43, 522-527.
淵上克義（2002）．リーダーシップの社会心理学　ナカニシヤ出版
古川雅文・大江幸銅・内藤勇次・浅川潔司　（1993）．学校における児童の生きがい感尺度の構成　兵庫教育大学研究紀要　第1分冊：学校教育・幼児教育・障害児教育，13, 103-114.
Griffin, D., & Bartholomew, K.（1994）. Models of the self and other: Fundamental dimensions underlying measures of adult attachment. *Journal of Personality and Social Psychology*, 67, 430-445.
Gudykunst, W. B., Matsumoto, Y., Ting-Toomey, S., Nishida, T., Kim, K., & Heyman, S.（1996）. The influence of individualism-collectivism, self-construals, and individual values on communication styles across cultures. *Human Communication Research*, 22, 510-543.
速水敏彦（2006）．他人を見下す若者たち　講談社
速水敏彦・木野和代・高木邦子　（2004）．仮想的有能感の構成概念妥当性の検討　名古屋大学大学院教育発達科学研究科紀要（心理発達科学），51, 207-213.
速水敏彦・木野和代・高木邦子　（2005）．他者軽視に基づく仮想的有能感―自尊感情との比較から　感情心理学研究，12, 43-55.
Hayamizu, T., Kino, K., & Takagi, K.（2007）. Effects of age and competence type on the emotions: Focusing on sadness and anger. *Japanese Psychological Research*, 49, 211-221.
Hayamizu, T., Kino, K., Takagi, K., & Tan, E. H.（2004）. Assumed-competence based on undervaluing others as a determinant of emotions: Focusing on anger and sadness. *Asia Pacific Education Review*, 5, 127-135.
速水敏彦・小平英志（2006）．仮想的有能感と学習観および動機づけとの関連　パーソナリティ研究，14, 171-180.
速水敏彦・野崎与志子・梅本貴豊（2010）．アメリカ合衆国大学生の仮想的有能感　名古屋大学大学院教育発達科学研究科紀要（心理発達科学），57, 47-59.
Hofstede, G.（1980）. *Culture's consequences.* Newbury Park, CA: Sage Publication.
Hofstede, G.（2001）. *Culture's consequences.* 2nd ed. Newbury Park, CA: Sage Publication.
堀野　緑（1994）．達成動機の心理学的考察　風間書房
細田　絢・田嶌誠一（2009）．中学生におけるソーシャルサポートと自他の肯定感に関する研究　教育心理学研究，57, 309-323.
伊田勝憲（2007a）．仮想的有能感と2つの達成動機― assumed-competence の個人差をめぐって　日本パーソナリティ心理学会第16回大会発表論文集，158-159.
伊田勝憲（2007b）．仮想的有能感の規定因― assumed-competence は「見せかけの適格性」か　日本教育心理学会第49回総会発表論文集，341.
伊田勝憲（2008a）．Eriksonの第Ⅳ段階「勤勉性」と第Ⅴ段階「アイデンティティ」―児童期から青年期への移行と仮想的有能感　心理科学，28 (2), 28-41.
伊田勝憲（2008b）．高校生における仮想的有能感の検討―第Ⅳ段階・第Ⅴ段階および2つの達成動機に注目して　日本教育心理学会第50回総会発表論文集，248.

引用文献

伊田勝憲（2008c）．仮想的有能感と生活価値観の関連―他者との関係性に注目して　日本パーソナリティ心理学会第 17 回大会発表論文集，72-73.
伊田勝憲（2009）．エリクソンの第Ⅳ段階 industry 再考―劣等感と仮想的有能感の関係から　心理科学，30（1），31-43.
石川嘉津子（1981）．Self-esteem と両親像　日本心理学会第 45 回大会発表論文集，573.
Johnson, D. W., Johnson, R. T., & Holubec, E.（1993）．*Cooperation in the classroom*. 3rd ed. Edina, MN: Interaction Book Company.
河上亮一（2007）．「教育再生会議」はどこへ行こうとしているのか　プロ教師の会（編）　教育大混乱　洋泉社　pp. 85-102.
河村茂雄（2002）．教師のためのソーシャル・スキル―子どもとの人間関係を深める技術　誠信書房
香山リカ（2004）．〈私〉の愛国心　ちくま書房
木野和代・速水敏彦（2009）．仮想的有能感の形成と文化的要因―大学生を対象に　日本教育心理学会第 51 回総会発表論文集，26.
木野和代・速水敏彦（2010）．仮想的有能感の形成とコミュニケーション　日本感情心理学会第 18 回大会プログラム・予稿集，36.（発表要旨：感情心理学研究，18，188，2011 年発行）
木野和代・速水敏彦・岡田　涼（2008）．仮想的有能感の形成と文化的要因―中学生を対象に　日本教育心理学会第 50 回総会発表論文集，245.
木野和代・高木邦子・速水敏彦（2010）．仮想的有能感の形成に親子関係が及ぼす影響（2）―有能感類型による検討　日本心理学会第 74 回大会発表論文集，1025.
木内亜紀（1995）．独立・相互依存的自己理解尺度の作成および信頼性・妥当性の検討　心理学研究，66，100-106.
北山　忍（1998）．自己と感情―文化心理学による問いかけ　共立出版
橘川幸夫（2003）．暇つぶしの時代―さよなら競争社会　平凡社
小平英志・青木直人・松岡弥玲・速水敏彦（2008）．高校生における仮想的有能感と学業に関するコミュニケーション　心理学研究，79，257-262.
小平英志・速水敏彦（2009）．仮想的有能感と社会観　日本心理学会第 73 回大会発表論文集，46.
國分康孝（1997）．教師の使えるカウンセリング　金子書房
髙坂康雅・佐藤有耕（2009）．青年期における劣等感の規定因モデルの構築　筑波大学心理学研究，37，77-86.
黒田祐二・有年恵一・桜井茂男（2004）．大学生の親友関係における関係性高揚と精神的健康との関連―相互協調的-相互独立的自己観を踏まえた検討　教育心理学研究，52，24-32.
Levine, T. R., Park, H. S., Lapinski, M. K., Wittenbaum, G. M., Shearman, S. M., Lee, S. Y., Chung, D., & Ohashi, R.（2003）．Self-construal scales lack validity. *Human Communication Research*, 29, 210-252.
Liu, W. C., Wang, C. K. J., & Parkins, E. J.（2005）．A longitudinal study of students' academic self-concept in a streamed setting: The Singapore's context. *British Journal of Educational Psychology*, 75, 4, 567-586.
Markus, H. R., & Kitayama, S.（1991）．Culture and the self: Implication for cognition, emotion, and motivation. *Psychological Review*, 98, 224-253.
松本麻友子・速水敏彦・山本将士（2008）．仮想的有能感と対人関係との関連（1）―仮想的有能感の変化に影響を及ぼす要因の検討　日本教育心理学会総会発表論文集，50，246.
McCann, R., Honeycutt, J., & Keaton, S.（2010）．Cultural value orientations among students in Japan, Thailand, and the United States: Cross-cultural comparisons and predictors of intrapersonal communication affect. Paper presented at the annual meeting of the International Communication Association, Suntec Singapore International Convention & Exhibition Centre, Suntec City, Singapore.
Midgley, C., Kaplan, A., & Middleton, M.（2001）．Performance-approach goals: Good for what, for whom, under what circumstances, and at what cost? *Journal of Educational Psychology*, 93, 77-86.
三隅二不二・矢守克也（1989）．中学校における学級担任教師のリーダーシップ行動測定尺度の作成とその妥当性に関する研究　教育心理学研究，37，46-54.
三隅二不二・吉崎静夫・篠原しのぶ（1977）．教師のリーダーシップ行動測定尺度の作成とその妥当性の研究　教育心理学研究，25，157-166.

宮川　純（2005）．インターネット利用と仮想的有能感の関連（平成 16 年度心理発達科学専攻修士学位論文概要）名古屋大学大学院教育発達科学研究科紀要（心理発達科学），52, 249-250.
Miyamoto-Tanaka, K., & Bell, R. A.（1996）. Equivocation in America and Japan: A cross-national comparison of the effects of situational conflict and status. *Communication Research*, 23, 261-296.
文部科学省（2005）．文部科学白書
文部科学省（2010）．平成 21 年度　教育職員に係る懲戒処分等の状況について
　　<http://www.mext.go.jp/a_menu/shotou/jinji/1300256.htm>（2010 年 12 月閲覧）
文部科学省（2011）．教育指標の国際比較（平成 20 年版）　第 1 部教育の普及　4 高等教育への進学率
　　<http://www.mext.go.jp/b_menu/toukei/001/08030520/004.htm>（2011 年 5 月 7 日閲覧）
長濱文与・安永　悟・関田一彦・甲原定房（2009）．協同作業認識尺度の開発　教育心理学研究，57, 24-37.
内閣府大臣官房政府広報室（2010）．社会意識に関する世論調査
　　<http://www8.cao.go.jp/survey/h21/h21-shakai/index.html>（2011 年 1 月 10 日閲覧）
内underlying勇次（1985）．ひとりひとりを生かす特別活動の役割と課題　道徳と特別活動，2．73-77.
中島一憲（2003）．先生が壊れていく─精神科医がみた教育の危機　弘文堂
中里至正・松井　洋（編）（1997）．異質な日本の若者たち─世界の中高生の思いやり意識　ブレーン出版
Ng, E. H.（2008, August 14）. [Address] Educating the Next Generation presented at the 4th Anniversary Public Lecture at the Lee Kuan Yew School of Public Policy. Retrieved December 29, 2010.
　　<http://www.moe.gov.sg/media/speeches/2008/08/14/speech-by-dr-ng-eng-hen-at-the-10.php>
西出隆紀・夏野良司（1997）．家族システムの機能状態の認知は子どもの抑鬱感にどのような影響を与えるか　教育心理学研究，45, 436-463.
丹羽智美（2005）．青年期における親への愛着と環境移行期における適応過程　パーソナリティ研究．13, 156-169
丹羽智美・速水敏彦（2007）．有能感の 4 タイプと愛着スタイルの関連　日本心理学会第 71 回大会発表論文集．62.
小川太郎（1965）．教育と陶冶の理論　明治図書出版
岡田敬司（2004）．「自律」の復権─教育的かかわりと自律を育む共同体　ミネルヴァ書房
岡田　努（1995）．現代大学生の友人関係と自己像・友人像に関する考察　教育心理学研究，43, 354-363.
Olson, D. H., Sprenkle, D. H.,& Russell, C. S.（1979）. Circumplex model of marital and family systems: I. Cohesion and adaptability dimensions, family types, and clinical applications. *Family Process*, 18, 3-29.
Orlofsky, J. L.（1978）. Identity formation, nAchievement, and fear of success in college men and women. *Journal of Youth and Adolescence*, 7, 49-62.
Oshio, A.（2009）. Development and validation of the dichotomous thinking inventory. *Social Behavior and Personality: An International Journal*, 37, 729-742.
Parker, G., Tupling, H., & Brown, L. B.（1979）. A parental bonding instrument. *British Journal of Medical Psychology*, 52, 1-10.
Rogers, E. M.（1986）. *Communication technology: The new media in society*. Los Angeles: University of Southern California.　安田寿明（訳）（1992）．コミュニケーションの科学─マルチメディア社会の基礎理論　共立出版
Ryans, D. G.（1964）. Research on teacher behavior in the context of the Teacher Characteristics Study. In B. J. Biddle, & W. J. Ellena（Eds.）, *Contemporary research on teacher effectiveness*. New York: Holt Rinehart and Winston.
斎藤里美（2002）．シンガポールの社会と教育─学力政策とその背景　斎藤里美（編著・監訳）・上條忠夫（編）　シンガポールの教育と教科書─多民族国家の学力政策　明石書店　pp.9-75.
坂上裕子（2005）．アタッチメントの発達を支える内的作業モデル　数井みゆき・遠藤利彦（編著）　アタッチメント─生涯にわたる絆　ミネルヴァ書房　pp.32-41.
産経ニュース（2008）．連載「溶けゆく日本人」第 5 部「蔓延するミーイズム」
　　<http://sankei.jp.msn.com/life/lifestyle/080204/sty0802040808001-n1.htm>（2008 年 2 月 4 日より連載，2010 年 3 月 25 日閲覧）
産経新聞取材班（2008）．溶けゆく日本人　扶桑社

引用文献

Schmitt, D. P., & Allik, J. (2005). Simultaneous administration of the Rosenberg self-esteem scale in 53 nations: Exploring the universal and culture-specific features of global self-esteem. *Journal of Personality and Social Psychology*, 89, 623-642.
関根眞一 (2007). 隣のクレーマー—「苦情を言う人」との交渉術　中央公論新社
Singapore Democratic Party (2011). [Address] Singapore's University Enrollment Rate of 20-25%. Retrieved November 14, 2011.
<http://www.sdpfans.com/2011/10/singapores-university-enrollment-rate-20-25-percent/>（2011 年 11 月閲覧）
新村　出（編）(2008). 広辞苑第六版　岩波書店
数土直紀 (2001). 理解できない他者と理解されない自己—寛容の社会理論　勁草書房
諏訪哲二 (2005). オレ様化する子どもたち　中央公論新社
鈴木有美 (2010a). 『他人を見下す若者たち』の性格的特徴—仮想的有能感と5因子性格検査の関連　瀬木学園紀要，4, 66-71.
鈴木有美 (2010b). 仮想的有能感低減の要因を探る—協同的な学びの効果　東海心理学会第59回大会発表論文集，37.
鈴木有美・木野和代 (2008). 多次元共感性尺度 (MES) の作成—自己指向・他者指向の弁別に焦点を当てて　教育心理学研究，56, 487-497.
鈴木有美・木野和代・出口智子・遠山孝司・出口拓彦・伊田勝憲・大谷福子・谷口ゆき・野田勝子 (2000). 多次元共感性尺度作成の試み　名古屋大学大学院教育発達科学研究科紀要（心理発達科学），47, 269-279.
田口良子・山崎喜比古・戸ヶ里泰典 (2009). Family Relationships Index(FRI)日本語版に基づいた家族関係尺度の作成の試み　日本公衆衛生雑誌，56, 468-477.
高垣忠一郎 (2008). 競争社会に向き合う自己肯定感—もっとゆっくり／信じて待つ　新日本出版社
高木邦子 (2009). 仮想的有能感尺度 (ACS-2) における他者評価—軽視される「他者」とは誰か　日本心理学会第73回大会発表論文集，23.
高木邦子・木野和代・速水敏彦 (2010). 仮想的有能感の形成に親子関係が及ぼす影響 (1)—他者軽視傾向との関連　日本心理学会第74回大会発表論文集，1024.
高木邦子・山本将士・速水敏彦 (2006). 高校生の問題行動の規定因の検討—有能感，教師・親・友人関係との関連に着目して　名古屋大学大学院教育発達科学研究科紀要（心理発達科学），53, 107-120.
高井二郎 (2002). 依頼および断りの状況における直接的・間接的対人方略の地域比較　名古屋大学大学院教育発達科学研究科紀要（心理発達科学），49, 181-190.
高田利武 (1997). 中国における文化的自己観—日中の比較　奈良大学総合研究所所報，5, 3-13.
高田利武 (1998). アジアにおける文化的自己観—日本・中国・ベトナムの比較　奈良大学総合研究所所報，6, 15-27.
高田利武 (1999). 日本文化における相互独立性・相互協調性の発達過程—比較文化的・横断的資料による実証的検討　教育心理学研究，47, 480-489.
高田利武 (2000). 相互独立的—相互強調的自己観に就いて　奈良大学総合研究所所報，8, 145-163.
高田利武 (2002a). 社会的比較による文化的自己観の内面化—横断資料に基づく発達的検討　教育心理学研究，50, 465-475.
高田利武 (2002b). 社会的比較に於ける自己卑下傾向と相互独立性—相互協調性との関連　奈良大学紀要，30, 97-108.
Tan, E. H., Kino, K., & Hayamizu, T. (2009). Effects of streaming system in Singapore on competence types: Assumed-competence based on undervaluing others. Conference Abstracts (Day 2) of Redesigning Pedagogy International Conference 2009, 48-49.
谷　冬彦 (2008). 自我同一性の人格発達心理学　ナカニシヤ出版
鑪　幹八郎 (2002). アイデンティティとライフサイクル論　ナカニシヤ出版
戸田弘二・牧野高壮・菅原英治 (2002). 青年期後期の家族関係と精神的健康及び精神的・身体的不適応との関連　北海道教育大学教育実践総合センター紀要，3, 221-233.
Toi, M., & Batson, C. D. (1982). More evidence that empathy is a source of altruistic motivation. *Journal of*

Personality and Social Psychology, 43, 281-292.
徳田完二（1981）．親子関係と Self-esteem ―高校生を対象として　日本心理学会第 45 回大会発表論文集，574．
Triandis, H. C. (1995). *Individualism and collectivism*. Boulder, CO: Westview Press.
Triandis, H. C., Leung, K., Villareal, M. J., & Clack, F. L. (1985). Allocentric versus ideocentric tendencies: Convergent and discriminant validation. *Journal of Research in Personality*, 19, 395-415.
上野千鶴子（2005）．脱アイデンティティの理論　上野千鶴子（編）　脱アイデンティティ　勁草書房　pp.1-41．
渡辺弘純・土井直子（2007）．小学校児童における負けず嫌いの積極的意味を探究する　心理科学，28, 96-111．
Wills, T. A. (1981). Downward comparison principles in social psychology. *Psychological Bulletin*, 90, 245-271.
Wispé, L. (1986). The distinction between sympathy and empathy: To call forth a concept, a word is needed. *Journal of Personality and Social Psychology*, 50, 314-321.
山岸俊男（2008）．日本の「安心」はなぜ，消えたのか―社会心理学からみた現代日本の問題点　集英社
山口裕幸（1999）．集団主義／個人主義　中島義明・安藤清志・子安増生・坂野雄二・繁桝算男・立花政夫・箱田裕司（編）　心理学辞典　有斐閣　p.388．
山口昌澄（2006）．「自己」の境界線―生活価値観と疎外感の関係から　中九州短期大学論叢，28（1），65-76．
Yamaguchi, S., Kuhlman, D. M., & Sugimori, S. (1995). Personality correlates of allocentric tendencies in individualist and collectivist cultures. *Journal of Cross-Cultural Psychology*, 26(6), 658-672.
山本ちか・氏家達夫・二宮克美・五十嵐敦・井上裕光（2010）．家庭の雰囲気と全体的自己価値の関連―中学生の社会的行動についての研究（72）　日本教育心理学会第 52 回総会発表論文集，640．
山本眞理子・松井　豊・山成由紀子（1982）．認知された自己の諸側面の構造　教育心理学研究，30, 64-68．
山本将士・速水敏彦・松本麻友子（2008）．仮想的有能感と対人関係との関係（2）―仮想的有能感の低下と教師の関わり方　日本教育心理学会総会発表論文集，50, 247．
吉岡　忍（2003）．「自分以外はバカ」の時代―ばらばらの個人，暗鬱な予感　朝日新聞　2003 年 7 月 9 日（夕刊）

4章

Coloroso, B. (2003). *The bully, the bullied, and the bystander: From preschool to high school: How parents and teachers can help break the cycle of violence.* New York: HarperResource.　富永　星（訳）　2006　いじめの根を絶ち子どもを守るガイド―親と教師は暴力のサイクルをいかに断ち切るか　東京書籍
Davis, M. H. (1983). Measuring individual differences in empathy: Evidence for a multidimensional approach. *Journal of Personality and Social Psychology*, 44, 113-126.
Davis, M. H. (1994). Empathy: A social psychological approach. Westview Press.　菊池章夫（訳）　1999　共感の社会心理学―人間関係の基礎　川島書店
渕上康幸（2008）．共感性と素行障害との関連　犯罪心理学研究，46（2），15-23．
富士原光洋・松井　豊（1986）．学校教育における「いじめ」の研究　日本教育心理学会第 28 回総会発表論文集 980-981．
古市裕一・岡村公恵・起塚孝子・久戸瀬敦子（1986）．小・中学校における「いじめ」問題の実態といじめっ子・いじめられっ子の心理的特性　岡山大学教育学部研究集録，71, 175-194．
古市裕一・余公俊晴・前田典子（1989）．いじめにかかわる子どもたちの心理的特徴　岡山大学教育学部研究集録，81, 121-128．
蜂屋良彦（1986）．「いじめ」深刻化の社会的要因は何か　学習指導研修，8, 52-55．
速水敏彦（2006）．他人を見下す若者たち　講談社
速水敏彦・木野和代・高木邦子（2004）．仮想的有能感の構成概念妥当性の検討　名古屋大学大学院教育

223

引用文献

発達科学研究科紀要（心理発達科学），51, 1-8.
Hayamizu, T., Kino, K., & Takagi, K.（2007）. Effects of age and competence type on the emotions: Focusing on sadness and anger. *Japanese Psychological Research*, 49(3), 211-221.
Hayamizu, T., Kino, K., Takagi, K., & Tan, E. H.（2004）. Assumed-competence based on undervaluing others as a determination of emotions: Focusing on anger and sadness. *Asia Pacific Education Review*, 5, 127-135.
速水敏彦・小平英志（2006）．仮想的有能感と学習観および動機づけとの関連　パーソナリティ研究，14, 171-180.
速水敏彦・小平英志・岡田　涼・高木邦子・松本麻友子・佐藤有耕・小泉令三（2011）．仮想的有能感のあれからとこれから　日本教育心理学会第 53 回総会発表論文集，636-637.
Herzberg, F.（1966）. Work and the nature of man. London: Staples Press.　北野利信（訳）　1968　仕事と人間性　東洋経済新報社
Hoffman, M. L.（2000）. *Empathy and moral development: Implications for caring and justice.* Cambridge University Press.　菊池章夫・二宮克美（訳）（2001）．共感と道徳性の発達心理学―思いやりと正義とのかかわりで　川島書店
本間友巳（2003）．中学生におけるいじめの停止に関連する要因といじめ加害者への対応　教育心理学研究，51，390-400.
堀尾良弘（2008）．生徒指導・教育相談の理論と事例分析　ナカニシヤ出版
伊田勝憲（2007）．仮想的有能感の規定因― assumed-competence は「見せかけの適格性」か　日本教育心理学会第 49 回総会発表論文集，341.
神原尚之・河井芳文（1985）．いわゆる「いじめられっ子」の特性の分析　日本教育心理学会第 27 回総会発表論文集，70-71.
香取早苗（1999）．過去のいじめ体験による心理的影響と心の傷の回復方法に関する研究　カウンセリング研究，32，1-13.
木野和代・速水敏彦・高木邦子（2004）．仮想的有能感の発達的変化　日本教育心理学会第 46 回総会発表論文集，34.
小平英志・小塩真司・速水敏彦（2007）．仮想的有能感と日常の対人関係によって生起する感情経験―抑鬱感情と敵意感情のレベルと変動性に注目して　パーソナリティ研究，15，217-227.
Kono, S.（2008）. Assumed competence based on undervaluing others: Empathy and direct interpersonal aggression in juvenile delinquents. *First Biennial Conference of the International Family Aggression Society*, 59.（Proceedings）
河野荘子（2009）．Resilience Process としての非行からの離脱　犯罪社会学研究，34，32-46.
厚生労働省 (2010a). 平成 21 年度高校・中学新卒者の就職内定状況等（平成 22 年 3 月末現在）について　<http://www.mhlw.go.jp/stf/houdou/2r98520000006hau.html>（2011 年 1 月 10 日閲覧）
厚生労働省 (2010b). 平成 21 年若年者雇用実態調査結果の概況　<http://www.mhlw.go.jp/toukei/itiran/roudou/koyou/young/h21/index.html>（2011 年 1 月 10 日閲覧）
厚生労働省 (2011). 平成 23 年版労働経済の分析―世代ごとにみた働き方と雇用管理の動向　<http://www.mhlw.go.jp/wp/hakusyo/roudou/11/>（2011 年 11 月閲覧）
松本麻友子・速水敏彦・山本将士（2008）．仮想的有能感と対人関係との関連 (1) ―仮想的有能感の変化に影響を及ぼす要因の検討　日本教育心理学会第 50 回総会発表論文集，246.
松本麻友子・山本将士・速水敏彦（2009）．高校生における仮想的有能感といじめとの関連　教育心理学研究，57，432-441.
宮原広司（1983）．いじめの構造と実践の課題　生活指導，319，5-8.
文部省（1996）．いじめの問題に関する総合的な取組について―今こそ，子どもたちのために我々一人一人が行動するとき　児童生徒の問題行動等に関する調査研究協力者会議報告
文部科学省（2006）．小学校・中学校・高等学校　キャリア教育推進の手引―児童生徒一人一人の勤労観，職業観を育てるために　<http://www.mext.go.jp/a_menu/shotou/career/06122006.htm>（2011 年 1 月 10 日閲覧）
文部科学省（2007）．生徒指導上の諸問題に関する調査の見直しについて（案）
文部科学省（2010）．平成 20 年度生徒指導上の諸問題の現状について

<http://www.mext.go.jp/b_menu/houdou/22/09/__icsFiles/afieldfile/2010/09/14/1297352_01.pdf>（2011年 2 月 25 日閲覧）
森田洋司（2010）．いじめとは何か　中央公論新社
内閣府（2010）．平成 22 年版 子ども・若者白書
　　<http://www8.cao.go.jp/youth/whitepaper/h22honpenpdf/index_pdf.html>（2011 年 1 月 10 日閲覧）
内藤朝雄（2009）．いじめの構造　講談社
名執雅子（2006）．新法における改善指導について (その二) 効果的な実施のための基本的な枠組みと内容の充実策　刑政，117(2)，83-101.
岡本英生（2005）．非行・犯罪をした者たちにみる共感の問題　日本発達心理学会第 16 回大会発表論文集，205.
岡本英生・河野荘子（2010）．暴力的犯罪者の共感性に関する研究―認知的要素と情動的要素による検討　心理臨床学研究，27(6)，733-737.
岡安孝弘・高山 巌（2000）．中学生におけるいじめ被害者および加害者の心理的ストレス　教育心理学研究，48，410-421.
奥平裕美・木村正孝・古曳牧人・高橋 哲・栗栖素子・德山孝之・井部文哉（2005）．共感性と他者意識に関する研究　中央研究所紀要，15，203-218.
Olweus, D.（1984）. Aggressors and their victims: Bullying at school. In N. Frude, & H. Gault (Eds.), *Disruptive behaviour in schools*. Chichester, UK: Wiley. pp.57-76.
Olweus, D.（1993）. *Bullying at school: What we know and what we can do*. Cambridge, Mass: Blackwell. 松井賚夫・角山 剛・都築幸恵（訳）1995　いじめ こうすれば防げる　川島書店
Rigby, K.（1998）. The relationship between reported health and involvement in bully / victim problems among male and female secondary school children. *Journal of Health Psychology*, 3, 465-476.
労働政策研究・研修機構（2007）．若年者の離職理由と職場定着に関する調査
　　<http://www.jil.go.jp/institute/research/2007/036.htm>（2011 年 1 月 10 日閲覧）
リクルート ワークス研究所（2010）．第 27 回ワークス大卒求人倍率調査（2011 年卒）
　　<http://c.recruit.jp/library/job/J20100421/docfile.pdf>（2010 年 12 月 25 日閲覧）
Rosenberg, M.（1965）. *Society and the adolescent self-image*. Princeton: Princeton University Press.
桜井茂男（1988）．大学生における共感と援助行動の関係―多次元共感測定尺度を用いて　奈良教育大学紀要，37 (1)，149-153.
鈴木康平（1995）．学校におけるいじめ　教育心理学年報，34，132-142.
出部井明美（2001）．SPSS 完全活用法―共分散構造分析（AMOS）によるアンケート処理　東京図書
高木邦子（2006）．仮想的有能感と関係するパーソナリティ特性― YG 性格検査と自己認識欲求からの検討　東海心理学会第 55 回大会発表論文集，55.
高木邦子・山本将士・速水敏彦（2006）．高校生の問題行動の規定因の検討―有能感，教師・親・友人関係との関連に注目して　名古屋大学大学院教育発達科学研究科紀要（心理発達科学），53，107 120.
高橋伸夫（2004）．虚妄の成果主義―日本型年功制復活のススメ　日経 BP 社
滝 充（2008）．研究や対策は世界のトップレベル―日本の「いじめ」を国際的に見る　内外教育　時事通信社　pp.6-8.
植村善太郎（2006）．仮想的有能感が就職活動に対する意欲に影響する過程　日本キャリア教育学会第 28 回研究大会発表論文集，110-111.
植村善太郎（2009）．勤労観測定の試み　教育実践研究（福岡教育大学教育学部附属教育実践総合センター），17, 219-226.
植村善太郎（2010）．キャリア教育科目受講前後での勤労観および仮想的有能感の変化　教育実践研究（福岡教育大学教育学部附属教育実践総合センター），18, 213-216.
Vroom, V. H.（1964）. *Work and Motivation*. New York: John Wiley & Sons.　坂下昭宣・榊原清則・小松陽一・城戸康彰（共訳）（1982）．仕事とモティベーション　千倉書房
山田奈保子・速水敏彦（2004）．仮想的有能感と性格検査との関連― 16PF との関連から　日本パーソナリティ心理学会第 13 回大会発表論文集，100-101.
山本将士・速水敏彦・松本麻友子（2008）．仮想的有能感と対人関係との関係 (2)　日本教育心理学会第

50回総会発表論文集，247．
山脇由貴子（2006）．教室の悪魔―見えない「いじめ」を解決するために　ポプラ社

5章

Ginott, H. G.（1972）. *Teacher and child*. New York: Macmillan. 久富節子（訳）　1983　先生と生徒の人間関係　サイマル出版会
今枝由郎（2008）．ブータンに魅せられて　岩波書店
Seligman, M. E. P., & Maier, S. F.（1967）. Failure to escape traumatic shock. *Journal of Experimental Psychology*, 74, 1-9.

索　引

■ 人名

●あ
アイゼンク(Eysenck, H. J.)　39
青木多寿子　157
アドラー(Adler, A.)　91
アドラー(Adler, H.)　95

●い
石川嘉津子　107
伊田勝憲　72, 73
伊藤正哉　30
今枝由郎　208

●う
ウィルス(Wills, T. A.)　130
植之原薫　83
植村善太郎　40, 190, 191, 193
ウォルフ(Wolf, C. T.)　28

●え
エモンズ(Emmons, R. A.)　19
エリクソン(Erikson, E. H.)　87, 92, 95

●お
太平英樹　42
大渕憲一　18
オーロフスキー(Orlofsky, J. L.)　94
岡田敬司　99
岡田　涼　18
岡本英生　177
岡安孝弘　169
奥平裕美　183
小塩真司　24

●か
カーニス(Kernis, M. H.)　25, 26

加藤登紀子　204
香取早苗　167
香山リカ　122
河上亮一　114
河村茂雄　119

●き
木内亜紀　142
菊池章夫　53
キタヤマ(Kitayama, S.)　140
橘川幸夫　122
木野和代　47
ギノット(Ginott, H. G.)　208
キャッテル(Cattel, R. B.)　36
ギャバード(Gabbard, G. O.)　21
ギルフォード(Guilford, J. P.)　37

●く
久木山健一　53
グリーナー(Greenier, K. D.)　26
グリフィン(Griffin, D.)　104
グリーンワルド(Greenwald, A. G.)　22
クロッカー(Crocker, J.)　28, 29, 38

●こ
高坂康雅　98
河野荘子　182
小玉正博　30
小平英志　43, 49
コロローソ(Coloroso, B.)　173

●さ
斎藤里美　160
齋藤誠一　83
桜井茂男　16, 178

佐藤有耕　98

●し
白井利明　81

●す
杉本英晴　84
鈴木有美　38, 132, 137
数土直紀　119
スピルバーガー（Spielberger, C. D.）　43
諏訪哲二　5

●せ
関根眞一　123

●た
高垣忠一郎　101
高木邦子　40, 47, 62, 76
高田利武　140
高山　巖　169
滝　充　165
田口良子　108
田嶌誠一　108
谷　冬彦　93
タン（Tan, E. H.）　159

●ち
チクセントミハイ（Csikszentmihalyi, M.）　48

●て
デイビッドソン（Davidson, R. J.）　42

●と
土井直子　101
トゥウエンジ（Twenge, J. M.）　20
徳田完二　107
戸田弘二　115
トリアンディス（Triandis, H. C.）　139
トレイシー（Tracy, J. L.）　32

●な
内藤朝雄　173
内藤勇次　115, 118

長濱文与　137
中山留美子　18
成田健一　69

●に
丹羽智美　47, 76

●は
パーク（Park, L. E.）　29
バーステン（Bursten, B.）　20
バーソロミュー（Bartholomew, K.）　104
バウアー（Bauer, R.）　94
バウムリンド（Baumrind, D.）　112
バトソン（Batson, C. D.）　132
バトラー（Butler, R.）　76
パトリック（Patrick, H.）　29, 30
バナジ（Banaji, M. R.）　22
速水敏彦　4, 7

●ひ
日潟淳子　83

●ふ
フォスター（Foster, J. D.）　19
ブラウン（Brown, K. W.）　28
古市裕一　169
ブルーム（Vroom, V. H.）　190
古川雅文　115
フロイト（Freud, S.）　95

●ほ
ボウルビィ（Bowlby, J.）　102
ホール（Hall, C. S.）　18
星野　命　16
細田　絢　108
ホフステード（Hofstede, G.）　139
堀毛一也　53
襞岩奈々　2
ホロヴィッツ（Horowitz, L. M.）　104

●ま
マーカス（Markus, H. R.）　140
マクドナルド（MacDonald, G.）　25
マクレア（Mc Crae, R. R.）　38

正高信男　2
松本麻友子　69, 136

●み
箕浦有希久　69
宮川　純　62, 158
宮原広司　167

●も
森田洋司　165

●や
山岸俊男　153
山口裕幸　152
山口昌澄　98
山田奈保子　36
山本ちか　108
山本将士　116
山本眞理子　16, 144

●よ
吉岡　忍　5

●ら
ラーソン（Larson, R.）　48
ライアン（Ryan, R. M.）　28
ラスキン（Raskin, R.）　18

●り
リアリィ（Leary, M. R.）　25
リウ（Liu, W. C.）　161

●る
ルタネン（Luhtanen, R. K.）　29

●れ
レヴィン（Lewin, K.）　40, 80

●ろ
ローゼンバーグ（Rosenberg, M.）　15
ロッター（Rotter, J. B.）　36
ロビンズ（Robins, R. W.）　32

●わ
渡辺弘純　101

■ 事項

●あ
RAI（Relative Autonomy Index）の指標　72
愛着理論（attachment theory）　102
安定型　103
安楽志向　98

●い
怒り　3
怒りの沈澱　43
怒りの表出　43
怒りの抑制　43
いじめ　165
いじめ加害者　168
いじめっ子ギャング　171
いじめっ子グループ　171
いじめ被害者　168
いじめられっ子でもあるいじめっ子　171
萎縮型　11
依存的援助授与　75

●え
ACS（Assumumed Competence Scale）　7
ACS-2　8

●お
恐れ・回避型　103
親に対する信頼感（愛着対象の作業モデル）　102

●か
階級化社会　128
外向性（Extroversion）　38
外的動機づけ　71
回避的援助授与　75
開放性（Openness）　38
学業的援助要請　75
格差社会　128
学習性無力感　202
学歴社会　128
過去受容　81
仮想型　11

仮想的有能感　6
家族とのコミュニケーション　158
葛藤性　108
渇望型（craving）　20
悲しみ　3
過敏型の自己愛　21
関係構築　191
観衆　175
感情スタイル（affective style）　42
感情の交流　61
間接的いじめ　170
完全武装のいじめっ子　171

●き
聴くスキル　54
期待理論　190
KiSS-18　53
希望　81
共感性（empathy）　132
共感的配慮（empathic concern）尺度　178
教師関係安定感　115
教師とのコミュニケーション　158
凝集表出性　108
競争社会　128
競争的達成動機　73, 94
協同作業認識　137
共同体感覚　96
拒絶・回避型　103
勤勉性（industry）対 劣等感（inferiority）　92

●く
空想（fantasy）尺度　178

●け
経験標本抽出法（Experience Sampling Method: ESM）　26, 47
権威ある親の態度（authoritative parents）　111
言語的いじめ　169
現在の充実感　81

●こ

5因子(Big Five)モデル　38
構成的グループ・エンカウンター　206
高速コース(Express Course)　160
拘束的イメージ　85
肯定的対人感情　67
公的自己意識　36
国民総幸福　208
コンピュータIAT　23
個人志向性・集団志向性(idiocentric-allocentric)　140
個人事象　44
個人主義・集団主義(individualism-collectivism)　139
個人的苦悩　181
個人的苦悩(personal distress)尺度　178
個性化　205
誇大型の自己愛　21
雇用者側と労働者側のミスマッチ　185
コレスポンデンス分析　128
コンピテンス　91

●さ

猜疑心　36

●し

GCE-Nレベル試験　161
GCE-Oレベル試験　161
自我同一性　92
時間的展望(time perspective)　80
自己愛　17
自己愛型(phallic narcissistic)　21
自己愛傾向　17
自己意識的感情(self-conscious emotions)　32
自己イメージ　56
自己確証動機　31
自己確証理論(self-verification)　31
自己高揚動機(self-enhancement motive)　31
自己指向的な共感性　134
自己充実的達成動機　73, 94
仕事へのコミット　191
自己評価維持モデル(Self-Evaluation Maintenance Model: SEMモデル)　64
自己不明確性(self-uncertainty)　32
自身の価値評価(自己の作業モデル)　102
自尊型　11
自尊感情　15
自尊感情の不安定性　25
16PF (Sixteen Personality Factor Questionnaire)　36
実際の成績　77
私的自己意識　36
視点取得(perspective taking)　133
視点取得尺度　178
紙筆版IAT　24
自分に自信があるいじめっ子　171
社会化　205
社会観　123
社会事象　44
社会的スキル　52
社交的ないじめっ子　171
就職イメージ　84
就職活動　186, 187
就労観尺度　187
就労軽視　188
受容　108
状態的自尊感情(state self-esteem)　25
状態・特性怒り表出目録(State-Trait Anger Expressio Inventory: STAXI)　43
情緒不安定　36
職業体験授業　204
職場へのコミット　191
神経症傾向(Neuroticism)　38
身体的いじめ　169
真の自尊感情(true self-esteem)　28

●す

垂直的個人主義　154
垂直的集団主義　154
随伴的自尊感情　28
水平的個人主義　154
水平的集団主義　154
ストリーミング・システム　160

●せ

性差　12

誠実性(Conscientiousness)　38
生徒理解(成長促進・援助)　117
責任感・連帯感のなさ　125
世間一般の他者　62
self-esteem　15
潜在連合検査(Implicit Association Test: IAT)　23
潜在的自尊感情　21, 22
漸成図式(epigenetic chart)　87
全能型　11

●そ
相互協調的自己観　140
相互独立的自己観　140
操縦型(manipulative)　21
想像性(fantasy)　133

●た
多次元共感測定尺度　178
他者軽視　7
他者指向的な共感性　134
多動性のいじめっ子　171

●ち
調和性(Agreeableness)　38

●て
Tグループ,ラボラトリー体験学習　206
敵意感情　49
適応的援助授与　75

●と
同一化的動機づけ　71
統制スキル　53
統制の位置(locus of control)　36
特性怒り　43
特性的自尊感情(trait self-esteem)　25
特別コース(Special Course)　160
とらわれ型　104
取り入れ的動機づけ　71

●な
内的作業モデル　88
内発的動機づけ　71

Narcissistic Personality Inventory (NPI)　18

●に
日誌法　49
二分法的な思考　129

●ね
ネガティブ経験　9

●は
パーソナリティの相互作用論　40
場の理論(field theory)　40
反映過程(reflection process)　65

●ひ
比較過程(comparison process)　65
比較・統制　108
非行少年　176
否定的対人感情　67
批評　74
標準コース(技術課程)(Normal Technical Course)　160
標準コース(普通課程)(Normal Academic Course)　160

●ふ
プラスマイナスゼロの仕事　204
文化的自己観　140

●へ
偏執型(paranoid)　20

●ほ
傍観者　175
ポジティブ経験　9
ポジティブ幻想　31
ポジティブな結果　74
本来感(authenticity)　28

●み
ミーイズム(meism)　141
身近な他者　62

●も
目標志向性　81

●や
矢田部・ギルフォード性格検査（Y-G性格検査）
　37

●ゆ
優越コンプレックス　96
友人イメージ　56
友人とのコミュニケーション　158
有能感タイプ　10
ゆとりのなさ　125

●よ
抑うつ　49
予想成績　77

●り
離職率　186

●れ
劣等コンプレックス　95

●ろ
労働意欲　186, 187, 190
労働経験　193

執筆者一覧 (執筆順)

速水　敏彦	名古屋大学大学院教育発達科学研究科	編者，1章1・2節，5章
岡田　涼	香川大学教育学部	1章3節
小塩　真司	中部大学人文学部	1章3節
中島　奈保子	名古屋大学大学院教育発達科学研究科(研究生)	2章1節
高木　邦子	静岡文化芸術大学文化政策学部	2章2・4節，3章2節
小平　英志	日本福祉大学子ども発達学部	2章2・5節，3章4節
久木山健一	九州産業大学国際文化学部	2章3節
松岡　弥玲	浜松医科大学子どものこころの発達研究センター	2章5節
杉本　英晴	早稲田大学人間科学学術院	2章6節
伊田　勝憲	北海道教育大学教育学部釧路校	3章1節
木野　和代	宮城学院女子大学学芸学部	3章2・6節
丹羽　智美	梅光学院大学子ども学部	3章2節
山本　将士	名古屋大谷高校	3章3節，4章1節
鈴木　有美	名古屋大学教育学部(非常勤)	3章5節
高井　次郎	名古屋大学大学院教育発達科学研究科	3章6節
Tan Eng Hai	沖縄アミークスインターナショナルスクール	3章6節
松本　麻友子	南山大学人文学部	4章1節
河野　荘子	名古屋大学大学院教育発達科学研究科	4章2節
植村　善太郎	福岡教育大学教育学部附属教育実践総合センター	4章3節

編者紹介

速水敏彦(はやみず・としひこ)

1947年	愛知県に生まれる
1975年	名古屋大学大学院教育学研究科博士課程単位取得満了
現　在	名古屋大学大学院教育発達科学研究科教授(教育学博士)
主　著	わかる授業の心理学(共著)　有斐閣　1986年
	動機づけの発達心理学(共著)　有斐閣　1995年
	自己形成の心理―自律的動機づけ―　金子書房　1998年
	レジャーの社会心理学(監訳)　世界思想社　2004年
	他人を見下す若者たち　講談社　2006年
	社会的動機づけの心理学(監訳)　北大路書房　2007年

仮想的有能感の心理学
── 他人を見下す若者を検証する ──

| 2012 年 2 月 10 日　初版第 1 刷印刷 | 定価はカバーに表示 |
| 2012 年 2 月 20 日　初版第 1 刷発行 | してあります。 |

　　　　　　　　編　著　者　　　速　水　敏　彦
　　　　　　　　発　行　所　　　㈱北大路書房
　　　　　　　　〒 603-8303　京都市北区紫野十二坊町 12-8
　　　　　　　　　　　　　　電　話　(075) 431-0361㈹
　　　　　　　　　　　　　　F A X　(075) 431-9393
　　　　　　　　　　　　　　振　替　01050-4-2083

　　　 © 2012　　　制作／T.M.H.　　印刷・製本／亜細亜印刷㈱
　　　　検印省略　落丁・乱丁本はお取り替えいたします。
　　　　ISBN978-4-7628-2773-0　　　Printed in Japan